media contents **BUSINESS**

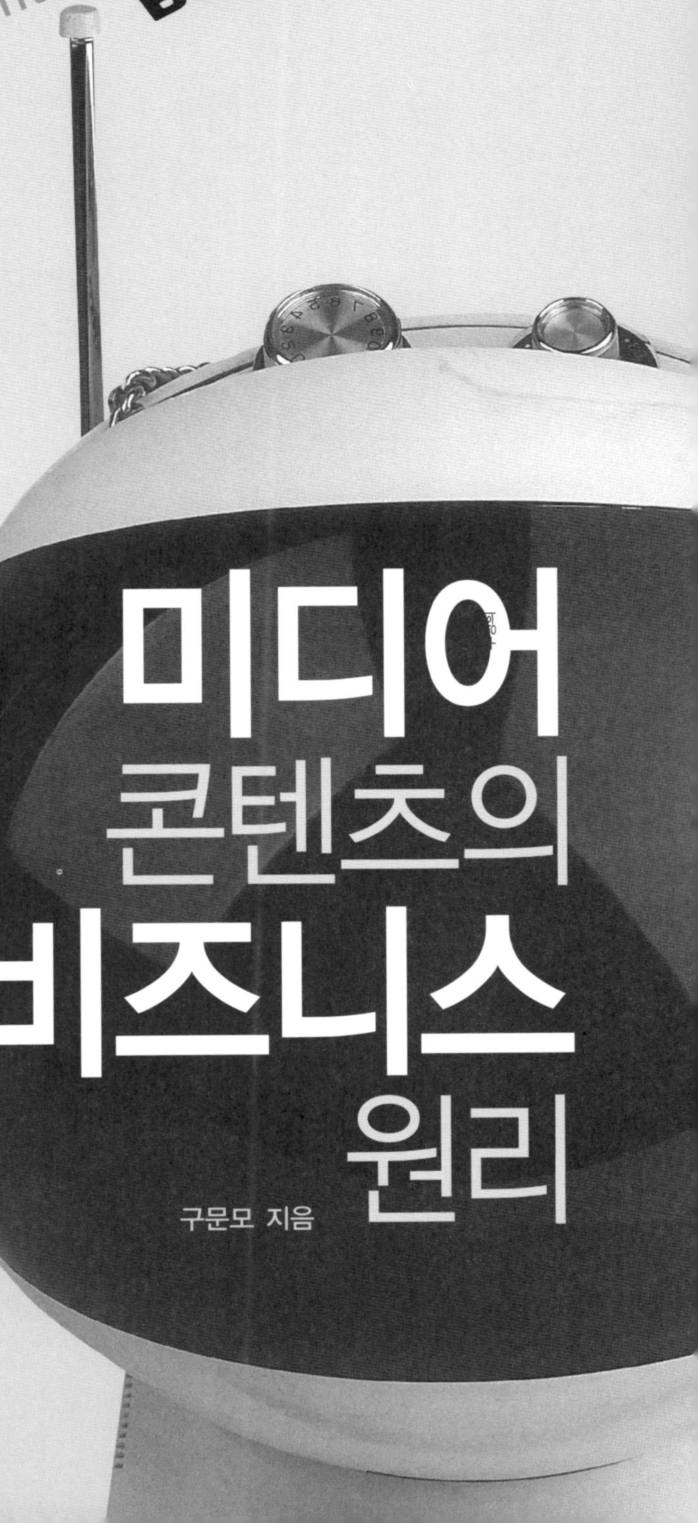

미디어 콘텐츠의 비즈니스 원리

구문모 지음

콘텐츠와 비즈니스', 어찌 보면 이 두 가지 키워드
우리 사회에서 널리 언급되는 '문화와 경제'만
우리 생활에 매우 가까이 근접해 있지만, 정작
관계를 자연스럽게 설명할 때면 학자들은 물
일반인들이 쉽게 다루기 어려운 주제가 된
와 경제에 관한 담론은 1930년대와 1940
활약하였던 문화비평가들이 라디오, 영
등 당시의 대표적인 미디어와 콘텐츠
화된 대량생산에 의해 원래의 목적인
들에게 문화가치를 제공함으로써 공
치를 달성하는 데 반하는 것을 비판
에서 시작되었다.
지도 이러한 비판은 문화비평가뿐
미디어나 커뮤니케이션을 전공으
학자들로부터도 공통적으로 전개
다. 하지만, 이러한 측면은 미디어
가 본질적으로 갖고 있는 두 가지 기
공재적인 기능과 경제생활의 기본 수
서 사적재적인 기능을 동시에 지니고
문에 당연한 모습이라 생각된다. 더구
동안 공공의 영역으로 여겨졌던 방송이
서조차 점차 민영화의 길로 접어들었고,
기술에 의한 방송과 통신의 결합, 19세기
본격화된 지역경제의 글로벌 통합에 따른
유화 기조 등으로 미디어콘텐츠에서도 경제와
가 어느 때보다 절실한 과제가 되었다.

도서출판 해남

머리말

'미디어콘텐츠와 비즈니스', 어찌 보면 이 두 가지 키워드는 요즘 우리 사회에서 널리 언급되는 '문화와 경제' 만큼이나 우리 생활에 매우 가까이 근접해 있지만, 정작 이 둘의 관계를 자연스럽게 설명할 때면 학자들은 물론이고 일반인들이 쉽게 다루기 어려운 주제가 된다. 문화와 경제에 관한 담론은 1930년대와 1940년대에 활약하였던 문화비평가들이 라디오, 영화, 음악 등 당시의 대표적인 미디어와 콘텐츠가 표준화된 대량생산에 의해 원래의 목적인 소비자들에게 문화가치를 제공함으로써 공공의 복지를 달성하는 데 반하는 것을 비판하는 것에서 시작되었다.

지금까지도 이러한 비판은 문화비평가뿐 아니라, 미디어나 커뮤니케이션을 전공으로 하는 학자들로부터도 공통적으로 전개되어 왔다. 하지만, 이러한 측면은 미디어콘텐츠가 본질적으로 갖고 있는 두 가지 기능, 공공재적인 기능과 경제생활의 기본 수단으로서 사적재적인 기능을 동시에 지니고 있기 때문에 당연한 모습이라 생각된다. 더구나 그 동안 공공의 영역으로 여겨졌던 방송이 유럽에서조차 점차 민영화의 길로 접어들었고, 디지털기술에 의한 방송과 통신의 결합, 19세기 말부터 본격화된 지역경제의 글로벌 통합에 따른 무역자유화 기조 등으로 미디어콘텐츠에서도 경제와의 연대가 어느 때보다 절실한 과제가 되었다.

미국에서 상징적으로 나타났듯이 20세기 중반 이후에는 모든 종류의 미디어는 대규모 소득을 만들어 내는 상업적인 능력을 발휘하기 시작하였다. 신문과 잡지, 영화, 라디오와 텔레비전 방송이 막대한 경제적 가치를 낳았다. 이러한 변화에 맞추어 일부 커뮤니케이션 학자들과 경제학자들도 미디어콘텐츠의 경제적 쟁점들에 대해 종종 관심을 가져왔으며, 이제 선진국에서는 미디어 비즈니스 또는 미디어경제학이라는 과목이 학생들에게 익숙해져 있고, 지역학술지뿐 아니라 *Journal of Media Economics*, *Journal of Cultural Economics* 등 전문적인 국제학술지도 탄생하게 되었다.

전통적으로 우리 나라의 대학들도 미디어콘텐츠를 비즈니스보다는 커뮤니케이션의 관점에서 다루어 왔다. 지금은 일부 대학들이 하나의 과목으로 채택하여 학생들에게 가르치고 있으나, 사실 미디어콘텐츠가 보여 주는 현재의 경제활동 추세를 따라가기에는 적어도 비즈니스업계 입장에서 미흡하다는 사실을 부인하기는 어렵다고 할 수 있다. 21세기는 미디어콘텐츠와 문화산업에서 각국의 승패가 결정될 것이고, 최후의 승부처라고 언급한 미래학자 드러커(Peter Drucker)의 말을 굳이 인용하지 않더라도 미디어콘텐츠 비즈니스의 이해 없이는 문화의 산업화는 물론이고 미디어콘텐츠의 성장동력화는 한낱 추상화된 구호로 인식될 것이다.

이 책은 저자가 그 동안 바로 이와 같은 우리의 상황을 적절하게 대응하고자 하는 의도에서 경제학과 경영학의 기본적인 논리구조에 입각하여 미디어와 미디어콘텐츠를 설명하고자 노력하였다.

제1장은 미디어콘텐츠 비즈니스원리를 정의하고, 이 학문영역의 고유성을 파악하는 데 주력하였다. 제2장에서부터 제7장까지가 본문으로 미디어콘텐츠 비즈니스에 면면히 흐르는 기본적인 경제와 경영적인 논리들을 핵심적인 쟁점 위주로 설명하였고, 특히 제7장은 미디어콘텐츠를 하나의 산업적인 관점에서 현장 경영관리자들에게 필요한 지식을 전달하고자 노력하였다. 본문의 주요 쟁점들은 최근에 발간된 *The Economics and Financing of Media Companies* (Robert G. Picard, N.Y.: Fordham University, 2002)와 *understanding media economics*(Gillian Doyle, London: Sage, 2002)와 전 직장인 산업연구원 재직시 기록해 두었던 연구결과물들을 중심으로 참고하였음을 밝혀 둔다.

끝으로 정성스런 조언을 아끼지 않으면서 본 원고를 세상에 출간시켜 주신 도서출판 해남의 노현철 사장님께 감사의 말씀을 전하고 싶다. 또한 항상 옆에서 도와 주고 인내해 준 인생의 동반자인 아내와 응원을 아끼지 않는 아들에게도 고마움을 표한다.

2007년 3월
구문모 씀

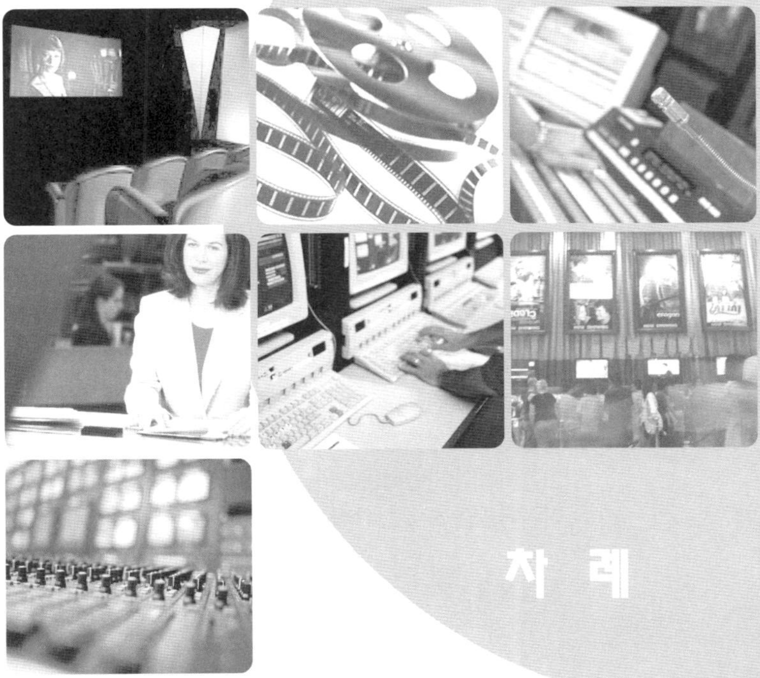

차 례

1 서론

(1) 미디어콘텐츠의 비즈니스원리란 무엇인가
(2) 미디어콘텐츠 비즈니스의 고유성
(3) 비즈니스원리의 기초 개념

(1) 미디어콘텐츠의 비즈니스원리란 무엇인가
(2) 미디어콘텐츠 비즈니스의 고유성
(3) 비즈니스원리의 기초 개념

I 서 론

신문, 방송, 출판, 영화, 음악 등 미디어분야는 오랫동안 경제 외적인 논리 속에서 논의되어 왔다. 예를 들면, 언론매체들과 영화는 우리의 삶에 녹아 있는 사회적 가치와 판단기준의 형성에 커다란 영향을 주는 수단이 되어 왔다고 볼 수 있다. 그러나 오늘날 사회의 많은 분야가 경제 외적인 영역에서 자본주의 경제영역으로 편입되는 과정이 있듯이, 미디어도 경제학자나 경제활동을 하는 사람들에게 점차 중요하고도 가치 있는 주제로 변화하고 있다. 특히, 최근 전통적인 공공부문으로 여겨졌던 방송부문이 이제는 오히려 많은 민간기업들의 사업대상이 되고 있다. 미디어기업들에 대한 경영관리가 과거에도 시장에 의해 일부 영향을 받아 왔지만 지금처럼 시장의 자원에 의해 직접적으로 조정된 적은 흔치 않았다. 따라서 민간의 경제활동에 작용하는 경제의 기본 원리로서 미디어 또는 미디어콘텐츠 비즈니스원리는 하나의 독특한 미디어분야 또는 더 나아가 비즈니스의 한 분야로서 흥미로운 연구대상이라고 하겠다.

이 책은 미디어와 미디어콘텐츠에 영향을 주는 주요 경제적인 쟁점과 기본

원리 및 개념들을 소개하는 입문서라고 할 수 있다. 현재 우리 나라에서 미디어 관련 산업을 경제나 경영학적인 측면에서 전문적으로 다루고 있는 곳은 일부 경제연구소들과 대학의 언론정보학부라고 할 수 있다. 하지만, 대부분이 미디어와 콘텐츠부문의 경제활동 부분을 집중적으로 다루기보다는 몇 가지 특정한 경제적 쟁점이나 특성이 포함된 정치, 사회 및 커뮤니케이션 등에 관한 주제를 폭 넓게 취급하는 것이 현재의 상황이라고 할 수 있다. 이미 미국과 유럽 선진국에서는 1980년대 이후 지속적으로 펼쳐지고 있는 미디어부문의 상업화 추세에 발맞추어 '미디어 비즈니스'가 하나의 고유 학문영역으로 발전하고 있는 것과는 대조적으로, 여전히 우리는 경제활동에 대한 심층적인 연구 없이 단순히 이런 주제들을 가볍게 취급하여 왔다고 볼 수 있다. 미디어 비즈니스에서 본격적으로 다루는 주제들은 산업조직, 시장수요, 소비자지출, 미디어정책 등 산업 측면과 전략, 조직과 문화, 비용구조, 투자, 생산성 및 다양성에 관한 기업 측면, 그리고 글로벌화, 무역수지, 소비자 및 사회후생 등 기업이나 산업의 성과에 관한 내용 등이라고 할 수 있다.

이 책은 미디어와 미디어콘텐츠분야를 이와 같은 주제들로 나누어 설명함으로써 날로 확대되고 있는 미디어와 콘텐츠산업의 민간영역에서 종사하고 있는 사람들과 앞으로 이 분야에 진출하고자 하는 학부 학생들을 대상으로 저술되었다. 아울러 이 책은 경제학이나 경영학을 본격적으로 공부하지 않았지만, 미디어기업과 미디어시장을 둘러싼 산업적인 이해관계와 경제적인 논리구조를 파악하는 데 필요한 지식을 쌓고자 하는 독자들에게 유용하게 사용될 수 있도록 엮어졌다.

첫 장은 미디어에 영향을 주면서 비즈니스연구의 범주에 속한 개념들에 대해 기본적이고 폭 넓은 설명이 제공될 것이다. 기업은 무엇이며, 시장과 산업은 어떤 개념으로 되어 있으며, 미디어가 갖고 있는 기본적인 비즈니스 개념들이 설명된다.

(1) 미디어콘텐츠의 비즈니스원리란 무엇인가

미디어콘텐츠 비즈니스원리는 경제학과 경영학의 기본 원리를 미디어기업, 미디어콘텐츠, 미디어산업에 응용하는 학문분야라 할 수 있다. 미디어콘텐츠 비즈니스원리는 미디어와 직접 또는 간접적으로 관련된 실무관리자들이나 이 분야를 연구하고자 하는 사람들이 필요로 하는 모든 경제와 경영적인 요소들과 관심사항들을 논의하는 분야이다. 이 책에 소개되는 경영학적인 개념과 경제학적인 쟁점들은 독자들이 미디어사업을 운영·관리하는 데 필요한 지식과 상식을 제공할 것이다.

미디어콘텐츠 비즈니스원리를 설명하기 위한 노력은 학자들 간에 끊임없이 진행되어 왔다. 미디어콘텐츠 비즈니스원리의 학문적 토대가 되는 경제학은 희소성(scarcity)이란 기본적인 문제를 해결하기 위해 사람들이 어떤 선택과 노력을 하느냐를 연구하는 학문이다. 많은 사람들이 원하지만, 구하기 어려운 무엇이라면 돈을 주고 거래할 가치를 지닌다고 전제한다.

희소성이란 용어는 사실 우리 모두에게 낯익은 개념임에도 불구하고, 현실생활에서 이를 특별히 상기하고 다니는 사람은 없다. 그러나 이를 탐구하는 분야가 경제학이라는 것을 의식하지 않더라도 우리의 생활모습을 잘 살펴보면 우리는 언제나 우리에게 주어진 소득과 제한된 자원(즉, 희소성이 있는)을 가지고 하고자 하는 것을 달성하기 위해 가장 좋은 결정이 어떤 것인가를 항상 고민하고 행동한다는 것을 금방 알 수 있다.

이런 문제의식을 미디어를 갖고 생각할 때 미디어 비즈니스원리는 미디어업계와 관련된 사람들이 광고주나 사회에서 필요로 하는 엔터테인먼트 또는 최근에는 문화콘텐츠[1] 등에 대한 수요에 어떻게 대응하는 것이 자신들과 수요자 및 사회구성원 모두에게 최선이 될 수 있는가에 관심을 두는 학문분야라고 할 수 있다.[2] 이와 유사한 정의로서 미디어콘텐츠 비즈니스원리란 사람들이 필요로 하는 미디어콘텐츠에 대한 욕구와 수요를 충족시키기 위해 미디어업계, 즉 미디어콘텐츠를 제작하거나 유통에 관여하는 사람들이 자신들이 보유한 한정된 자원을 어떻게 분배해서 사용하느냐에 관심의 초점을 두는 학문이라고도 할 수 있다.[3] 좀더 간단하게는 미디어콘텐츠 비즈니스원리란 미디어와 미디어콘텐츠 관련기업들이 당면한 둔제인 제작과 판매를 위해 벌이는 모든 사업활동에 학문적인 의미를 부여하는 분야라고도 볼 수 있다.

이상과 같이 몇 가지로 소개된 관심대상을 주제별로 요약하면 미디어업계에 영향을 주는 기업전략, 기술변화, 상품과 서비스의 가격, 경쟁구조, 기업집중 및 무역 등을 중심으로 발생하는 쟁점들을 연구하는 학문이라고 규명해 볼 수 있다.

한편, 이 책은 이러한 주제들뿐 아니라, 현장실무자들의 이해를 높이기 위해 미디어업종의 중심축이라 할 수 있는 영화와 음악, 방송분야만을 선발하여 그 사례들을 비즈니스적인 측면에서 서술되어 있다. 그러나 무엇보다도 이 책의 저술의도는 본격적으로 학문적 관심을 끌어들이고 심층적으로 논의하기보다는 산업과 관련기업들에 적용될 수 있는 경제학과 경영학의 기본 원리를 설명하고자 하는 데 있다.

---

❶ 콘텐츠란 부호, 문자, 음성, 음향 및 영상 등의 자료 또는 정보를 의미하고, 디지털콘텐츠란 콘텐츠 정의에서 언급된 자료나 정보를 보존 및 이용에 효용을 높일 수 있도록 디지털 형태로 제작 또는 처리한 것을 말한다. 또한 문화콘텐츠란 문화적 요소가 체화되어 경제적 부가가치를 창출하는 콘텐츠를 말하며, 멀티미디어콘텐츠란 부호, 문자, 음성, 음향 및 영상 등과 관련된 미디어를 유기적으로 복합시켜 새로운 표현 및 저장기능을 갖게 한 콘텐츠를 말한다.

❷ R. Picard(2002).

❸ A. Albarran(2002).

(2) 미디어콘텐츠 비즈니스의 고유성

미디어를 비롯한 기타 문화상품과 서비스들은 여타 제조업 상품과 구분되는 특성을 지니고 있기 때문에 비즈니스이론을 적용할 때 여러 가지 도전에 직면한다. 경제학의 기본 원리는 자원의 '희소성' 이란 개념에서 출발한다. 그러나 일종의 자원으로서 한 편의 영화나 노래는 수많은 사람들이 소비하더라도 결코 그 자체는 사라지지 않기 때문에 희소성의 원칙과는 거리가 먼 특성을 갖고 있다. 이런 특성은 문화상품들이 종종 공공재(public goods)적인 속성을 동시에 지니게 하는 원인이 된다.

경제학은 자원배분의 효율성을 추구하는 것이 기본 원리이다. 가령 기업이란 조직은 이윤극대화를 목표로 보유한 자원을 효율적으로 배분하는 역할을 한다. 이는 제조업이나 미디어 또는 엔터테인먼트 기업들 역시 마찬가지로 행동하는 양식이다. 그러나 미디어의 많은 기업들은 이윤극대와는 다른 동기들을 동시에 갖고 있다. 앞에서 자원의 희소성 원칙이 쉽게 적용되기 어려운 측면으로 발생하는 공공재적인 특성 외에도 문화콘텐츠들은 일반 제조업 상품과는 다른 공공의 이익을 고려하지 않을 수 없는 근본적인 역할을 보유하고 있다. 대표적인 예로 신문이나 출판서적, 심지어 영화나 게임 등 아주 상업적인 콘텐츠 역시 공공(또는 복지)의 목적을 위해 '사회적 규제'[4]를 엄격히 준수하도록 요구된다. 이러한 측면은 효율성 외에도 도덕성 또는 윤리성과 같은 사회적 목적을 추구해야 할 필요가 있다는 것을 말해 준다.

자유시장경제에서 자원배분에 관한 대부분의 의사결정은 '가

[4] 우리 나라에서는 콘텐츠의 내용적 규제로 영상물등급위원회와 정보통신윤리위원회가 설정한 기준이 있으며, 그에 따라 국내에서 유통되는 모든 콘텐츠는 등급이 부여된다.

격'이란 제도에 의해 이루어진다. 모든 시장에서는 판매할 상품을 대상으로 공급자와 수요자 간에 적정한 가격을 맞추기 위해 흥정하고 거래가 성사된다. 그러나 가격과 자원배분의 관계가 미디어에서는 약간 다른 양상을 보인다. 예를 들면, 지상파 방송의 공영방송 서비스는 그 서비스에 대해 소비자가 직접 지불하지 않는다. 즉, 소비자와 생산자 간에 직접적인 가격에 의한 거래관계가 형성되어 있지 않기 때문에 공급자는 소비자의 선호도에 따라 민감하게 반응하지 않는다.

미디어콘텐츠 비즈니스원리가 여타 학문분야와 어떻게 차별화되는지 알아내는 좋은 방법은 기업들의 산출하는 상품이나 서비스 특성을 구체적으로 이해하는 것이다. 이렇게 볼 때, 미디어콘텐츠 기업들은 다음 두 가지 특별한 상품을 공급한다. 하나는 콘텐츠이고, 다른 하나가 시청자 또는 관객이다. 특히, 관객은 여타 산업에서처럼 콘텐츠라는 상품의 소비자이기도 하지만, 동시에 방송사가 자신의 방송시간을 소비하는 관객을 광고주에게 판매하는 산출물로 간주된다. 예를 들면, 애니메이션이 방영될 때 주 시청자인 어린이들은 방송사가 광고주에게 판매하는 가치를 지닌 생산물인 셈이다. 이 방송채널의 어린이들은 광고판매의 대상으로서 방송사에게 현금이 되어 돌아온다. 즉, 미디어기업들이 광고매출실적을 사업운영의 주요 목표로 삼을 경우 광고물의 방영은 텔레비전 및 라디오 방송사, 신문사, 잡지사 등의 주요 소득원이 되는 것이다. 또한 비영리를 목적으로 하는 미디어관련 단체나 조직들에게 관객이 영리조직에서처럼 하나의 상품으로 직접적으로 간주되지 않는다고 하더라도, 관객은 공공서비스를 제공받는 소비자이다. 특히, 공공미디어 기업들의 자금이 일반 국민들의 세금으로 조성되는 것이 일반적인이기 때문에 이들의 관심과 비판에 민감할 수밖에 없다.

미디어기업들의 또 다른 산출물인 콘텐츠는 제조업의 일반 상품과는 뚜렷한 특성을 지니고 있으며, 바로 이러한 특성이 미디어기업의 활동에 지대한 영향을 미친다. 우리가 '문화상품'이라고 할 때 전통적인 개념으로는 고유문화가 담긴 공예품, 미술품 등을 예로 든다. 동일한 개념의 문화상품이지만 이들과 명백히 구분되는 것이 문화콘텐츠이다. 예를 들면, 영화, 텔레비전방송 프로그램, 서적, 음악 등은 다양한 경로를 통해 우리의 문화환경을 윤택하게 한다. 우리가 개인용 컴퓨터를 구입할 때 외부 포장지에는 큰 영향을 받지 않는 것처럼, 문화콘텐츠 상품을 구입할 때 그 내용물을 운반하는 매체, 즉 CD나 방송채널 등은 관객들에게 결정적인 영향을 미치지 않는다. 다시 말해, 우리는 매체를 소비하는 것이 아니라, 정작 매체가 받들고 있는 콘텐츠인 특별한 이야기, 메시지, 텔레비전 프로그램, 신문기사 그리고 음악을 소비하는 것이다. 이렇게 문화콘텐츠 소비자들은 비물질적인 것을 소비하기 있기 때문에 아무리 많은 관객들이 소비행위를 하더라도 물질적 상품처럼 가치가 소멸되거나 닳아 없어지지 않는다. 만일 내가 하나의 게임물을 구입해서 밤새 하고 난 뒤, 친구가 다시 밤새 게임을 한다고 해도 게임물의 내용이 사라져서 못쓰게 되는 경우는 발생하지 않는다. 다시 말해, 콘텐츠 상품은 소비해서 없어지는 것이 아니기 때문에 반복해서 사용될 수 있다.

소비의 반복성은 콘텐츠 상품이 공공재가 될 수 있게 하는 주요한 원인이다. 국방서비스나 한강대교 등과 같은 공공재는 내가 소비한다고 해도 다른 사람들이 소비할 기회를 빼앗는 것이 아니다. 그러나 시장에서 판매되는 야채나 과일 등 일반 소비재나 건설현장의 건축자재는 내가 이를 소비하면 다른 사람들은 소비할 기회를 잃게 되는 것이므로 소비가 반복될 수 없다. 즉, 이와 같은 소비재는 한 번 구입해서 사용하면 사라지지만, 어떤 작가가 소설을 통하여 전해 주는 하나의 감동적인 이야기는 지구상의 많은 사람들이 보고 또 보더라도 여전히 많은 사람들이 소비할 기회가 무한히 남아 있다.

위에서 언급한 과일이나 야채, 건축자재 등 비즈니스에서 말하는 사적재(private goods)는 소비하고 나면 소멸되기 때문에 사회적으로 볼 때 자원이 고갈되므로, 한정된 자원을 배분해야 한다는 경제문제를 낳는다. 그러나 한강대교와 같은 공공재는 근본적으로 이런 논리에 부합되지 않는다. 한강대교는 처음 건설할 때 엄청난 비용이 들어간다는 것을 상식적으로 알 수 있다. 하지만, 일단 건설되고 나면 특별히 엄청난 하자가 발생하는 경우를 제외하고는 아무리 많은 사람들이 통행한다고 해도 거의 비용이 발생하지 않는다. 우리가 이 책에서 주로 설명하는 콘텐츠 역시 이와 같은 비용적인 특성을 지니고 있다. 예를 들면, 한 편의 영화를 제작할 때 드는 비용은 매우 크지만, 일단 제작되고 나서 각 영화관에 공급하기 위해 들어가는 비용, 즉 복제비용은 초기 제작비에 비해 거의 무의미하다고 볼 수 있는 정도로 작다. 요약하면, 하나의 미디어 상품 또는 콘텐츠 상품이 첫 번째로 제작되고 나면, 그 다음 추가적으로 원하는 소비자들에게 다시 제작되어 공급하는 데 들어가는 비용은 거의 0에 가깝다고 볼 수 있다.

이러한 특성은 미디어기업들이 생존전략을 구사하는 데 중대한 영향을 미친다. 가령 '대박' 이 터진 영화나 음악은 그 소비자가 늘어날수록 기업에게 떨어지는 이득은 엄청나게 불어나기 때문에 기업의 재정에 커다란 기여를 하지만, 그 반대의 경우는 기업의 생존을 위협하기도 한다. 미국음반협회가 발표한 자료에 따르면 회원사들이 발매한 음반 중 85% 이상[5]이 손익분기점에 이르지 못하고 실패하기 때문에 처음 시작하는 많은 음반사들이 실적으로 내지 못하고 사라지는 결과를 맞는다.

(3) 비즈니스원리의 기초 개념

1) 거시경제와 미시경제

경제학은 전통적으로 크게 거시경제학(macroeconomics)과 미시경제학(microeconomics)으로 나뉜다. 거시경제학은 나라 경제 전체의 관점에서, 미시경제학은 개인이나 기업, 가정의 관점에서 이들이 어떻게 의사결정을 내리며, 여러 종류의 시장에서 이들이 어떻게 상호작용을 하는가를 연구하는 분야이다.

거시경제학의 연구대상은 주로 전체 생산, 전체 고용, 국민소득, 일반 물가수준, 전체 경제성장률 등 매우 광범위한 경제통합적인 개념과 평균적 수치 등에 관심을 두고 있다. 이러한 개념과 수치들은 모든 개별 시장에서 이루어진 경제활동과 모든 개인들의 경제활동 실적들을 총체적으로 집합하여 얻어지는 결과이다.

거시경제학에서 가장 많이 언급되는 통계지표가 국내총생산(GDP)이다. 이 지표는 한 나라의 전반적인 경제활동을 가늠하는 데 자주 사용된다. 한 나라의 국내총생산은 주어진 일정한 기간에 경

---

[5] 데이비드 베스커빌(1998).

제활동으로부터 발생한 모든 재화와 서비스의 합계로 얻어진다. 미디어산업에서 발생하는 상품과 서비스의 합계는 전체 GDP에서 작은 비중을 차지하는 것이 일반적이나, 꾸준히 그 비중이 증가하고 있으며, 최근 들어서는 그 속도가 더욱 빨라지고 있다.[6]

미국을 비롯한 선진국들의 경제는 제2차 세계대전 이래로 꾸준한 GDP 성장세를 보였으며, 이로 인해 오늘날 평균적인 선진국 사람들의 생활여건은 그 전 세대에 비해 경제적으로 풍족한 삶을 보내고 있는 것이다. GDP의 전반적인 상승추세를 보이지만, 간혹 감소추세를 보이는데, 이는 경기침체가 단기적으로 일어날 때 나타난다. 이를 경기변동이라 하는데, 일반적으로 몇 단계의 특징을 갖고 상승과 하강을 반복하면서 장기적 추세를 따라가면서 움직인다.

경제의 전반적인 성과는 미디어를 포함한 모든 산업에 속한 기업들의 사업실적과 사업전망에 중대한 영향을 미친다. 더욱이 미디어산업과 관련된 기업들의 사업실적은 일반적인 경제흐름에 매우 민감하게 반응한다. 전통적으로 방송이나 신문, 출판 등 대표적인 미디어기업들은 물론이고 최근에는 영화, 음악, 스포츠 이벤트까지도 이들의 소득원으로 광고수입에 의존하는 경향을 보인다. 그런데 광고시장의 장기적인 추세를 살펴보면, 경제 일반의 성과와 광고활동은 아주 밀접한 상관관계를 갖고 있다는 것을 알 수 있다. 아울러 영화나 음악 등 대표적인 대중문화 콘텐츠와 관련된 기업들의 매출실적은 소비자들의 소득수준(가령 가처분소득)에 매우 민감하며, 이는 거시경제지표인 국민소득이나 경기전망에 상당히 의존한다.

이 밖에도 경제 전반에 영향을 미치는 정부정책도 미디어기업의 경제활동을 직접 또는 간접적으로 억제하거나 촉진하는 역할을

---

⑥ 가령 영국은 미디어부문이 국내총생산에서 3~5%를 차지하는 것으로 집계하고 있다.

한다. 다만, 최근 들어 각국의 경제가 개방되고 기업이 글로벌화하는 추세를 보이면서 정부의 영향력은 점차 약화되는 경향을 보이고 있다.

거시경제학이 경제 전반에 미치는 요소들을 집중적으로 연구한다면, 미시경제학은 개별 시장과 상품 그리고 기업 등을 분석하는데 초점을 맞춘다. 미시경제학에서는 영화관 티켓가격의 상승이 영화흥행시장에 미치는 효과라든지, 일본 대중문화의 개방이 국내 문화산업에 미치는 효과, 콘텐츠인력의 임금상승이 제작사들의 재정에 미치는 영향 등이 연구주제가 된다.

2) 비즈니스이론과 기업

비즈니스이론에서 생산이란 노동, 토지, 자본 등의 자원을 재화와 서비스로 전환하는 행위를 의미한다. 기업은 생산행위를 하는 주체를 말하며, 산업은 동일한 시장에서 동일한 상품을 생산하는 수많은 기업들로 구성된다. 여기서 미디어 또는 미디어콘텐츠 기업은 온라인 출판사에서부터 대형 텔레비전방송사 그리고 주식시장에서 상장된 다국적기업에 이르기까지 모든 종류의 사업조직체들을 포함한다. 미디어콘텐츠 비즈니스원리에서 다루는 기업들의 공통적인 특성은 모두 콘텐츠의 제작 · 가공 · 유통 등에 관여하고 있다는 점이다.

미디어관련 기업들이 여타 산업의 기업들과 구분되는 특징 중 하나는 공공서비스 제공을 주된 업무로 하는 공기업체가 비교적 많다는 점이다. 대표적인 사례가 지상파 방송사들이다. 이들은 영상콘텐츠를 무료로 제공하기 때문에 운영자금을 공공자금에 의존한다. 이 때문에 공영기업체의 사업목표는 가능한 매출과 이윤을 최대화하는 것이 아니라, 공익을 위해 보다 많은 송출서비스를 제공하는 데 주력한다.

대부분 민간시장에서 활동하는 기업들은 경영의 모든 목표를 이윤극대화에 두고 있고, 또 이것이 비즈니스에서 말하는 기업이론의 핵심 아이디어이다. 이러한 가정을 전제하고 학자들은 각 기업의 의사결정이 이윤에 어떠한 영향을 미치는가를 연구하여 기업의 행동을 예측한다. 그러나 종종 미디어관련 민간기업들이 이윤최대화만을 추구한다고 가정하는 것은 미디어기업들의 특성을 무시한 것이 아니냐는 비난을 받는다. 우선 동일한 미디어콘텐츠분야에 속하더라도 완전한 영리기업이 있기도 하지만, 국영방송국이나 신문 등은 애초부터 상업적 기반 위에 설립되지 않았기 때문에 이윤추구가 궁극적인 목표가 될 수 없다. 또한 비록 민간 미디어기업이라 할지라도 공공의 이익이나 정치적인 영향력 행사를 추구하는 행위가 나타나기도 하기 때문이다.

비즈니스이론에서 미디어콘텐츠 기업들을 다룰 때 주의해야 할 점은 도든 기업들이 기업규모나 각 기업이 처한 조직구조와는 별개로 동일하게 행동한다고 가정하면 무리가 따를 수 있다는 것이다. 예를 들면, 오늘날 대부분의 기업이 주식회사 형태로 만들어지는데, 이 경우 기업운영은 기업소유주의 결단보다는 전문경영인에 의해 이루어진다. 그러나 대표적인 다국적 미디어기업인 루퍼트 머독의 뉴스코퍼레이션은 소유주의 의사결정이 회사운영에 상당한 영향력을 행사하기도 한다. 이러한 현상은 대부분 사업체들이 영세하거나 소규모인 우리 나라의 경우에도 똑같이 나타나고 있으며, 일반적으로 사업체규모가 작을 때 흔히 나타난다.

이 밖에도 전통적인 비즈니스이론이 전제하는 많은 가정들이 미디어콘텐츠 기업들에 대한 행위예측에 얼마나 유용하느냐에 대한 의구심은 종종 학자들 사이에서 일어난다. 그럼에도 불구하고 많은 학자들은 미디어기업과 소비자들이 '합리적'인 방식으로, 또한 자기 자신의 개별 목표를 추구하기 위해 의사결정을 한다고 가정하는 것은 타당한 것이라고 이해하고 있다. 또한 사회적인 공동이익을 위해 설정하는 정부규제가 개별 경제주체의 목표와 일치되는 않는 방향으로 만들어진다는 것도 여전히 다른 비즈니스영역과 마찬가지로 적절한 가정으로 본다. 예를 들면, 폭력적이고 선정적인 내용을 담은 영화나 게임물을 공급하는 문제는 이윤극대화를 추구하는 업계에는 타당한 것이나, 그러한 내용이 소비자들의 전반적인 복지후생을 감소시킬 수 있다는 점 때문에 사회는 콘텐츠에 대한 등급규제를 엄격히 가하고 있다.

기업의 이윤은 매출액에서 회사운영에 실제로 쓰여진 비용을 뺀 금액이다. 그러나 비즈니스이론에서 사용되는 비용이란 용어는 모든 '기회비용(opportunity cost)'을 의미한다. 다시 말해, 기회비용이란 어떤 선택 때문에 포기한 다른 최선의 선택으로부터 얻을 수 있었던 혜택을 말한다. 가령 대학에 갈 나이가 된 한 연예인이 유명기획사에 들어가 연예활동으로 높은 소득을 올릴 수 있는 선택을 하였다면, 이 연예인의 기회비용은 그가 대학에 들어가서 졸업 후 취업을 해서 받을 수 있었던 봉급액수라는 혜택을 의미한다. 회계원칙에 따르면, 이 비용은 어떤 이윤이나 손실장부에도 기록되지 않는다. 그러나 기업의 경영자가 의사결정을 할 때는 회계관리자가 감안하지 않는 이 기회비용까지를 밝혀 내어 고려해야 가장 합리적인 선택을 한 것이라고 평가를 받는다.

기회비용이란 개념은 비즈니스이론에서 매우 중요시된다. 우리가 소유한 자원은 다양한 목적을 위해 여러 가지 방법으로 사용할 수 있으나, 그 자원은 한정되어 있다. 우리가 이용하는 토지, 인력, 자본 등은 상대적인 차원에서 볼 때 항상 어떤 선택이 다른 선택보다 효율적인 방법으로 사용될 수 있다. 따라서 기회비용은 모든 의사결정에서 불가피한 결과이며, 기업이 언제나 갈등하게 되는 원인을 제공한다.

어느 한 종합콘텐츠 제작사의 예를 들어 보자. 이 회사는 교육용 게임과 오락용 게임을 생산하고 있으나, 오락용 게임에 오랜 제작 경험을 가진 반면, 교육용에는 사업을 시작한 지 얼마 되지 않았다. 이 회사의 경영자가 제작방침을 교육용 게임의 증산에 초점을 두기로 결정하였다면, 회사가 보유한 창작 · 마케팅 및 행정인력들의 일부를 오락용 게임제작에서 교육용 게임제작으로 전환할 수 있다. 그러나 이동된 이 인력들은 교육용 게임제작에 익숙하지 않기 때문에 교육용 게임제작의 생산성은 그다지 오르지 않지만, 일부 인력이 없어진 오락용 부문의 생산성 하락은 현저할 것이다. 여기서 오락용 게임에서 교육용 게임의 제작으로 자원을 전환하는 데 드는 기회비용은 더 많은 교육용 게임제작으로 포기해야 하였던 오락용 게임물의 수량으로 계산할 수 있다.

기업은 이윤극대화를 추구할 때 어느 정도의 산출량이 가장 효율적인가를 결정해야 한다. 가령 어떤 영화잡지사는 이윤을 최대화하는 발행부수가 어느 정도인가를 고민해야 한다. 이를 결정하는 데 필요한 가장 중요한 두 요소가 목표로 하는 각각의 발행부수에 대해 위에서 언급한 매출액과 비용에 대한 예측이다. 이른바 비즈니스이론에서 말하는 '생산함수(production function)'란 각각의 산출량에 대한 투입비용과의 관계를 나타낸 것이다. 만일 자본과 인력 및 토지 등의 생산요소에 대한 상대적인 가격변화가 있다면, 경영인들은 동일한 산출량에 대해서 보다 저렴한 생산요소로 대체하려는 동기를 갖게 된다. 예를 들면, 출판산업에서 최근에는 일반화된 컴퓨터 데스크 출판이 일반화되었지만, 이 도구가 출판계에 처음 도입되었을 때 기업들은 자본과 인력비용의 절감효과를 가져오기 위해 구식의 기계를 컴퓨터가 장착된 기계로 앞다투어 전환한 바 있다.

'한계생산(marginal product)'이란 일정 기간 동안 고정적으로 투입된 요소에 인력이나 원재료 등 가변적인 투입물을 조금씩 변화시킴으로써 나타나는 전체 산출량의 변화를 의미한다. 이를 응용한 개념으로 '수익체감의 법칙(law of diminishing returns)'이 있다. 이 원리는 가변요소(가령 노동으로 프리랜서 제작자)가 주어진 고정요소(가령 고정자본으로서 제작스튜디오)에 추가적으로 더 투입될 때, 그 가변요소의 한계생산과 평균생산물은 궁극적으로 점차 감소한다는 것을 말한다. 쉽게 말하면, 생산성이 점차 낮아진다는 것을 의미한다. 예를 들면, 텔레비전 드라마의 제작감독은 각 회분의 드라마 제작시 새로운 방송인력을 얼마나 더 투입하는 것이 가장 효율적인지를 이러한 기준을 고려하면서 결정해야 한다.

다행히 많은 미디어콘텐츠 제작이나 유통에 관련된 기업들은 사실상 수익체감보다는 수익체증(increasing returns)을 경험한다는 것이 특징이다. 왜냐하면, 미디어콘텐츠의 진정한 가치는 콘텐츠를 담는 매체보다는 콘텐츠 그 자체와 그 콘텐츠가 소비되는 방식과 큰 관련이 있기 때문이다. 즉, 콘텐츠를 담는 용기가 종이냐 아니면 비디오테이프냐가 중요한 것이 아니라 콘텐츠에 대한 지적재산권이란 무형재가 실질적인 수익원천이다. 그리고 그 콘텐츠를 소비하는 관객수의 많고 적음에 의해 한 편의 콘텐츠를 만드는 제작비는 전혀 영향을 받지 않고 다만 약간의 매체복제비만 투입되기 때문이다. 이에 대한 자세한 논의는 나중으로 미루기로 한다.

3) 시장의 경쟁구조

기업은 재화와 서비스를 생산하여 판매하기 위해서 필요한 생산요소에 대해 비용을 지불하고 구입한다. 이렇게 생산을 위한 투입요소비용과 생산량의 관계를 나타내는 것을 생산함수라고 부른다. 그런데 이윤을 극대화하려는 기업은 시장에 자신의 상품을 얼마나 판매할 수 있는가 하는 문제에 항상 직면하게 된다. 이 때 기업이 당연히 고려해야 할 사항은 경쟁기업들이 동일한 시장이나 유사한 상품과 서비스시장에서 생산 또는 판매에 어떤 움직임을 보이고 있느냐를 추측하는 일이다. 왜냐하면, 상대 기업의 동향이 자신의 매출액에 커다란 영향을 줄 수 있기 때문이다. 즉, 시장에 존재하는 기업들의 경쟁구조가 어떻게 되어 있느냐가 각 기업의 매출액에 상당히 영향을 미친다는 점이다.

비즈니스이론은 우리들에게 어떠한 시장의 경쟁구조가 각 기업에게 어떻게 영향을 주고 사회구성원에게는 어떤 결과를 가져오는지에 대한 합리적이고 분석적인 틀을 제공한다. 일반적으로 기업들은 각각의 시장경쟁구조 속에서 어떻게 해야 자신들의 자원을 수단으로 사업을 효율적으로 운영할 수 있을 것이냐 하는 문제를 항상 고민한다. 비즈니스이론은 시장의 경쟁구조가 완전경쟁과 불완전경쟁(가령 독점적 경쟁, 과점 등) 및 독점이 있다고 가정한다. 또한 이들은 각 경쟁구조에 구성기업들의 수가 얼마나 존재하느냐에 의해 구분될 수 있다고 가정한다.

시장구조는 그 구조 안에 존재하는 경쟁기업들의 수와 그 밖의 다양한 요소들, 즉 기업들이 판매하려고 내놓은 상품 간 차별성, 이를 구입하려는 구매자들의 수, 미래에 이 시장에 진출하려는 기업들에 대한 진입장벽 등에 의해 영향을 받는다.

완전경쟁시장과 독점시장은 정반대의 극단적인 개념이다. 완전경쟁구조에서 시장은 매우 치열하기 때문에 어떠한 개별 기업도 전체 시장에 영향력을 행사할 수 없다. 예를 들면, 디지털방송이 본격화되면 현재 20여 개에 지나지 않은 채널수가 최대 500개 이상으로 늘어날 수 있는 것으로 예측된다. 이 정도에서는 어느 한 채널이 대부분의 시청자들을 독점하기는 매우 어려울 것이다. 반면에 독점구조에서는 어느 한 기업이 전체 시장에 절대적인 영향력을 행사한다. 어느 한 국가에 텔레비전방송사가 하나만 존재한다면 이를 두고 그 시장은 독점으로 되어 있다고 말할 수 있다. 그러나 현실적으로 대부분의 기업들은 이러한 양 극단적인 구조 사이에서 사업활동을 하고 있다. 또한 중간 형태의 구조들 중 하나는 독점적 경쟁 형태로 어느 정도 차별화되는 제품을 파는 많은 판매자들이 존재하고, 어느 정도의 가격결정권이 있으며, 광고를 통한 경쟁도 존재한다.

완전경쟁에서는 하나의 동일한 상품이나 서비스에 대해 수많은 공급자가 존재하기 때문에 어떠한 기업도 시장에 영향력을 줄 수 없다. 그런 경쟁상황에서는 모든 경제요소들이 자유롭게 움직이며, 각 기업은 자신이 판매하는 상품가격에 대해 완전히 수동적이고, 매우 자유롭게 시장에 진입하거나 퇴출을 할 수 있다. 하지만, 독점에서는 하나의 공급자만 존재하기 때문에 경쟁은 발생하지 않으며,

표 1-1 미디어산업의 시장구조

독 점	과 점	독점적 경쟁
케이블TV 신문 프로 스포츠팀	영화 음반 지상파 TV방송 카지노 테마파크	도서 잡지 라디오 방송 완구 및 게임 공연 예술

자료: H. L. Vogel(1999).

대개의 경우 다른 기업들이 이 시장에 진입하기 어려울 정도로 매우 높은 장벽이 존재한다.

현실에서 완전시장과 같은 예는 거의 찾아볼 수 없다. 가령 서적시장을 전제한다면 물리적으로는 동일하게 보여도 내용과 주제로 볼 때는 소비자들에게 엄청난 차이가 있기 때문에 완전경쟁시장이라고 볼 수 없다.

하나의 시장에서 소수의 공급자만이 존재하고 동종 또는 거의 유사한 상품으로 약간의 경쟁이 기업 간에 존재한다면, 이를 두고 과점구조라고 한다. 어떤 시장을 과점이라고 말할 때 이를 분간하는 기준은 대체로 상위 4~5개 기업들이 전체 산출량이나 고용 또는 매출액에서 차지하는 비중으로 사용된다. 과점은 미디어기업들이 사업활동을 할 때 가장 보편적으로 형성되는 시장구조라고 할 수 있다.

미디어와 엔터테인먼트산업에 있어서 대표적인 업종별로 나타나는 산업구조의 특징은 〈표 1-1〉과 같다.

2 미디어콘텐츠의 기초 비즈니스원리

(1) 거시경제요소들
(2) 미시경제요소들

(1) 거시경제요소들
(2) 미시경제요소들

2 미디어콘텐츠의 기초 비즈니스원리

어떤 현상을 정확히 바라보기 위해서는 그것을 발생하게 하는 큰 그림을 보는 것과 그 큰 그림을 구성하는 세부내용을 자세하게 해부해서 관찰하는 일이 동시에 필요하다. 미디어콘텐츠와 밀접하게 관련된 경제활동이 움직이는 모습과 그 배경을 이해하기 위해서는 다른 경제활동과 마찬가지로 우리 나라 비즈니스에 영향을 미치는 경제적 요소들을 파악하는 것이 전제되어야 한다. 미디어시장과 기업에 영향을 주는 요소로 거시적인 것과 미시적인 것을 들 수 있는데, 바로 제2장에서는 그 두 부분을 구성하는 경제요소들이 어떻게 미디어나 미디어콘텐츠와 관련된 비즈니스활동에 영향을 미치는지를 설명하고자 한다. 여기서 독자들은 다른 경제활동에도 큰 영향을 주는 경제요소들이 미디어부문에는 어떻게 다르게 작용하는지 또한 미디어 비즈니스를 제대로 이해하기 위해서는 어떤 차별적인 세부요소들에 대한 지식이 필요한지를 감지할 필요가 있다.

(1) 거시경제요소들

금융시장 동향, 경기현황 등 일반적인 거시경제요소는 미디어 상품과 서비스에 대한 기업들의 생산과 판매활동에 지대한 영향을 미친다. 경제활동에서 일어나는 수많은 요인들은 미디어기업들의 재정실적에 영향을 주며, 따라서 경영자의 의사결정을 좌우하는 역할을 한다.

본 절에서는 경기의 부침이 미디어기업들에게 어떤 영향을 주는지 먼저 살펴보고, 다음으로 이자율이 사업예산과 운영 등에 있어서 경영관리자의 의사결정에 어떤 제약을 주는지 알아본다. 또한 환율변동이 다국적 미디어기업들에게 어떻게 영향을 줄 수 있는지도 살펴본다.

1) 경기회복과 경기침체

미디어기업들이 일상적인 비즈니스활동을 할 때 가장 민감하게 느끼는 요소는 일반적인 경제흐름일 것이다. 투자와 판매에 주된 관심을 두는 모든 기업들은 현재의 경제상태가 앞으로도 지속될 것인지, 아니면 더 나빠질지 등 일반적인 경제상황에 대해 많은 신경을 쓴다.

경제의 회복과 침체상황을 우리는 흔히 '경기변동 또는 경기순환' 이라고 표현한다. 경기변동은 매출, 비용, 이윤, 생산, 고용 및 기업들의 수에 커다란 영향을 주기 때문에 미디어기업들에게도 매우 중요한 관심사항이다.

오늘날의 많은 경제학자들은 경제순환이 비즈니스활동의 자연스러운 과정이라고 이해한다. 대부분의 경우 한 해의 재화와 서비스의 생산은 그 전 해에 비해 증가하는 것이 일반적이다. 시간이 흐를수록 경제활동인구가 늘고, 자본이 축적되고, 기술이 진보하여 경제의 생산능력이 높아지기 때문이다. 경제의 생산능력이 높아지면 모든 사람들이 더 높은 생활수준, 다시 말해서 더 많은 부를 축적할 수 있다. 그러나 어떤 해에는 경제가 불황에 처해 있기도 한다. 기업들은 상품이나 서비스를 다 판매할 수 없어서 생산을 줄이고, 이에 따라 생산근로자들이 일부 해고되기도 하며, 심지어 공장을 폐쇄하는 경우도 일어난다. 경제 전체적으로도 실업이 증가하고, 국민소득수준이 하락하는 상황에 직면한다.

이렇게 경제흐름이 확대와 위축이라는 현상을 보인다는 데에는 많은 사람들이 동의하지만, 실제로 위에서 언급한 것과 같이 경제가 순환을 하는지에 대해서는 아직도 학자들 간에 의견이 분분하다. 그 이유는 경제순환의 주기성이나 변동의 폭은 항상 일관되게 나타나는 것이 아니기 때문이다. 그래서 일부 경제학자들은 경기순환보다는 경기변동이라는 말이 더 적합하다고 주장하기도 한다.

경기순환의 위축 정도가 매우 심각하면 이를 불황이라고 표현하는데, 일반적으로 불황기에는 많은 기업과 투자자들이 고통을 겪게 된다. 그러나 그 반대의 경우에는 시장수요가 늘어나고 기업의 재정사정이 호전되어, 기업들이 광고나 기타 미디어활동을 활발히 하는 경향이 있다. 가까운 예로 미국에서 일어난 9.11 테러사건은 미국의 경제성장률에 부정적인 영향을 주었고, 이로 인해 광고와 오락 등 미디어관련 산업 전반에 막대한 타격을 준 것으로 분석되고 있다.

일반적으로 미디어관련 상품이나 서비스의 판매는 전반적인 소

그림 2-1 미국 소비자지출 및 광고비지출 성장률(%)

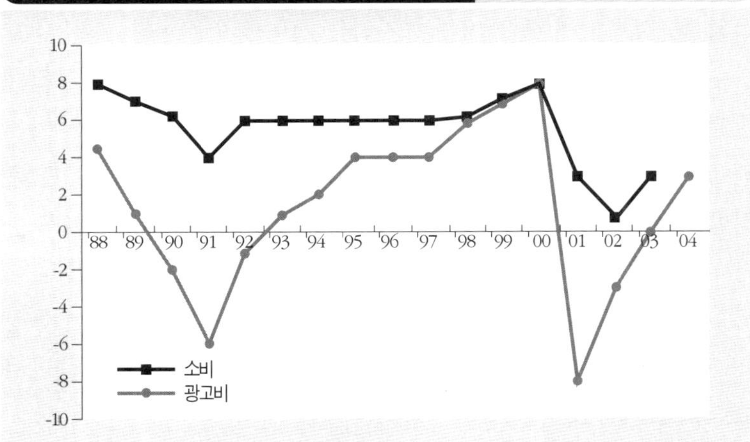

자료: 세계광고주연맹(Zenith/Optimedia).

비자의 지출규모와 소비자들이 현재와 미래의 경제상황을 어떻게 보고 있느냐에 따라 영향을 받는다. 경기가 하강국면에 있을 때, 소비자들은 미디어관련 내구재에 속하는 텔레비전 수상기, 컴퓨터, 음향기기, 위성수신기 등에 대한 구입을 나중으로 미루는 경향이 있다. 아울러 CD, 비디오테이프, DVD 등 매체의 경우 이보다는 좀 약한 경향을 보이기는 하나, 여전히 경제상황과 병행하여 그 매출이 움직인다. 최근에는 유료케이블 및 위성 TV방송 가입에 있어서도 그 수요가 감소하며, 특히 상대적으로 가격이 높은 프리미엄 프로그램 서비스가입자의 수는 경기하강에 민감하게 반응하여 기존 가입을 포기하는 사례가 많이 나타난다.

앞서 미국 사례에서 언급하였듯이, 광고시장은 경기변동의 향방에 따라 크게 좌우되는 경향이 있다. 가령 경기침체에는 소비자들이 일반적인 내구재에 속하는 자동차, 주요 가전제품 등에 대한

그림 2-2 연도별 광고비와 GDP 성장률(%)

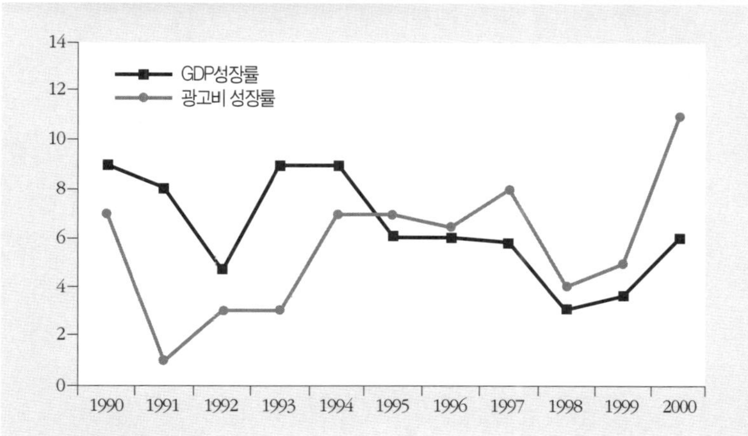

자료: 세계광고주연맹(Zenith/Optimedia).

소비를 줄이기 때문에 자연적으로 내구재 공급기업들의 광고예산은 현저히 줄게 된다.

경기불황으로 인해 발생하는 침체의 폭과 깊이는 경제의 각 부문마다 다르게 나타난다. 그러나 명백한 사실은 GDP성장률의 변화와 광고시장의 움직임은 거의 같이 움직인다는 것이다. 〈그림 2-2〉를 관찰해 보면 1991년을 전후로 해서 세계 광고업계는 GDP성장률이 감소할 때 광고시장 역시 불황의 늪으로 빠져 들고 있는 것을 알 수 있다. 더 나아가, GDP성장률 움직임에 비해 광고비성장률이 더 민감하게 반응하는 특성을 보인다. 즉, GDP수준이 조금만 감소해도 광고비 지출의 감소는 더 크게 나타난다.

또 다른 예로 영화산업과 경기변동 추세의 관계를 살펴보자. 영화산업은 다소 경제흐름에 역순환한다는 특성을 가지고 있다. 이런 생각은 1930년대 미국의 경제대공항 때 나타난 영화티켓 판매로부

그림 2-3 영화흥행 매출액: 전년 대비 증가률(1929~1999)

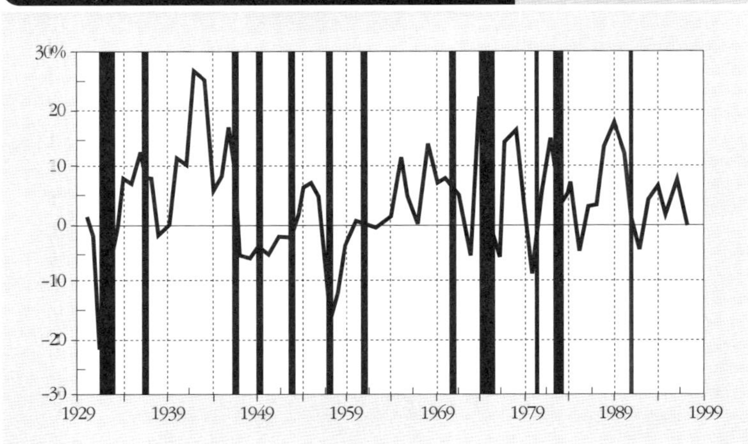

자료: H. L. Vogel(1999), p. 41.

터 유래한다. 실제로 경기침체국면에 들어서면, 경제가 건실하게 확장되는 시기에 비해 소비자의 여가시간 이용이 좀더 저렴하고 집과 가까운 엔터테인먼트 활동쪽으로 옮겨 가는 경향을 보인다. 이것이 항상 맞는 경향이라고 하면, 가령 어째서 영화티켓 판매가 경기침체기의 처음과 중간 시기에는 종종 꾸준히 유지되지만, 경기침체가 거의 끝나는 시점에서 급격히 저조해지는지 그 이유를 짐작할 수 있다. 경기침체기가 끝날 즈음에는 많은 사람들의 소득사정이 호전되기 시작하고, 오랫동안 미루어 왔던 생활내구재와 서비스의 구입이 자연스럽게 엔터테인먼트분야에 대한 지출보다 우선시된다. 〈그림 2-3〉은 미국에서 1929년 이후 경기침체시기의 경기변동에 따른 영화관 관람티켓 판매실적의 변화를 보여 준다.

2) 인플레이션

물가수준의 전반적인 상승현상을 인플레이션이라고 한다. 인플레이션은 1970년대 미국의 포드 대통령이 당시의 물가수준을 '제일의 공적(公敵)'이라고 부를 만큼 생산자와 소비자의 구매력에 큰 영향을 주었다. 인플레이션의 원인은 빠른 경제성장, 환율, 전쟁 등 여러 가지 요인들을 들 수 있지만, 대체로 통화량의 증가가 가장 많은 영향을 미치는 요인으로 인식되고 있다.

인플레이션의 수준은 경제가 확대될 때 높아지며, 위축될 때 줄어드는 경향을 보인다. 경영관리자는 인플레이션이 발생하면 비용상승을 즉각적으로 인식하여 일정의 비용상승분을 자신이 판매하는 상품이나 서비스에 전가하려는 경향을 보인다. 그러나 종종 미디어기업들은 이러한 전략에 제한을 받기도 한다. 가령 게이머들의 정기구독률에 의존하는 게임전문 잡지사들은 일정한 구독률에 도달하기 전까지는 잡지가격에다 물가상승으로 인해 발생한 종이와 인쇄비용의 상승을 전가하기 어렵다. 이와 같은 상황은 매년 광고주의 광고가격을 계약하는 신문사도 마찬가지로서 물가가 상승하였다고 해서 즉각적으로 광고가격을 올릴 수 없다.

또한 인플레이션의 변화는 콘텐츠를 보유한 기업들의 재정실적과 자산에 많은 영향을 끼친다. 가령 수익성이 입증된 영화나 음악과 같은 콘텐츠를 확보하고 있는 기업들은 자신들이 대여하는 판권에 대해 인플레이션 상승분을 판권구매자들에게 전가한다. 물론 이러한 콘텐츠를 보유한 기업들의 실질자산가치만을 가지고 판단한다면 기업가치가 실제로 증가하였다고 판단하기는 어려울 것이다. 그러나 좋은 콘텐츠를 갖고 있지 않은 기업에 비해 우량기업들은 인플레이션 상승압력만큼을 보유한 콘텐츠의 판권에 반영함으로써 기업의 재정실적을 유지할 수 있기 때문에 유리하다.

3) 이자율

이자율은 자본의 대출비용을 의미한다. 만일 동일한 조건에서 자본차입이 많은 기업들은 이자율이 상승하면, 향후 이 기업의 자본차입능력은 현저히 떨어지게 된다. 다시 말해, 자본비용의 상승은 기업의 사업확대 노력이나 자금흐름을 관리하는 경영자들의 의사결정에 제약을 준다. 예를 들면, 우리 나라의 경우 IMF 외환위기 후 엄청나게 솟아오른 이자비용으로 인해 많은 문화콘텐츠 제작사들이 제작자금을 확보하는 데 어려움을 겪기도 하였지만, 이자율의 부담으로 자신에게 돌아오는 수익분이 줄어드는 경험을 하였다.

이자율과 콘텐츠 제작투자의 관계를 방송산업에 비유해 보자. 가령 한 공중파 텔레비전 방송사가 위성방송사업에 뛰어 들려고 할 때, 연리 7%로 차입하였다고 하자. 이 때 이자율이 7.5~8%로 상승하면, 이 방송사의 관리책임자는 적절한 이윤을 회수하기 어려울 것으로 판단하여 사업확장을 연기하거나 아주 포기해 버릴 가능성도 있을 것이다. 특히, 일정한 장르에 특화된 콘텐츠기업이 다른 장르에 진출할 경우 새로운 장르에 대한 노하우가 축적되기 전까지는 오랜 기간이 필요하게 되므로, 이자율이 높은 시기에는 신사업에 대한 지출을 보다 신중하게 고려할 것이다.

반면에 이자율이 하락하게 되면, 일반적으로 기업들은 투자활동을 이전보다 활발하게 한다. 더욱이 브로드밴드시대에는 새로운 콘텐츠 포맷들에 대한 투자가 증대될 것으로 예상되기 때문에, 이러한 유리한 환경이 지속되면 새로운 기업들의 시장진입이 빈번해질 것으로 보인다.

우리 나라의 경우, 최근 들어 문화콘텐츠나 미디어부문에 대한 투자가 과거에 비해 늘어나고 있으며, 특히 콘텐츠관련 인프라에 대한 공공예산의 투입이 현저히 증가하고 있다. 때대로 정부는 이 분야에 대한 민간기업들의 공공기금과 금고의 활용도를 높이기 위해서 의도적으로 융자금의 이자율을 낮추기도 하며, 그 반대의 경우는 제약을 가하기도 한다.

또한 최근에 나타난 투자사업으로 하나은행은 2년간 시네마서비스가 제작하는 영화 20여 편에 대해 100억 원을 투자하는 이른바 '하나시네마투자신탁'이라는 신탁상품을 선보였다. 이 신탁상품은 원금을 보장하고 투자된 시네마서비스의 흥행성적에 따라 이자율을 차등(0.5~19%)해서 지급한다. 이것 역시 시장이자율이 어느 수준에서 결정되느냐에 따라 그 차등 정도가 변동할 것이고, 이에 따라 투자수익에 영향을 미칠 것이다.

4) 환율

환율은 내가 소유한 화폐가 다른 나라 화폐와 교환될 때 내가 가진 화폐의 가치를 의미한다. 환율은 시간단위별로 항상 변화하며, 모든 기업들은 환율변화에 영향을 받고 있다.

만일 모든 경제활동이 한 나라에서만 이루어진다면, 환율은 중요한 요소가 될 수 없다. 그러나 우리 나라와 같이 특히 부존자원이 부족한 나라는 외국과의 상거래가 필수적이기 때문에 환율에 민감할 수밖에 없다. 이러한 상황은 미디어관련 기업들도 예외가 될 수

그림 2-4 미국 영화산업의 해외대여료 수입추이(1965~1996)

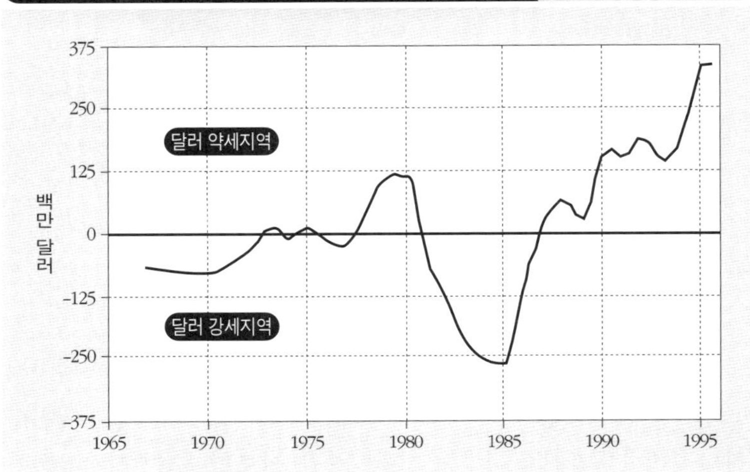

자료: H. L. Vogel(1999), p. 78.

없으며, 더욱이 글로벌 경제화 속에서는 환율변동이 사업활동에 대단히 중요한 요소로 부각된다.

우리 나라 미디어기업들은 전형적으로 많은 콘텐츠 상품과 서비스를 외국으로부터 수입해 왔다. 예를 들면, 수년 전만 해도 우리 나라 고유의 게임콘텐츠가 없었기 때문에 순수한 우리 나라 게임시장은 거의 무의미하였다고 볼 수 있다. 그러나 최근 우리 나라 게임의 경쟁력이 크게 강화되면서 수출과 게임제작의 해외투자가 늘어나고 있다. 따라서 우리 기업들은 콘텐츠 해외거래에서 외국 화폐와 우리 나라 화폐의 상대적 가치변화에 좀더 많은 관심을 가져야 할 것이다.

또한 우리 나라를 비롯하여 대부분의 국가들이 영화수입을 미국에 많이 의존하고 있기 때문에 달러가치가 자국 화폐에 비해 급격히 상승하면 영화수입에 많은 재정적인 어려움에 직면하게 된다.

이렇게 환율변동은 미디어기업들의 구매력과 매출에 도움을 주기도 하며, 피해를 끼칠 수 있는 중요한 요소라 할 수 있다.

예를 들어, 1970년대 대부분과 1985년 이후에 미국의 달러가치는 주요 수출대상 국가의 화폐에 비해 상대적으로 낮았기 때문에 메이저 영화배급사들의 영업이익은 상당히 개선되었다. 반대로 1970년대 후반과 1980년 초반의 달러강세는 예상된 수입보다 10~15% 낮아지는 영업손실을 가져왔다.

(2) 미시경제요소들

1) 규모의 경제성

규모의 경제성(economies of scale)은 미디어와 콘텐츠관련 기업들에게 일어나는 매우 보편적인 현상이다. 일정한 상품이나 서비스를 한 단위 더 공급할 때 들어가는 비용이 취급하는 상품이나 서비스의 규모가 확대됨에 따라 하락하는 경우에 발생한다.

불가피한 기본 사업비는 공급규모와 상관없이 들어가기 때문에 취급하는 상품이나 서비스의 거래규모가 클수록 그 비용은 거래된 양에 분산된다. 예를 들면, 하나의 방송프로그램 제작에 들어가는 기본 사업비는 프로그램 하나를 만들든지 아니면 둘 이상을 만들어 내든지 상관없이 첫 판을 제작하는 데에는 동일한 비용이 소요된다. 원판제작비가 100원이 소요되었고, 그 다음 이 프로그램을 각 지방방송국에 100개를 공급하였다면 평균제작비용은 1원이다. 따라서 동일한 제작비용이 소요되었으나, 인기가 입증된 프로그램을 제작한 회사는 그렇지 않은 프로그램을 제작한 회사보다 더 많이 복제하여 판매할 수 있기 때문에 규모의 경제라는 이점을 살릴 수 있게 된다.

규모의 비경제는 규모가 작거나 클 때 양쪽에서 모두 발생할 수 있다. 일반적으로 규모가 작은 기업은 규모의 경제에 도달한 큰 규모의 기업보다 효율성이 떨어진다. 그러나 규모가 지나치게 크면 이에 수반하는 여러 비용이 과도하게 또는 중복적으로 투입될 우려가 있기 때문에 효율성을 잃어버릴 가능성이 높아진다.

2) 범위의 경제성

일반적으로 범위의 경제성(economies of scope)은 다수의 상품생산과 관련되는 유통, 광고, 구매 등의 경제활동에서 효율성을 낼 수 있을 정도로 충분히 규모가 클 경우에서 발생한다. 범위의 경제성은 두 가지 이상의 연관상품을 생산해서 같이 판매함으로써 얻을 수 있는 비용절약의 효율성이 있을 때 발견된다. 비용절감효과는 만일 하나의 상품에 투입된 특정한 요소가 또 다른 상품을 생산하면서 다시 사용될 수 있을 때도 일어난다.

범위의 경제성은 미디어와 콘텐츠분야에서 흔히 일어나는데, 이는 미디어 산출물이 하나의 상품시장을 목표로 제작되었으나, 형태를 바꾸어 다른 종류의 상품시장에 판매하는 일이 비교적 쉽게 가능하기 때문이다. 가령 한 대통령후보자가 TV방송에서 연설한 정치행위를 녹화한 내용은 다른 뉴스 프로그램이나 인터넷방송 등으로 다시 편집되어 사용될 수 있다. 즉, 동일한 콘텐츠가 하나 이상의 산출물로 용이하게 전환되어 활용될 수 있다. 특정 부류의 시청자들을 위해 만든 특정한 콘텐츠가 다른 부류의 시청자에게도 제공되는 새로운 상품이 될 수 있다는 점이 바로 범위의 경제성이다.

범위의 경제성이 존재한다고 판단될 때에는 제품을 다양화하는 일이 경제적으로 효율성을 높이는 방법이다. 왜냐하면, 범위의 경제성이 존재하는 곳에서는 한 기업이 서로 관련 있는 상품들을 모두 생산할 때(즉, 다양화할 때) 소요되는 비용보다 이 상품들을 서로 다른 기업이 각기 생산할 때 소요되는 비용의 합계보다 적게 들기 때문이다.

범위의 경제성은 산업의 분야에 관계없이 모든 기업에게 적용될 수 있지만, 특히 콘텐츠의 경우에는 제조업 상품에 비해 상대적으로 적은 비용으로 다시 가공될 수 있다는 점 때문에 훨씬 유리하다. 이에 따라 콘텐츠제작사들은 회사규모가 커짐에 따라 산업의 제작 · 가공 · 유통 등 각 부문에서 사업을 통합하려는 경향을 강하게 보인다.

3) 통합의 경제성

통합의 경제성(economies of integration)은 보통 동일한 플랫폼을 사용하여 여러 서비스를 제공할 수 있을 때 일어난다. 즉, 하나의 도구와 수단을 가지고 한 가지 이상의 서비스를 제공할 수 있기 때문에 비용면에서 효율성이 발생한다는 의미이다. 흔히 미디어기업들은 정보와 통신기술(information and communication technology: ICT)을 폭 넓게 수용함으로써 통합의 경제성을 확보할 수 있다. 특히, 디지털기술은 정보와 시설, 설비 등을 공유하여 새로운 서비스를 창출하고 제공하는 데 매우 유리한 대표적인 분야라고 할 수 있다.

가령 최근에 음반산업은 CD나 테이프 등 전통적인 매체를 이용하기보다는 디지털기술이 만들어 낸 음악파일을 상품화하는 체제로 전환되고 있다. 이러한 경우 음악이라는 상품을 만들고 유통하는 일이 과거 물리적 환경에 의해 이루어지는 체제에서 이제는 단지 사이버공간에서 정보시스템으로 처리하여 새로운 서비스를 보다 비용효율적으로 제공할 수 있게 되었다.

이와 같은 ICT를 기반으로 하는 콘텐츠사업의 새로운 운영방식은, 이미 제작된 콘텐츠에 대해 새로운 수요증가 때문에 추가적으로 늘어나는 이익의 증가폭보다 비용의 절감폭을 훨씬 크게 하는 경제성을 낳는다. 따라서 기업들은 이러한 경제성이 존재하지 않을 때보다 한층 더 탄력적인 경영전략을 구사하면서 사업을 운영할 수 있다.

4) 고정비용과 가변비용

고정비(fixed costs)와 가변비(variable costs)의 구조는 제작된 콘텐츠의 종류마다 다르며, 이러한 사업활동에 관여하는 기업들마다 다르게 나타난다.

고정비용은 사업운영에 필요한 기본적인 비용을 의미하며, 생산하는 수량의 증감과 무관하게 항상 들어가는 비용이기 때문에 자주 바뀌지 않는다. 가령 특정한 연극작품을 공연하는 한 연극단체는 그 공연작품을 1회 하든 아니면 3회 하든 상관없이 시설, 무대장치, 의상 등에 관한 기본적인 경비가 크게 변하지 않는다.

그러나 가변비용은 생산분량에 따라 항상 변한다. 100만 부에서

한 음반회사의 고정비용

음반이 판매되면 매출액은 크게 녹음비와 마케팅비 그리고 판매비 등으로 배분된다. 여기서 고정비용은 경상비로서 녹음비와 마케팅비가 이에 해당되며, 생산된 음반판매량과는 상관없이 발생한다. 우리 나라의 경우 앨범제작비는 큰 기업이 1~2억 원이 소요된다고 한다. 제작비는 음반계약금과 녹음비용, 홍보 및 마케팅비용 등의 고정비와 유통수수료와 인쇄비, 인세 등 가변비용으로 구성된다.

음반산업의 고정비용(중견가수의 경우) 단위: 만 원

고정비	음반계약금		2,000
	녹음비	작곡비	5,000
		작사비	5,000
		편곡비	1,000
		세션(악단)비	2,000
		스튜디오(연습실) 임대료	100
		엔지니어비	100
		녹음실비	100
	마케팅비	자켓디자인	300
		사진	300
		홈페이지 제작(수정)비	300
		홍보용 음반	200
		뮤직비디오	5,000~10,000
		광고 등 기타 마케팅비	50 이상
변동비		유통수수료	장당 도매가의 15%
		가공비	장당 1,000/500원
		인쇄물 제작	장당 1,200원
		포장비	장당 200원

자료: 삼성경제연구소(2002).

150만 부를 발행하는 신문사는 종이, 잉크, 인쇄시간 및 추가적인 유통비용 등이 발생한다. 반대로 구독률이 떨어져서 인쇄부수를 줄일 경우 이에 수반되는 가변비용도 줄어들 것이다.

최근 들어, 콘텐츠의 제작과 유통에 디지털기술을 도입함으로써 점차 콘텐츠기업들의 비용구조가 일대 변화과정을 겪을 것으로 예상된다. 콘텐츠를 가공하는 일이 과거에 비해 훨씬 비용면에서

저렴해지는 환경이 무르익게 되면, 효율적인 제작방법과 규모와 범위의 경제성 및 통합의 경제성을 달성하는 전략을 동원하는 일이 보다 중요시될 것으로 보인다. 이에 따라 기업들은 한정된 시장을 두고 공급할 상품과 서비스의 종류에 대한 사업상의 의사결정에 있어서 아날로그시대에서보다 경쟁력을 강화하기 위한 전략들을 강구하는 데 집중할 것으로 보인다.

5) 미디어콘텐츠기업의 비용구조

① 콘텐츠비용

콘텐츠는 미디어기업의 가치구조를 구성하는 최초의 요소이자, 동시에 유통이나 서비스 등 다른 사업부문에 비해 중요한 비중을 차지한다. 가령 케이블방송의 경우 콘텐츠부문이 전체 사업의 비중

그림 2-5 주요 미디어의 콘텐츠제작비 비교

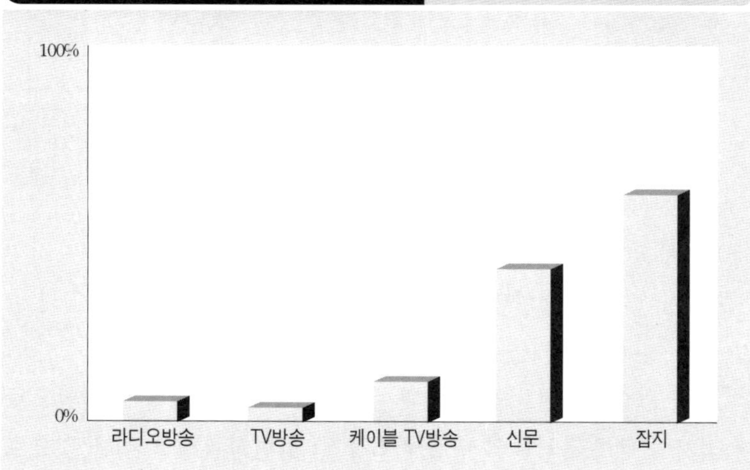

자료: R. Picard(2002).

에서 50% 이상을 점유하고 있고, 텔레비전이나 라디오방송사 사업 중 25~30% 정도를 차지하는 것으로 파악되고 있다. 그리고 신문이나 잡지와 같은 전통적인 언론매체는 동 사업이 전체 비용의 약 10% 이하를 차지한다고 한다.

② 제작 및 유통비용

제작 및 유통비용을 미디어별로 비교하면 콘텐츠부문과 크게 달라진다. 가령 인쇄물은 보통 40~60% 정도가 전체 비용 가운데 제작 및 유통부문에 투여된다. 그 이유는 인쇄물이 다른 콘텐츠에 비해 물리적인 부분이 많아 제작과 유통에 들어가는 비용이 많기 때문이다.

유통비용이란 상품이나 서비스를 만들어서 소비자에게 전달하기까지 들어가는 비용을 의미한다. 취급하는 품목 가운데서도 비디

그림 2-6 주요 미디어별 유통비용 순위

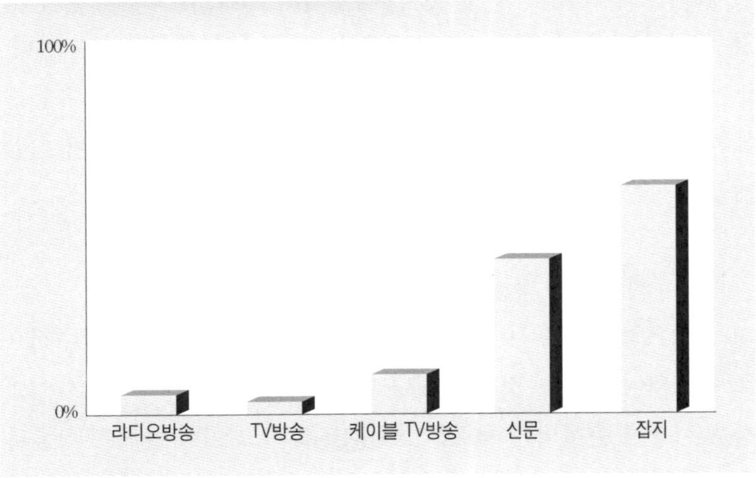

자료: R. Picard(2002).

오테이프, CD, 서적 및 잡지 등 유형물인 경우에는 소매점이 소비자에게 직접 접근하여 전달해야 하기 때문에 유통비가 상대적으로 많다. 반면에 전파를 이용하여 콘텐츠를 관객에게 전달하는 라디오와 텔레비전 및 케이블방송사들은 소매유통비는 작을지 모르나, 방송물을 유통할 때 필요한 전송기, 하드웨어 시스템 등의 기초 인프라가 사전에 마련되어 있어야 한다. 또한 최근에 발달하고 있는 온라인 매체의 경우는 오프라인 방송사업에 비해 훨씬 저렴한 유통비용이 소요될 수 있는 유리한 점이 있다.

미디어사업자 중 유통비용에 대해 가장 민감하게 신경써야 할 사람들이 물리적인 유형매체를 기반으로 하는 신문이나 잡지, 서적과 관련된 사업자들이다. 왜냐하면, 이들이 지출하는 유통비용은 소비자와의 물리적인 거리에 따라 많은 차이를 보이기 때문이다. 이러한 점은 제조업 상품의 유통과 유사한 특성을 갖는데, 물리적인 상품들은 생산에서 소비지점까지 운송장비, 운영비, 인력 등에서 많은 비용이 유발될 수 있다. 가령 음반이나 잡지 인쇄물 등의 경우 때때로 대기업은 자체 유통망을 보유해서 운영하기도 한다. 또한 어떤 경우에는 일부 대기업과 중소기업들이 연합하여 유통전문회사를 설립하고 이를 통해 공동으로 유통함으로써 시간과 시설에 있어서 비용을 절감하려는 노력을 기울이기도 한다.

③ 마케팅비용과 광고비용

콘텐츠작품으로 시장을 개척하고 사업을 운영하는 데 필수적으로 수반되어야 하는 것이 마케팅과 광고비부문이다. 콘텐츠사업의 경우 시장에 출시되는 새로운 상품 간, 그리고 이미 출시된 상품과 새로운 상품 간에 치열한 경쟁관계를 형성한다.

표 2-1 세계 20대 광고주의 비용지출 현황(1998) 단위: 10억 달러

광고주	비용지출
Procter & Gamble	4.8
Unilever	3.4
General Motors	3.2
Ford	2.2
Philip Morris	2
Daimler Chrysler	1.9
Nestlé	1.8
Toyota	1.7
Volkswagen	1.3
Coca-Cola	1.3
Sony	1.3
L' Oréal	1.2
McDonald' s	1.2
Nissan	1.1
Johnson & Johnson	1.1
Walt Disney	1.1
Time Warner	1.1
Honda	1.1
Mars	1.1
Diageo	0.9

예를 들면, 영화나 음악 등에서 새롭게 시장에 나오는 각각의 작품들은 소비자들이 이전에는 체험해 보지 못한 감성이나 분위기 등을 제공한다. 다시 말해, 대부분의 콘텐츠 상품들은 시장에서 사전적으로 검증할 수 없는 것들이기 때문에 비슷한 시기에 출시되는 다른 상품이나 과거에 검증된 상품과 어떠한 경쟁관계를 형성할지는 거의 예측하기 어렵다. 따라서 콘텐츠 상품의 사업자들은 시청자와 소비자 또는 광고주의 주목을 끌기 위해 마케팅과 홍보 등의 활동에 경쟁적으로 많은 돈[1]을 지출하게 된다.

이 때문에 시장에 나오는 신문이나 잡지의 종류, 방송프로그램

[1] 가령 음악앨범에 대한 마케팅활동에는 콘서트 투어지역 소매상과의 연계를 통한 홍보, 판매촉진용 보조상품(전시물, 포스터, 티셔츠 등), 라디오와 텔레비전 광고 그리고 데모용 상품 등이 있다. 또한 수많은 라디오방송사에 무료로 음반을 배포하기도 한다. 음반에 대한 마케팅비용은 미국에서 평균 10만 달러 정도이고, 유명가수는 약 50만 달러에 이른다고 한다(H. L. Vogel, 1999, p. 246) .

의 수, 음악작품의 수 등이 증가할수록 미디어 전문기업들은 소비자들의 주목을 끌기 위한 콘텐츠기업들의 홍보 경쟁장소가 되고 미디어기업들의 성장에 기여하게 된다. 가령 1998년에 조사한 세계 20대 광고주 현황에서 소니, 타임워너, 월트디즈니 등 세계적인 콘텐츠회사들이 최대 광고주 대열에 오르기도 하였다.

광고와 마케팅비용은 사실상 미디어콘텐츠 상품과 서비스마다 다르게 나타난다. 이 비용을 지출하는 주 목적이 소비자들의 이목을 집중시켜 소비자 행동양식에 변화를 주기 위한 것이기 때문에, 그 지출수준은 기업들의 경쟁수준을 간접적으로 가늠할 수 있는 잣대가 되기도 한다(〈표 2-1〉 참고). 인터넷이나 영화 등 전자적 미디어부문은 잡지나 신문 등 인쇄미디어부문에 비해 마케팅비용이 높으며, 상대적으로 경쟁구조가 치열한 것으로 파악된다.

④ 거래비용

기업을 운영하는 데 있어서 중요한 요인으로 등장하는 것 중 하나가 거래비용을 어떻게 합리화할 것이냐 하는 과제이다. 거래비용(transaction costs)이란 이해당사자들이 협상을 통해 합의에 도달하는 과정에서 부담하는 비용을 말한다. 가령 코스(1937)는 거래당사자 간 안정적인 계약관계를 마련하는 것이 사업비용과 경제활동의 비효율성을 줄이는 방법이라고 이론적으로 설명하였다. 사실상 거래내용을 보면 기업들은 공급자와의 거래관계뿐만 아니라, 소비자나 고객과의 거래에서도 효율성을 높일 수 있다.

이러한 거래비용을 줄이려는 노력은 미디어기업들에게도 찾을 수 있다. 가령 방송사나 신문사는 콘텐츠를 공급하는 통신사나 프리랜서 등과의 안정적인 계약이 중요한 자원을 확보하는 방법이다.

음악출판사는 작곡가로부터 창작곡에 대한 권리를 구입하고, 텔레비전방송사나 영화감독 등은 앞으로 만들어질 콘텐츠의 촬영·녹음 등을 위해 제작사, 스튜디오와 사전에 계약관계를 맺는다. 이러한 행위들은 모두 각각의 경우 거래비용을 줄이는 합리적인 과정이라고 볼 수 있다.

6) 규제

규제는 일반적으로 국가 또는 지방자치단체가 특정한 행정목적을 실현하기 위하여 국민의 권리를 제한하거나 의무를 부과하는 것을 말한다. 특히, 경제적 규제라고 할 때 시장에서 일어나는 문제들에 대한 정부의 역할을 행사하는 것을 의미한다.

경제활동에 정부가 규제를 수단으로 개입하는 것은 시장이 스스로의 힘으로 존속할 수 없는 영역이 있다는 점을 전제로 한다. 정부는 기업들의 경제적 자산을 창출하고, 시장기능에 필요한 계약, 기타 권리들을 만들어 갈 수 있는 틀이 갖추어지도록 중요한 정치적 또는 법적인 역할을 수행한다.

또한 정부는 특정한 산업의 경제활동에도 개입한다. 거래되는 상품이 공공재적인 특성을 보일 경우 생산활동을 촉진하도록 정부는 각종 규제와 정책수단을 동원하여 활성화하는 역할을 한다. 아울러 시장기능이 원활하게 작동하지 않는 곳에는 필요한 부분을 충족시키는 일도 수행한다.

자유민주주의 국가에서 미디어는 표현의 자유가 보장되지만, 때때로 정부는 비경제적인 부분, 가령 언론이나 문화 등에 개입하기도 한다. 우리 나라의 경우 매번 정권이 바뀔 때마다, 미디어기업

[음악] 불법스트리밍업체에 대한 문화관광부 입장
2003. 07. 18(문화광광부 주간브리핑 9호)

우리 부는 최근 (사)한국음반산업협회로부터 불법스트리밍업체에 대한 우리 부의 입장을 밝혀달라는 요청을 접수하였으며, 이에 아래와 같이 기본입장을 전달하였다. 이하 우리 부의 답변 내용이다.

"온라인 음악산업의 정착은 음악산업의 미래가 걸려 있는 매우 중요한 문제임에도 불구하고, 그 동안 온라인 음악이용에 대한 효과적인 이용허락체계가 정비되지 않아 불법적인 이용과 그로 인한 저작권 분쟁의 빌미가 되어 왔다. 우리 부는 이러한 상황을 개선하기 위한 조치로, 이용자들이 개별 저작권자를 접촉하여 협상하는 어려움 없이 정해진 절차에 따라 신속하고 간편하게 이용허락을 받을 수 있도록 하여 이용허락에 드는 비용(거래비용)을 최소화하기 위해, 음반업계를 대표하는 두 단체인 (사)한국음반산업협회와 (사)한국연예제작자협회의 합의하에 설립된 (사)한국음원제작자협회에 지난 3월 저작권법상 신탁관리업을 허가하였다. 동 협회의 운영이 정상화되어 이용허락의 원활화와 권리침해에 대한 대응이 효과적으로 진행되면, 정당한 대가의 지불을 통한 음악서비스의 제공과 음악서비스의 이용풍토가 조성될 수 있을 것이다."

과 단체들은 정부가 언론에 대해 정치적 영향력을 행사하려는 데에 우려를 표명하는 모습을 볼 수 있다. 그러나 언론에 대한 정부개입의 정당성은 정부개입이 민주주의와 자본주의 사회에서 사회적·정치적·경제적 필요에 대응하고, 커뮤니케이션의 기회를 촉진하고 확대시키는 긍정적인 기능을 인정하는 데 있다.

① 기술적 또는 구조적 규제

기술적 규제(technical regulation)는 정부 또는 비정부단체가 일정한 커뮤니케이션이 가능하도록 표준을 유지하거나, 기술적 규격으로 통제할 때 존재한다. 가령 커뮤니케이션과 관련된 국제기구들은 세계회의를 개최하여 각국이 사용할 수 있는 주파수를 지정하는 데 합의함으로써 라디오나 텔레비전 등 기타 미디어들이 사용하는 주파수가 각국별로 중복되지 않도록 한다. 또한 국가 차원에서도 각 미디어사업자들에게 주파수를 지정해 줌으로써 사용자들이 혼선을 빚지 않도록 하고 있다. 가령 미국의 연방통신위원회(Federal Communications Commission)는 통신법에 의거하여 1934년에 설립된 미국 정부기관으로서 라디오, TV 및 유선에 의한 방송서비스 개발 및 운영, 신속하고 효율적인 국내외 전신전화 서비스, 그리고 전파로부터 생명과 재산상의 안전을 증진하는 것을 임무로 하고 있다. 또한 FCC는 민간부문의 통신을 관할하고 있으며, 전기 · 전자제품으로부터 복사되는 불필요한 전파가 공중통신에 방해가 되지 않도록 규제하고 있다.

구조적 규제(structural regulation)는 공공의 이익을 위해 산업구조를 확인하고 필요한 수단으로 그 산업을 조종한다. 가령 미국은 정보의 다양성을 보장하기 위해 주정부들이 커뮤니케이션산업의 구조를 추적해서 반독점규제의 강화, 동일한 영역시장에서 미디어에 대한 교차소유 금지 등과 같은 구조적 규제를 실시하고 있다. 최근에는 양방향(interactive) TV가 등장함에 따라 이에 대한 허가제도 및 진입규제, 소유규제 등과 시장 내 공정경쟁, 요금 및 재원문제 등에 대한 구조적 규제정책의 필요성이 대두되고 있다.

② 행위규제

구조적 규제는 시장의 구조적 결함 및 과도한 경제력 집중을 개선하고자 하는 제도로서, 시장경쟁의 회복을 통해 소비자들의 실질적인 경제적 후생증진을 목적으로 한다. 이에 비해 행위규제는 개별 기업이나 사업자단체의 경쟁제한적인 거래행태 및 관행을 시정하고자 하는 제도로서 경제적 약자인 중소기업을 대기업의 횡포로부터 보호하고자 하는 보다 사회적 · 정치적 정책목표의 성격을 강하게 가지고 있다. 특히, 미디어콘텐츠산업의 경우 소수의 거대기업들이 산업을 지배하고 있기 때문에 자본이 영세한 기업들은 정부가 행위규제에 보다 강력한 조치를 취해 주도록 요구한다. 행위규제는 기업들이 특정한 행위를 하는 것을 금지하거나 또는 특정한 행위를 취하도록 강제함으로써 실현된다.

한편, 금지규제(proscriptive regulation)는 공익에 폐해를 끼치는 행위에 대한 규제로서, 가령 선정성, 폭력성을 가진 작품이나 표현, 국가안전을 해치는 내용, 그리고 특정 상품에 대한 광고행위 등에 대해 조치를 취하는 것을 말한다. 이 규제들은 기업의 영업행위에 제한을 가하는 경제적 조치로서, 가령 많은 국가들은 방송에서 술이나 담배와 같은 상품광고를 규제하여 기업들의 주 소득원천을 차단한다.

지금까지 소개된 모든 규제들은 기업들이 회사운영에 비용을 더 많이 초래하거나, 더 많은 이윤을 획득할 기회를 포기하도록 하는 경제적인 요소에 해당된다.

7) 진입장벽

진입장벽은 새로운 경쟁기업이 이전에 진출하지 않았던 시장에 성공적으로 진입하지 못하게 하거나, 어렵게 하는 경제적 요소이다. 진입장벽은 일반적으로 시장요인, 비용요인 및 규제요인 등으로부터 발생한다.

시장진입과 관련된 잠재적 기업은 대체로 두 가지 형태를 띠고 있다. 첫째는 시장에 처음으로 진출하는 기업, 즉 신사업을 추진하려는 기업이다. 가령 어떤 청년실업가가 처음으로 게임콘텐츠 제작회사를 설립할 때가 이에 해당한다. 두 번째 형태는 기존 시장의 사업자가 해외에서 영업을 확대하려고 할 때이다. 예를 들면, 국내 온라인 게임업체가 대만이나 중국으로 사업진출을 시도하는 경우이다. 이 형태의 기업들은 모두 진입장벽에 직면한다.

진입장벽의 대상은 매우 다양하다. 예를 들면, 자본요건, 규모의 경제성, 제품차별화, 법적 규제, 노하우, 가격경쟁 및 경쟁우위 등이 일반적으로 겪게 되는 장벽이다.

① 자본요건

자본요건은 기업의 설립, 창업손실 등에 필수적으로 들어가는 자금을 의미한다. 예로써 신규로 시장에 진출할 기업이 충분한 자본이 없다거나, 특정한 요건을 갖춘 기업에만 자본이 주어진다거나, 또는 산업별로 시장이자율이 다르게 제공되는 경우에는 자본이라는 요소가 시장진입에 장벽으로 작용한다. 특히, 우리 나라 대중의 문화산업의 신규 업체들은 제조업 전문기업들에 비해 자본규모가 매우 작고 영세하므로 커다란 진입장벽을 갖고 있다고 볼 수 있다. 더욱이 미디어산업은 유통부문이 사업의 성공을 좌우하는 매우 중요한 요소인데, 유통부문은 막대한 자본력이 필수적으로 전제되어야 사업유지가 가능하다. 따라서 기존 기업이 충분한 유통망을 확보하고 있는 업종은 유통자본이 시장진입에 결정적인 요인이 된다.

② 규모의 경제성

앞서 언급하였듯이, 규모의 경제성은 투입량과 생산량이 증가할

우리 나라 미디어콘텐츠의 자본요건

우리 나라의 상품은 세계시장에서 낮은 경쟁력을 보이고 있다. 현재 우리 나라 디지털 문화콘텐츠산업 규모가 세계시장의 1% 내외에 불과하고 영화 · 비디오 · 게임 등은 외국 상품이 국내 시장의 70~80%를 점유하고 있는 상황이다. 또한 이제까지는 IT 중심의 기술개발이었기 때문에 디지털 문화콘텐츠에 부합하는 창의적인 미디어콘텐츠 개발이 부족하다는 점을 지적할 수 있다. 디지털 문화콘텐츠 개발은 시나리오, 기획, 연출, 그래픽, 프로그래밍, 사운드 등의 제작요소가 종합적 과정인 것에 비해, IT는 게임 프로그래밍 위주로 전체 게임제작 공정의 20% 정도를 차지하고 있다. 디지털콘텐츠의 제작 · 유통담당 전문인력이 부족하며 투자가 취약하다는 점 역시 문제점으로 들 수 있다. 즉, 고부가가치 산업임에도 불구하고, 업체규모의 영세성, 전근대적 유통구조 등으로 민간의 대규모 투자가 허약하고, 기획 · 창작분야에서 세계적 수준의 창의력과 전문지식을 가진 인력이 부족하다.

자료: 문화정책백서(2001).

때, 단위비용이 감소하는 경우에 발생한다. 따라서 많은 양으로 승부할 수 있는 기업은 그렇지 않은 기업에 비해 단위당 더 낮은 비용으로 사업을 유리하게 이끌어 갈 수 있다. 특히, 기존 시장에서 사업입지가 굳어진 기업은 일정한 규모 이상의 매출액을 낼 수 있기 때문에 새로 진입하는 기업의 입장에서 볼 때는 비용의 경제성에서 불리하다고 볼 수 있다. 흔히 발견되는 규모의 경제성으로는 서점규모를 통해서 알 수 있다. 동일한 잡지판매점이라고 할 때 1,000여 종의 잡지를 판매하는 서점은 100여 종의 잡지를 판매하는 동네 서점에 비해 유통 및 관리비에 있어서 규모의 경제성을 가질 것이다.

그러므로 규모의 경제성을 지닌 기업들은 그렇지 않은 기업들보다 낮은 가격과 더 많은 이윤을 축적하며 사업을 운영할 수 있기 때문에 경쟁에서 유리하다.

표 2-2 주요 미디어별 차별화 요소

	신문	잡지	라디오 방송	텔레비전방송	온라인 포털
제공되는 시간	아침 저녁 전일		특정 시간대 프로그램 카운터 프로그래밍	특정 프로그램 시간대	
주기	매일 매주	매주 매달 분기별			콘텐츠 업데이트의 신속성
콘텐츠 선택	폭 넓은 주제 뉴스 초점 프리젠테이션 이해수준	일반적 관심 특별한 주제	음악 포맷 특별 포맷 혼합 포맷		
제작선택	타블로이드 종이의 질 잉크 칼라 바인딩	크기 종이의 질 잉크 칼라 바인딩	아날로그 디지털 라이브 또는 녹음 방송 자체 제작	아날로그 디지털 라이브 또는 녹음 방송 자체 제작	디자인의 복잡성 양방향 정도 그래픽의 종류 오디오 비디오
판매수단	유료회원제 한 부당 판매 무료배포	유료회원제 한 부당 판매 무료			유료회원 무료
목표고객	일반 고객	일반 고객	일반 고객 프로그램별 특정 고객	일반 고객 프로그램별 특정 고객	
목표소비장소	가정 사무실 개별 집단	가정 사무실 기타	가정 사무실 개별 집단	가정 사무실	가정 사무실

자료: R. Picard(2002).

③ 제품차별화

제품차별화란 자신이 생산해서 판매하는 상품이나 서비스에 대해 소비자의 충성도를 높이고 고객의 신뢰를 확보하기 위해 다른 유사상품이나 서비스와 구별되도록 취하는 모든 사업활동을 말한다. 만일 기존 시장에서 특정 기업이 제품차별화에 의해 충분한 시장을 확보하고 있다면, 새로 진입하는 기업에게는 기존 기업의 제품차별화 전략이 하나의 진입장벽으로 작용할 수 있다.

가령 제품차별화를 수단으로 진입장벽을 높이기 위해 기업들은 상표의 인지도 제고 및 기타 마케팅활동 등 부수적인 활동에 막대한 투자경쟁을 하기도 한다. 다만, 미디어콘텐츠 상품과 서비스의 경우는 제조업 상품과는 달리 상품의 성능과 겉으로 들어나는 상품의 특성으로 차별화하기보다는 상품의 질적인 특성과 소비자들에게 전달하려는 메시지나 이미지 등을 차별화하는 것이 특징이라고 할 수 있다.

④ 전환비용

전환비용이란 소비자가 한 제품에서 다른 제품으로 소비를 전환할 때 지출해야 하는 비용을 말한다. 가령 한때 전성기를 거친 축음기의 레코드(LP)를 기억할 것이다. LP의 대체상품인 CD가 등장하면서 소비자들은 CD의 내구성과 편이성, 우수한 품질 등으로 인해 음악을 청취하는 수단을 바꾸어야만 하였다. 따라서 소비자들은 CD라는 새로운 상품을 시장에 처음 소개한 소니와 필립스사로 인해 상당한 소비자 전환비용(switching cost)을 부담할 수밖에 없었으며, 그 결과 당시 축음기 제조업체들은 시장에서 퇴출위기를 맞이해야 하였다. 마찬가지로 최근 디지털방송이라는 포맷이 등장하면서 앞으로 소비자들이 아날로그 수상기에서 디지털 수상기로 전환하게 되면 축음기와 똑같은 상황이 일어날 것이 분명하다. 인터넷이 갖는 장점 중의 하나가 소비자의 전환비용이 매우 적다는 것이다. 최근 음반사들이 음반업계의 불황을 소비자들의 MP3와 같은 음악파일의 불법복제로 그 원인을 돌리는 것도 소비자들이 동일한 음악을 무료나 아주 저렴한 비용으로 그리고 매우 간편하게 인터넷에서 들을 수 있기 때문에 많은 사람들이 CD를 사지 않을 것이라는 추측에 기인한다.

결국 소비자의 전환비용은 기존 방식으로 생존해 왔던 기업이

전환비용과 기업 간 경쟁

4년 전 우리 나라의 한 소비자가 미국에서 겪었던 경험이다. 1983년 당시 독점기업이었던 AT&T의 한국 통화료는 1분에 1달러가 넘었다. 그러던 것이 1996년에는 30센트 정도로 하락하였다. 통신산업의 기술혁신이 가격하락을 가져왔다고 볼 수 있으나, 그 중요한 요소 중 하나가 1984년 AT&T가 분사화되면서 여러 장거리 통신회사가 설립되고, 그 회사들과의 경쟁을 통해서 가격이 하락하였다고 보고 있다. 내가 소비자인 입장에서는 한 달에 200달러를 통화하는 AT&T회사에게는 아주 중요한 소비자였다. 그러던 중 AT&T와 MCI 사이에 경쟁이 벌어졌다. 그 당시(1995) 소비자가 장거리 통신회사를 바꾸기 위해서 전환비용이 들고, 또 전화회사에 전화를 해야 한다. 이와 함께 50달러 정도의 돈을 지불해야 하였다. 그만큼 AT&T가 독점적 위치, 브랜드 로열티를 갖고 있었다. 그래서 MCI는 AT&T회사의 소비자를 끌어들이기 위해 전환비용을 대신 지불해 주고, 전화도 대신 걸어 주는 전략을 사용하기 시작하였다. 그 때 MCI는 그에게 전화를 걸어서 당신이 MCI로 변경하면, 현찰 200달러를 주겠다고 하였다. 일단 MCI로 옮긴다면 MCI 입장에서는 한 달이면 본전을 낼 수 있다는 전략이다. 소비자의 입장에서 전환비용을 지불해 주고, 전화도 해 주며, 200달러까지 주기 때문에 그는 MCI로 당장 옮겼다고 한다. 이후 두 달이 지나자, AT&T에서는 200달러를 주겠으니 다시 AT&T로 오라는 전화가 왔다. 따라서 그는 다시 옮길 수밖에 없다고 했다. 이러한 상황이 계속 일어나면 이득을 보는 사람은 소비자이지만, 망하는 것은 기업이다.

자료: http://www.kmarketing.co.kr/mag/199707/10.html

나, 시장에 새로 진입하려는 기업에게 사업상의 장벽으로 작용한다. 앞서 예를 든 하드웨어 포맷 말고도 전환비용은 심리적인 것에서도 발생할 수 있다. 소비하는 데 익숙한 대상을 다른 것으로 전환할 때도 일종의 심리적인 불편함이 뒤따를 수 있기 때문이다.

⑤ 유통채널에 대한 접근제한

기업 간 배타적 계약으로 중요한 유통채널에 대한 자유로운 접근이 제한된다면 계약관계가 없는 사업자로서는 진입장벽으로 느길 수밖에 없을 것이다. 예를 들면, 2001년에 미국 최대 인터넷업체인 아메리카온라인(AOL)과 타임워너는 경쟁업체들인 디즈니, 인터넷서비스 공급업체들의 반대를 극복하고 합병하였다. 경쟁업체들이 합병을 반대한 것은 경쟁력 있는 콘텐츠를 많이 확보하고 있는 타임워너의 케이블 시스템에 대한 접근이 AOL과의 합병으로 봉쇄될 수 있을 것이라는 우려 때문이었다. 이런 견해를 반영하여 타임워너는 합병조건으로 다른 경쟁업체들이 양사의 기존 케이블 시스템을 모두 이용할 수 있도록 접속코드를 개방한다는 약속을 이행한다는 내용을 제시함으로써 합병에 이를 수 있었다.

우리 나라의 음반유통 실정을 보면, 대부분 음반이 신나라미디어, ikpop, 도레미레코드 등 국내 3개 유통사가 중심이 되어 거래가 이루어지는 것으로 알려져 있다. 소규모 음반제작사들이나 독립음반 제작인들은 이들 기업이 특정 음반제작사와 유통에 관해 배타적 계약이나 배타적 거래를 하고 있다는 불만이다. 만일 이것이 사실이라면 배타적 계약이 진입장벽이 되어 이들이 만든 녹음음악들이 시장에 유통 · 판매될 수 있는 기회가 박탈되는 셈이다.

⑥ 정부정책

정부가 정책 차원에서 허가요건을 강화하거나 제한한다면 기업에게는 진입장벽이 될 수 있다. 가령 정부가 전파사용에 관해 제한적인 주파수만을 제공한다면, 주파수 사용허가를 받지 못한 사업체는 방송서비스시장에 진입할 수 없게 된다.

또한 반독점과 기타 규제는 경쟁을 유지하거나, 기타 사회적인 목적을 달성하기 위해 일부 기업들의 영업활동을 제한하거나, 시장진입을 금할 수 있다.

3 미디어콘텐츠시장의 경쟁요소

(1) 시장지배력
(2) 차별화 전략
(3) 지리적 시장
(4) 경쟁우위
(5) 브랜드

(1) 시장지배력
(2) 차별화 전략
(3) 지리적 시장
(4) 경쟁우위
(5) 브랜드

3 미디어콘텐츠시장의 경쟁요소

미디어와 미디어콘텐츠시장의 경쟁은 미디어 상품과 서비스를 공급하는 기업 간 경쟁관계를 의미한다. 기업들은 자신들의 시장영역에서 치열한 경쟁에 직면해 있다고 믿고 있다. 이 말은 현실적으로 볼 때 맞을 수도 있고 틀릴 수도 있다. 왜냐하면, 매체마다 경쟁 정도가 다르고, 또한 특정 지역의 매체에 있어서는 아주 제한된 경쟁만이 존재할 수 있기 때문이다. 대체적으로 여타 산업에 비해 미디어 상품 간 경쟁 정도는 훨씬 덜한 것으로 알려져 있다.

미디어기업들은 각종 채소류나 곡류 또는 축산물 등 상품 간 차별이 힘든 농축산업자들에 비해 경쟁수준이 매우 낮다. 가령 제조업의 경우 의류업계, 구두업계 등 일반 소비재를 생산하는 업체들에 비해서도 경쟁이 덜 하다.

다만, 사회구성원의 다원화와 기술변화로 인한 유통창구의 증가 또는 정책변화로 말미암아 미디어의 수와 기업들의 수는 꾸준히 증가해 왔으며, 이에 따라 미디어산업도 경쟁수준이 높아지고 있다. 아울러 최근 통신업계가 미디어업계로 많이 진출하면서 기업 간 경쟁이 한층 높아졌으며, 이로 인해 소비자들과 광고주들은 광고매체에 대해 선택의 폭이 더 넓어졌다. 과거에 비해 미디어업계 역시 경쟁수준이 점차 높아지고 있는 것은 사실이나, 여타 산업에 비해서는 기술과 포맷, 그리고 시청자들의 소비관행, 미디어기업들의 영업활동 범위 등을 고려할 때 여전히 경쟁수준은 낮은 편이다.

(1) 시장지배력

일정한 소비자집단에게 동일하거나, 유사한 상품을 공급하는 기업들은 하나의 시장을 만들어 낸다. 미디어산업의 경우 업종별로 시장을 형성할 수도 있고, 동일한 지역을 상대로 기업들이 영업활동을 하는 시장이 형성될 수도 있다. 어느 시장이건 기업들은 자신들의 목표를 위해 상대기업들이 제공하는 상품이나 서비스에 대해 경쟁을 제한하는 행위를 하는 것이 일반적이다.

미디어시장의 특성과 활성화는 소비자, 기업의 수, 기업의 비용구조, 진입장벽, 상품차별성, 금융비용 등 여러 다양한 요소들에 의해 결정된다. 역사적으로 볼 때, 시장은 처음에 특정한 지역에서 출발하여 한 나라와 더 나아가서는 점차 국제영역으로 발전되어 왔다. 그러나 미디어기업들은 다른 산업에 비해 자신의 모든 잠재적 시장에 진출하지는 않는다. 가령 미국의 주요 지상파 방송들은 미국이 아닌 한국이나 일본의 거주자들을 상대로 적극적인 영업행위를 하려고 하지 않는다. 우리 나라를 한정해서 볼 때도 똑같은 행태가 벌어진다. 가령 대전 지역의 일간지가 다른 여타 도시의 일간지들을 상대로 경쟁하려 하지 않는다. 즉, 각 지역의 신문들은 각각 자신의 시장에만 집중하려 하는 성향을 갖고 있다. 지상파 방송 역시 똑같은 현상이 일어난다. 법적인 제한이 있기도 해서 그럴 수 있지만, 한 지역의 방송사 서비스는 다른 지역의 방송사 서비스와 경

우리 나라 지상파 방송의 시장지배력

방송위원회가 의뢰한 한 연구보고서에서 지상파 방송 3사의 독과점을 해소하기 위해 신규 지상파 민영방송에 한해 대기업의 진출을 허용해야 한다는 정책방안이 제시되어 대기업의 지상파 방송진출 허용 등 방송매체의 소유제한 규제가 공론화할 전망이다. 방송위원회가 개최하는 방송매체의 소유제한 및 경쟁정책 개선방안 토론회' 에서 발표자들은 KBS, MBC, SBS 등 방송 3사에 대한 소유금지규정은 현행대로 유지해도 괜찮지만 이들의 시장지배력이 크다는 비판이 제기되고 있어 지배력의 원천을 시정하는 조치가 바람직하다는 의견을 제시하였다.

이들은 이런 조치로 신규 지상파 민영방송에 한해 대규모 기업집단의 진출을 허용해야 한다며 전국방송에 따른 출연금의 적정수준 징수를 전제로 경인방송의 송출권역을 전국으로 확대하는 방안을 고려할 수 있다고 덧붙였다. 이들은 또 지상파 방송의 시장지배력의 원천을 시정하는 다른 조치로 보도전문 PP(방송채널사용 사업자)에 대한 진입제한 철폐를 주장하였다. 구체적으로는 MBN, 한경와으와 같은 경제전문 채널의 종합여론 채널전환 허용과 온·오프라인 신문사의 방송 PP 겸영 허용, 대규모 기업집단의 방송전문 채널설립 허용 등을 지목하였다. 이와 함께 홈쇼핑업체의 SO(종합유선방송사업자) 인수 문제는 여론독점의 문제가 없으므로 대규모 기업집단 규정에 의한 지분제한은 철폐돼야 한다고 제안하였다.

자료: 연합뉴스, 2003.10.22.

쟁하는 데 매우 제한적이다.

문제는 이렇게 미디어시장에서 비교적 경쟁이 제한적일 경우 그 사회구성인 소비자나 다른 경쟁기업들에게 피해를 끼칠 수 있으며, 더욱이 어느 특정 소수기업들이 그 시장의 대부분을 차지하고 있다면, 그 피해는 보다 심각해질 수 있다는 데 있다.

이른바 기업들이 얼마나 시장을 자신의 의도대로 통제할 수 있느냐를 가늠하는 시장지배력 수준은 그 시장의 경쟁수준에 의존한다. 가령 5개의 지상파 텔레비전 방송채널 중 어떤 채널이 전체 시청자수의 50% 이상을 점유하고 있다면, 그 방송사는 시장에서 일어나는 많은 영업들을 자신에게 유리하도록 효과적으로 조절할 수 있다. 예를 들면, 텔레비전 광고시장에서 특정 방송사의 시장지배력이 높을 경우 광고를 주문하는 기업들은 이 방송사의 광고시간을 반드시 구입해야 되므로 방송사는 광고가격을 결정하는 데 유리해진다. 이러한 측면은 방송사로 하여금 보다 안정적인 프로그램을 제작할 수 있는 재정적인 여건을 제공하는 역할을 한다. 다른 한편으로, 이는 동일한 방송시간을 판매할 수 있는 다른 방송사의 재정수입원을 줄이게 되며, 결과적으로 좋은 프로그램을 제작할 수 있는 기회를 축소시켜 극단적으로는 파산에 이르게 할 수 있다.

시장지배력을 이용하여 다른 기업들의 경쟁기회를 줄이는 일이 반드시 불법적인 것이 아니라 할지라도, 규제당국은 만일의 경우 기업이 시장지배력을 배경으로 부당한 행위를 하지 못하도록 시장에서 감시와 감독기능을 수행한다. 예를 들면, 각국의 반독점법은 시장지배력이 시장에서 남용되어 다른 경제주체에게 피해가 가지 않도록 여러 가지 경제활동을 제한하는 규정을 둔다. 규제당국이 일반적으로 주시하는 제한범위들을 보면, 기업의 인수 및 합병, 약탈가격(predatory price),[❶] 소유가능한 미디어기업의 수, 교차소유정도, 서비스를 제공하는 기업의 시청자수 점유율 등이다.

(2) 차별화 전략

기업이 시장에 제공하는 상품이나 서비스에 대해 차별화를 도모하는 것은 당연히 다른 경쟁기업을 제치고 자신의 시장을 쟁취하

❶ 기업이 매입원가 또는 생산원가 이하로 상품이나 용역을 판매하는 가격을 말하며, 일종의 경쟁전략수단으로 사용된다.

대한매일 용지색깔 변경추진

문화일보와 해럴드경제에 이어 대한매일도 신문용지의 색깔을 바꾸는 방안을 적극 추진하고 있다. 대한매일은 사장이 "우리도 칼라가 있으면 좋지 않겠느냐"고 언급함에 따라 종이색깔 변경을 포함한 지면 혁신작업에 나서고 있다.

대한매일은 사장 발언 직후 '대한매일 혁신팀'을 구성해 △대한매일 '제호'의 인지도 제고, △지면의 방향성 설정, △광고·판매를 사업과 연계할 방안마련을 위해 집중적인 논의를 벌이고 있다. 대한매일은 또 이와는 별도로 지면 전반의 품질제고를 위해 그래이프 커뮤니케이션에 컨설팅을 의뢰해, 그 결과를 받을 전망이다. 혁신팀 관계자는 "경영진에서는 문화일보와 헤럴드경제가 용지를 바꿔 이미지를 제고하는 데 대체로 성공했다고 평가받는 것으로 판단하고 있다"며 "콘텐츠뿐만 아니라 신문 자체도 눈에 잘 띠게 하기 위해서는 독자들에게 각인시킬 만한 뭔가가 필요하다는 판단에 따라 우리도 추진하고 있는 것"이라고 설명하였다. 이 관계자는 "신문용지 색깔을 문화일보나 해럴드경제와 같은 색깔로 가지는 않겠다는 방침"이라며 "수차례 가진 회의에서 여러 가지 색깔이 아이디어 차원에서 거론되고 있는 상태"라고 밝혔다.

자료: http://kr.dailynews.yahoo.com/wk/on/2003035/on20030910008.html

려는 자연스러운 현상이다. 따라서 기업들은 자신의 상품이 다른 상품으로 대체소비될 수 있는 여지를 최소화하려고 노력하며, 이 결과 시장은 경쟁이 전체적으로 줄어들 수 있게 된다.

미디어시장에서 차별화는 소비자들이 어떤 콘텐츠를 선택할 것인가와 선택한 콘텐츠를 언제 소비할 것이냐, 그리고 만든 콘텐츠를 어디에서 소비할 것인가 하는, 다시 말해서 소비될 콘텐츠의 분야, 시간, 제작방법 및 장소 등을 중심으로 벌어진다. 예를 들면, 책의 내용에 따라 독자층을 인식해서 다양한 인쇄와 출판방법이 동원된다. 신문의 경우 종이의 칼라를 달리해서 차별화를 구사하기도 한다.

비교적 경쟁이 치열한 잡지시장을 보면, 각 잡지사는 자신이 끌

표 3-1 미디어기업들의 차별화 방법

	제품 차별화	시청자 차별화
텔레비전/케이블 방송	프로그램 　특별제작 경기 　영화 　음악 　생활방식 　문화적 요소 방송시간 언어사용	목표청취자 　일반인 　인구층(연령, 성별 등) 시청자의 지리적 장소
라디오 방송	프로그램 　음악(록, 재즈, 클래식 등) 　뉴스 　대담 　스포츠 방송시간 언어사용	목표청취자 　일반인 　인구층 사용장소 　가정 　사무실 　이동차량 시청자의 지리적 장소
신문	프로그램 　음악(록, 재즈, 클래식 등) 　뉴스 　대담 　스포츠 방송시간 언어사용	목표독자 　대중 　특수층 사용장소 　가정 　사무실 　이동차량 독자의 지리적 장소 　지방 　특정 집단이 모여 있는 지역 　시 · 도단위 　전국지 판매수단 　유료 　한 부수당 　유료 및 매 부수당
잡지	출판물 형태 　일반 소비자 　전문가집단 콘텐츠 형태 　일반적 내용 　전문적 내용 발행주기 사용언어 제작방법 　크기 　잉크 　종이	목표독자 　일반인 　인구층 　특수층 독자의 지리적 위치 　시 · 도단위 　전국단위 판매방법 　유료 　한 부수당 　유료 및 매 부수당

자료: R. Picard(2002).

고 싶은 독자층을 위해 차별화 전략에 많은 시간과 돈을 투입한다. 가령 어떤 잡지는 20대층의 결혼을 준비하는 미혼여성들을 위해, 또는 어떤 금융지는 고소득층을 위해, 또는 특정한 지역의 도시민들을 대상으로 발행하기도 한다. 차별화를 통해 목표로 하는 독자층을 잡기 위해 각 잡지사는 편집, 마케팅, 광고기획 등에 대한 명확한 이해를 바탕으로 제작에 참여하며, 발행된 잡지를 배포하는 데에도 나름대로의 차별적인 방법을 고안해 낸다.

미디어기업이 취할 수 있는 차별화 방법은 콘텐츠, 포맷, 판매, 유통 등으로 매우 다양하다. 각 미디어의 차별화 전략방법들은 〈표 3-1〉에 열거되어 있다.

미디어기업들의 차별화 전략은 최근 들어 정보와 통신관련 기술발달에 의해 더욱 강화되고 있다. 기업들은 각종 첨단기술을 도입하여 자신이 목표로 하는 소비자층을 대상으로 이들의 관심과 욕구에 맞는 콘텐츠를 탄력적으로 제작할 수 있게 되었으며, 개별 소비자들도 자신이 원하는 콘텐츠 형태를 공급자에게 요구할 수 있게 되었다. 특히, 출판의 형태가 아날로그방식에서 디지털방식으로 전환되면서 각종 온라인 출판업자, 디지털콘텐츠 및 서비스 공급업체들은 차별화에 있어서 그 잠재적인 능력을 마음껏 발휘할 수 있을 것으로 기대된다.

(3) 지리적 시장

지리적 시장(geographic markets)이란 서로 경쟁적인 상품이나 서비스가 제공되는 것이 가능한 지역을 말한다. 지리적 시장은 미디어시장의 경쟁구조를 이해하는 데 특히 중요하다고 할 수 있다. 예를 들면, 신문업의 경우 신문사는 신문이라는 상품을 독자들에게 판매하지만, 동시에 광고주들에게 광고지면을 판매한다. 특히, 광고주들은 자신의 상품이나 서비스를 공급하는 소매상들이 지리적인 위치에 분포되어 고객들에 대해 관심을 갖고 있기 때문에 신문광고를 게재하는 신문의 독자들이 어떠한 지리적 분포와 성격을 지니고 있는지가 매우 중요한 정보이다.

이에 따라 서로 다른 종류의 미디어나 같은 종류의 미디어기업들은 일정한 지리적인 시장을 상대로 하는 서비스를 제공하는 경향이 높다. 가령 잡지산업에서 전국단위 규모의 잡지사들은 국내외 독자층을 대상으로 여행 및 관광정보를 담아 국내 광고주들로부터 광고를 유치한다. 그러나 다른 어떤 잡지들은 특정 도 및 시단위를 기반으로 하는 여행 및 관광정보를 수록하여 일정한 지역의 광고주들로부터 광고지면을 판매한다.

지리적인 시장은 미디어의 생존에 지대한 영향을 미친다. 지리적인 시장이라는 장벽으로 인해 많은 미디어기업들이 큰 경쟁 없이도 생존할 수 있기 때문이다. 이는 미국에서 라디오방송국의 수가 1만 2,000여 개로 대단히 많은 숫자이지만, 이들은 대부분 전국으로 분산되어 있으며, 특정 지역과 도시에 일정한 수로 제한된 경쟁을 하며 존재한다.

지리적인 시장은 때때로 특정한 미디어상품이 다른 유사한 상품으로 대체될 수 있는 정도를 제한하기도 한다. 가령 미국의 USA Today라는 신문은 전국의 50개 주와 세계를 상대로 정보를 공급한다. 따라서 이 신문은 독자들이 살고 있는 지역의 사건과 정보를 취급하지 않기 때문에 지역단위의 광고주들에게는 도움이 되지 않

> **우리 나라 신문의 지리적 시장**
>
> 한국 신문의 지리적 시장은 비교적 단순한 구조로 형성되었다. 맨 위층에는 전국지 시장이 있고, 바로 밑에는 광역시를 중심으로 한 지방광역지 시장이 형성되어 있다. 지방광역지 층에는 신문유형의 분화가 제대로 이루어지지 않은 채, 지리적 시장규모면에서 다양한 형태의 신문들이 공존하고 있다. 하지만 이 같은 이중구조를 기본으로 그보다 더 밑의 층에는 점차 다양한 형태의 틈새시장이 형성되고 있다. 가령 소규모 지역(시군)을 대상으로 하는 '지역신문'이나, 무료로 배포하며 소규모 광고주에 의존하는 '생활정보지' 등이 이에 해당한다.
>
> 자료: 부산대학교 언론정보연구소 편(1998), p. 130.

는다.

한편, 이와 같이 시장이 지리적으로 분리되었다는 점은 어느 정도 경쟁이 제한되어 있기 때문에 기업에게 유리한 측면이 있었지만, 인터넷이 등장하면서 나타난 콘텐츠의 전자상거래방식은 이런 시장의 지리적 장벽을 제거한 핵심적인 메커니즘이다. 인터넷을 통한 방송, 신문, 잡지 등은 지리적으로 분할되어 있던 시장이 점차 통합됨으로써 점차 경쟁력이 뒤진 기업의 생존을 어렵게 하고 있다.

(4) 경쟁우위

경쟁우위란 어느 특정 기업이 다른 기업과의 경쟁에서 앞에 설 수 있는지의 여부를 판단하는 개념인데, 금리, 임금 등 거시경제 변수로 특정 산업의 국제경쟁력을 판단하는 비교우위라는 개념에 비해 개별 기업에 한정하여 사용된다.

일반적으로 볼 때 경쟁은 역동적이고 꾸준히 진화하는 특성을 갖고 있기 때문에 특정 기업의 경쟁우위는 제한된 일정 시기에 존재한다. 따라서 현재 경쟁우위를 지닌 강력한 기업이라도 항상 경쟁기업에 비해 새로운 전략과 방법으로 꾸준히 새로운 장점을 보유하지 못하면 경쟁우위를 상실할 수 있다.

경쟁우위는 기업실적을 높이고 자신이 공급하는 상품과 서비스를 개선하려는 꾸준한 노력을 통해 만들어진다. 마이클 포터는 경쟁우위를 만드는 기본 전략에는 원가우위, 차별화 및 집중화가 있다고 주장하였다. 원가우위란 경쟁자보다 저렴하게 상품이나 서비스를 생산할 수 있는 능력을 의미한다. 또한 상품차별화는 경쟁을 줄이는 수단이다. 그러나 차별화할 수 있는 능력은 일정한 시장에서 자사의 상품이 높은 가격에 판매될 수 있게 하는 경쟁우위이다.

또 다른 경쟁우위는 특수한 생산과정, 기술 또는 기업이 특별히 보유하고 있는 자산과 브랜드 등을 들 수 있다. 이 중에서 가령 미국 할리우드의 메이저 기업들이 보유하고 있는 콘텐츠 라이브러리는 여타 기업이나 잠재적인 새로운 기업들이 시장에서 극복하기 어

스카이라이프의 경쟁우위 광고

스카이라이프 채널은 위성방송에서만 볼 수 있는 영화 및 정보채널과 유료방송시장에서 이미 검증된 케이블 인기채널들로 구성되어 있습니다. 영화 장르에는 기존 채널 외에 클래식영화, 독립영화, 무협영화가 있으며, 추가로 위성방송 고유의 독자적인 영화채널인 MGM, CS-TCM, 제3영화채널, 아비오, 시네포에버, 스파이스TV, 미드나잇채널이 있습니다. 스포츠 장르에도 국내 스도츠채널 전부에 덧붙여 신규로 스피드레저채널 있습니다.…

또한 스카이라이프는 대용량, 고화질, 고음질, 전국망의 기본적인 경쟁우위요소를 바탕으로 다양한 채널과 디지털기술을 활용한 신규서비스를 시청자들이 장소와 시간, 품질과 가격에 구애받지 않고 편리하게 즐길 수 있도록 제공함으로써 케이블TV와의 차별화를 확보하고 있습니다.

려운 매우 위협적인 경쟁우위요소라고 할 수 있다. 텔레비전 프로그램 제작업의 경우 대기업이 1개월이면 완성이 가능한 작품을 어느 중소제작사가 1년 걸려서 제작이 가능하다면 이러한 작업완수능력은 명백한 경쟁우위요소가 된다.

(5) 브랜드

브랜드(brand)와 브랜딩(branding)이란 개념은 점차 미디어업계에도 밀접한 관계를 맺고 있다. 지금까지 브랜드는 산업의 전문용어로만 자주 사용되어 왔으나, 일종의 경쟁우위를 만드는 수단이라고 강조하지는 않았다.

브랜드는 상품을 소비자로 하여금 구분하도록 하고 고객을 지속적으로 확보하게 하는 상품의 이미지와 특성을 지닌 이름이나 디자인을 의미한다. 어떤 상품이 갖고 있는 강력한 브랜드는 흔히 소비자들의 충성도를 유지하게 하여 반복구매하도록 유인하는 데 중요한 역할을 한다. 특히, 기업들이 성장하기 시작할 때 브랜드는 그 기업에게 뚜렷한 경쟁우위를 제공한다.

미국의 미디어기업들은 타제조업이 일상적으로 취하는 브랜드 전략을 일찌감치 채택해 왔다. 가령 『리더스 다이제스트(*Reader's Digest*)』는 많은 다른 나라에서 각 지역 언어로 번역되어 출간됨으로써 국제화의 길을 걸어 왔다. 내용은 일부가 지역의 이야기로 구성되어 있지만, 인간승리, 간결한 읽을거리, 깨끗한 유머, 영감적인 스토리 등을 이야기의 소재로 삼는다는 인상을 모두에게 남기고 있다.

기업의 이미지를 브랜드로 전달하는 것 외에도 기업이 제공하는 상품이나 서비스에도 나름대로의 브랜드가 다양하게 사용된다. 예를 들면, 미국의 ABC방송사는 금요일 밤에 내보내는 프로그램을 "TGIF Friday"라는 이름을 사용해서 평범한 일회성 프로그램이 아닌 일종의 가족이 좋아할 수 있는 프로그램이라는 이미지로 브랜드화하였다. 이후 NBC방송사도 같은 방법으로 목요일 저녁에 "Must See TV"라는 프로그램을 소개하였다. 또한 유료 케이블 채널인 디스커버리는 상어와 관련된 모든 기록물을 소개하는 "Shark Week"을 브랜드화하였다.

이 밖에 신문업에서는 영국의 파이낸셜 타임즈가 신문용지를 연어의 살색이 나는 종이로 하여 뉴스 가판대에서 다른 신문과 빠르게 인지될 수 있게 함으로써, 사람들이 신문을 구입하려고 할 때 그 신문을 즉시 가려낼 수 있도록 하는 효과를 내었다. 시간적인 브랜딩전략은 미디어기업의 이미지를 전달하는 수단으로 이용된다. 가령 미국의 NBC방송사는 NBC 네트워크, CNBC, MSNBC 등에 자신의 상품이 눈에 잘 띄도록 공작의 깃털색을 이용함으로써 자신이 전달하려는 모든 상품에 강력한 이미지를 심어 주고 있다.

브랜드 이미지는 기업들이 제작, 유통, 마케팅과 고객서비스 등 모든 활동에서 브랜드 이미지를 나타내려는 노력을 꾸준히 할 때 효과가 발휘될 수 있다. 마케팅활동에서는 로고, 슬로건, 광고, 판매, 홍보 등에서 그 이미지를 전달하는 노력을 지속적으로 기울일 때 소비자들에게 잘 전달되며, 생명력을 갖게 될 수 있다.

흥미로운 것은 기업이 계속해서 다른 종류의 상품을 시장에 내놓을 때, 원래부터 갖고 있던 브랜드를 활용하면 다른 회사의 상품에 비해 경쟁우위를 용이하게 갖출 수 있다. 단, 다른 제품을 판매할 때는 원래 브랜드를 기본 개념으로 하되, 좀 확장된 이미지를 부가하여 원래의 브랜드 이미지를 전달하면서도 소비자에게 차별화 인식을 심어 준다.

예를 들면, 미국의 유명한 케이블 스포츠채널인 ESPN은 두 번째 케이블 채널인 ESPN2에서 동일한 브랜드를 앞에 부착하여 보다 생동감 있는 이벤트를 연출하였다. 이 회사는 ESPN West라는 지방의 스포츠 네트워크를 구축하고, 동일한 이미지를 전달하는 선에서 다른 지역 채널보다 많은 이벤트를 제공할 수 있는 능력을 갖추고 있음을 시청자들에게 확신시켜 주었다. 이뿐 아니라, 이 회사는 케이블사업을 넘어서 ESPN 스포츠 잡지, ESPN 라디오방송 네트워크, ESPN 온라인사업 등에 브랜드전략을 구사하였다.

프랑스의 사례도 있다. 부유한 직장여성을 상대로 패션과 생활에 관한 내용을 전달하는 유명한 패션잡지인 *Marie Claire*는 프랑스뿐만 아니라, 영국, 일본 등 해외에서도 동일한 브랜드로서 출간한다. 또한 브랜드를 확장하여 *Marie Claire Maison*이라는 이름과 유사한 주제로 가정용 잡지를 발행하고 있다.

원래의 브랜드를 확장하는 전략은 특히 새로운 미디어 상품이나 서비스를 고객들에게 호소할 때 잘 통하는 것으로 알려져 있다. 단지, 브랜드를 확장할 때 경영관리자가 주의해야 될 점은 새로 내놓는 상품이나 서비스가 원래 브랜드가 지니고 있는 중요한 정체성을 뚜렷하게 전달하지 못하는 일이 발생할 경우 구축된 원래의 브랜드 이미지를 손상시킬 가능성이 있다는 것이다.

4 시청자와 소비자

(1) 시청자
(2) 소비자

(1) 시청자
(2) 소비자

4 시청자와 소비자

미디어 또는 미디어콘텐츠산업에서 소비자와 시청자의 개념은 반드시 동일하다고 볼 수 없다. 두 개념은 종종 동일한 의미로 혼용해서 사용되지만, 그 차이를 이해하는 것은 매우 중요하다. 왜냐하면, 그 개념상의 차이에 따라 이해관계가 첨예하게 엇갈리는 경우가 종종 발생하기 때문이다. 예를 들면, 방송에서 소비자주권을 논의할 때, 방송의 소비자가 누구인가를 규명하는 일이 매우 중요하다. 시청자가 방송의 소비자인 것은 분명하지만, 방송 프로그램을 재정적으로 지원하는 광고주 역시 엄연한 방송의 소비자이다. 따라서 방송광고주들은 소비자주권이 거론될 때마다 광고주의 주권도 반드시 고려되어야 함을 주장한다.

일반적인 소비자들은 통상 화폐를 교환수단으로 사용해서 물건을 구입해서 소비한다. 온라인 광고업자가 광고사이트에 사용할 캐릭터 권리를 캐릭터 제작사로부터 구입하는 것과 마찬가지로 케이블방송 채널에 대한 유료가입 신청이나 음반판매점에서 음악CD나 테이프를 구입하는 개인들은 모두 소비자들이다.

그러나 시청자라는 용어는 단지 상품을 구입하는 행위자를 말하는 것뿐 아니라, 개인들이 상품이나 서비스를 실제적으로 사용한다는 의미를 더 함유한다. 가령 TV시청자라고 하면, 일반적으로 텔레비전방송을 보고 듣는 사람이라고 정의할 수 있다. 이 때 이 시청자는 소비하는 방송 프로그램에 대한 구입 여부, 또는 시청수단인 텔레비전 수상기 구입 여부와는 직접적인 연관성이 없다. 따라서 시청자는 소비하는 상품에 대해 직접 지불하였느냐에 따라 소비자로 분류될 수도, 아닐 수도 있다. 그러나 무료 텔레비전방송 프로그램을 보는 시청자라 할지라도 실상은 시간이라는 희소한 자원에 대한 가치를 지불하고 있는 것이다.

특히, 소비자가 지불해야 하는 시간에 대한 가치는 점차 상승하고 있다. 왜냐하면, 과거 20여 년간 영화관, 텔레비전방송, 케이블방송, 위성방송, 인터넷 등의 콘텐츠 유통채널은 해마다 증가하고 있는 반면, 시청자들이 콘텐츠 소비에 할애할 수 있는 시간의 양은 병행해서 증가하지 않기 때문이다. 하루 24시간 중에서 자는 시간, 일하는 시간과 기타 매일매일 최소한 해야 하는 일들을 제하고 나면, 여가에 쓰는 일은 제한되어 있다.

(1) 시청자

앞서 잠깐 살펴본 것처럼 시청자는 미디어를 매개로 커뮤니케이션에 참여하는 사람들을 의미하는 추상적인 개념이다. 시청자란 인구를 의미하는 것도 아니며, 또는 특정한 매체를 소유한 사람을 말하는 것은 더더욱 아니다. 시청자는 하나의 집단으로 분류될 수 있는 사람들이며, 그 구성원인 개인들의 행위가 모여서 시청자집단의 행위를 드러낸다.

그 구성원들은 커뮤니케이션을 통해 정보나 아이디어를 얻고자 하며, 더 나아가 오락거리나 재미와 같은 욕구를 충족하기를 원하는 집단이다. 이들은 각기 자기가 원하는 매체수단을 가지고 자신의 욕구를 채우기 위해 각자의 시간을 보낸다.

시청자집단은 항상 변화한다. 따라서 어떠한 미디어나 커뮤니케이션 통로도 절대적으로 안정적인 시청자층을 확보할 수는 없다. 많은 경우 미디어 창구들은 시청자들을 확고하게 붙들기 위해 다양한 유인책을 쓰고 있다. 미디어 경영관리자들은 시청자의 확보 여부가 기업의 재정에 많은 영향을 미친다는 점을 알기 때문에 다른 미디어나 콘텐츠와 차별이 되는 서비스를 제공하는 데 온 힘을 기울인다.

미디어콘텐츠 제공업자들 역시 시청자들이 미디어에 접근하는 동기를 유심히 관찰하여 이들의 특성, 관심사항, 동향 등을 반영하여 시청자들을 모은다. 다시 말해, 시청자들을 세분화하기 위해 가급적 기존 시청자들이 잠재적인 욕구를 갖고 있으나, 기존 공급자들이 만족시키지 못하고 있다고 판단되는 콘텐츠들을 발굴하여 서비스를 제공한다.

미디어기업들이 시청자를 세분화하는 성향은 정보에 더 중점을 두는 것과, 오락에 더 관심을 두는 성향의 둘로 구분된다. 전자의 경우는 인쇄 및 출판물이 그러한 경향을 따르며, 후자는 방송이나 인터넷 등 전자미디어가 그러한 경우에 해당하는 경향이 높다.

그러나 하나의 미디어에서도 서로 다른 시청자집단을 유인하여 세분화하는 노력을 보인다. 예를 들면, 텔레비전 시청시간대는 주간에는 여성취향의 프로그램을, 그리고 초저녁에는 귀가한 직장인을 위해, 그리고 저녁에는 일반 시청자들을 위한 프로그램을 배치하여 제공한다.

1) 시청자의 욕구

어느 상품이나 서비스수요자이건 각자 개인적인 목적과 욕구, 사용습관 등이 다르게 나타난다. 그러나 전체적으로 볼 때 개인들이 집단을 구성하며, 결국 집단적인 수요와 욕구를 낳고 이에 대해 공급자들이 대응하게 된다. 미디어의 경우도 동일하다. 각 시청자가 미디어에게 원하는 욕구와 수요는 개인별로 극도로 다양하지만, 공급자들은 정보, 이벤트, 지역뉴스, 국제적인 사건, 아이디어 교환, 오락 등으로 시청자집단을 세분화하여 서비스를 제공한다.

시청자들은 콘텐츠와 미디어서비스 공급자들에게 편리성을 요구한다. 이들은 공급자가 제공하는 서비스에 대한 접근이 되도록이면 단순하게 만들어지기를 원한다. 가령 신문이나 잡지 등 인쇄출판물 구독을 원하는 사람들을 위해 간단한 엽서나 전화통화, 최근에는 웹사이트로서 주문서비스가 가능하도록 환경을 만들어 줄 필요가 있다.

또한 시청자들은 가능하면 제공받고자 하는 서비스의 취득비용을 줄이고자 한다. 이들 역시 다른 소비자와 마찬가지로 한정된 재원으로 다양한 시청각서비스를 제공받고자 하기 때문이다. 이는 사람들이 왜 유료 케이블TV 시청보다는 무료 지상파 방송을 선호하며, 혹 유료가 필요하면 보다 저렴한 서비스를 선호하는 성향을 보이는 데서 찾을 수 있다.

위에서 언급한 것처럼 시청자들은 편리하고 보다 낮은 접근비용을 원하지만, 질적인 면에도 관심이 높다. 동일한 장르나 동일한 주제의 프로그램에서도 어떤 연기자가 나오느냐, 누가 감독하였느냐, 기술적인 난이도는 어떻게 반영되었느냐에 따라 시청자들의 관심이 뚜렷이 갈리게 된다.

결국 미디어 경영관리자는 성공적인 기업운영을 위해서 얼마나 시청자의 욕구와 수요에 부응하느냐에 만전을 기울일 필요가 있음을 주지해야 한다.

2) 시청자 측정

미디어 경영관리자들은 최상의 서비스를 제공하기 위해 이들의 고객인 시청자의 요구와 욕구변화를 파악하는 데 주력한다. 가령 특정한 방송프로램에 대한 시청자들의 반응은 곧바로 이 프로그램을 후원하는 광고에 영향을 미칠 뿐만 아니라, 방송사 간 경쟁을 부추기는 핵심 요소이다. 시청자들의 반응을 가급적 정확히 파악하기 위해 여러 가지 방법들이 동원된다.

주로 사용되고 있는 시청자 동향을 파악하는 방법들은 세 가지로 집약된다. 첫째, 인구학적 측정방법은 시청자의 기본적인 특성을 확인하고 시청에 결정적으로 미치는 기본적 요인을 파악하는 데 도움이 된다. 이 방법은 기본적으로 누가 시청자인가에 관심을 두는 것이며, 주요 조사자료로 나이, 성별, 소득, 언어, 인종 등이 사용된다. 두 번째 측정방법은 심리학적 접근으로 시청자의 내적인 특성을 파악하는 데 초점을 둔다. 어떤 시청자집단이 어떻게 생각하고 있느냐에 관심을 둔다. 주요 분석지표로는 의견수집, 가치관, 욕구, 개인적 특성, 선호도, 관심사항 등을 들 수 있다. 세 번째 측정방법은 생활양식을 기준으로 시청자집단을 관찰하는 것이다. 시청자들이 어떻게 살아가고 있고, 또 무엇을 하며 시간을 보내고 있는지에 관심을 갖는다. 이에 대한 분석자료로는 구매행위, 상품과 미디어 사용패턴, 사회활동, 시간을 보내기 위해 지출하는 비용 등이다.

시청자들에 대한 측정은 미디어 상품과 서비스가 취해야 할 포지션을 결정하는 데 도움을 주며, 다른 경쟁사나 경쟁상품과 차별화를 통해 광고주들을 얼마나 충족시킬 수 있느냐를 보여 주는 지표이다. 가령 방송사들은 프로그램 방영을 두고 시청자들의 반응에 극도로 민감한 것을 보이는데, 이는 시청자 반응이 곧 방송사의 성적표이자 프로그램의 운명을 좌우하기 때문이다. 따라서 제작자나 방송사들은 시청자의 시청동기, 행태, 이해도, 품질에 대한 반응 등을 기준으로 시청자들을 세분화하고 시장을 개척하는 노력을 경주한다.

3) 시청자 세분화

시청자집단이 세분화하는 근본적인 원인은 커뮤니케이션 수단의 다양화에 있다. 시청자 세분화란 일정한 규모의 시청자집단이 보다 작은 집단들로 쪼개지는 현상을 말한다. 시청자 세분화는 시청자들이 이용할 수 있는 창구의 수가 증가하면서 피할 수 없는 대세가 되었다. 더욱이 이러한 추세는 디지털기술의 등장하면서, 방송의 경우 과거 소수의 채널에서 지금은 수백 개 채널 중에서 선택이 가능하게 되었고, 인터넷은 개인 간 커뮤니케이션 수단으로 무한대의 잠재력을 나타내 보이고 있다.

예를 들면, 방송시장의 세분화는 채널의 수가 증가할 때 평균시청점유율이 하락하는 것으로 명백히 관찰된다(〈그림 4-1〉 참고). 그림에서 보면 전체 텔레비전 시청점유율은 새로운 채널이 추가될 때마다 급격히 하락한다. 전체 시청점유율이란 하나의 채널을 100%

그림 4-1 채널 수의 증가와 시청률 변화 단위: %

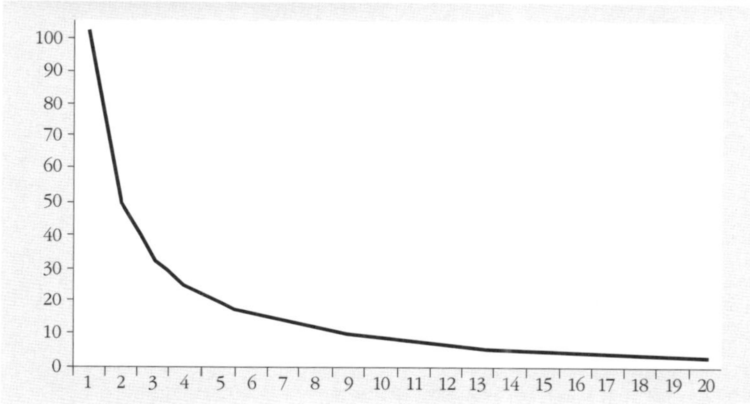

자료: R. Picard(2002).

로 잡을 때를 의미하는데, 한 개에서 5개 채널로 늘어날 때 그 지표가 20%로 떨어지며, 다시 20개 채널로 늘어나면 5%로 하락한다.

이와 같은 결과를 놓고 생각해 보면, 만일 동일한 시장에 20개 채널이 있다면, 일부 채널들은 평균점유율보다 낮은 1 내지 2%의 시장으로 생존해야 한다는 것을 말해 준다. 반대로 어떤 매력적인 프로그램을 보유하고 있는 채널들은 아무리 채널수가 증가하더라도 평균점유율과는 상관없이 대부분의 시청자를 확보한다.

4) 시간

대부분의 사람들은 주로 먹고 자는 등의 기본적인 생존을 위한 시간과 직장에서 일에 관련된 활동에 보내는 시간을 제외하고 남은 어느 정도의 시간으로 자유롭게 보낸다. 시간은 미디어와 엔터테인먼트 환경변화에 따라 점차 중요해지고 있는 희소한 자원이다.

그림 4-2 미국인들의 연간 미디어 소비시간 비중 단위: %

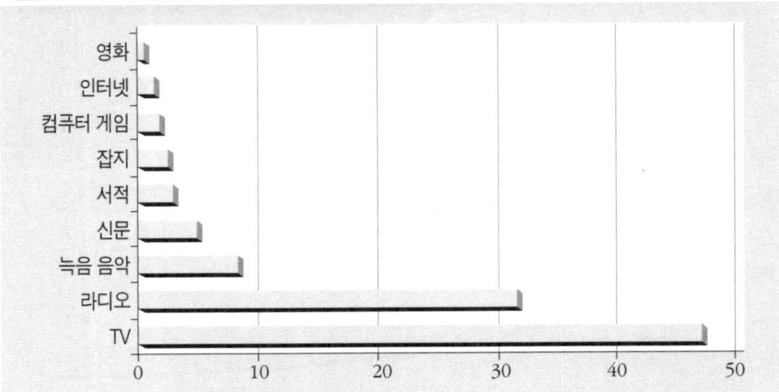

자료: U.S Dept. of Trade and Commerce, *Statistical Abstract of the United States*, 1999.

사람들은, 가령 자신이 갖고 있는 시간 중 약 30%는 수면으로 보내고, 또 다른 30%는 일하고, 학교에 가고, 다른 일상적인 일을 하는 데 시간을 보낸다. 그렇기 때문에 나머지 제한된 시간만을 미디어와 엔터테인먼트에 할애한다. 그러나 이 나머지 자유시간의 구성도 매우 다양한 대체할 수 있는 미디어와 엔터테인먼트 상품과 서비스가 있기 때문에 정작 미디어나 미디어콘텐츠기업들이 활용할 수 있는 시간은 더욱 희소해진다.

개개인들은 개인시간을 사용하는 데 나름대로 계획을 세워서 시간을 보내지만, 이를 전체적으로 합계해 보면 일정한 특성을 살펴볼 수 있다. 가령 미국인들은 미디어에 보내는 시간 중 60% 정도를 전자미디어에 보내고, 30% 정도를 인쇄나 출판미디어에 보내고 있는 것으로 나타난다(〈그림 4-3〉 참고).

그림 4-3 미국인의 일인당 미디어 소비자지출액(2000) 단위: 달러

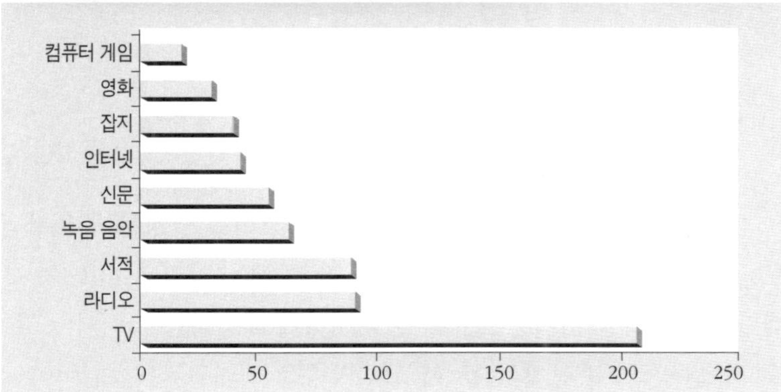

자료: 미국 센서스 보고.

(2) 소비자

앞서 언급한 대로 미디어와 커뮤니케이션 소비자는 미디어 상품과 서비스, 또는 광고를 구입하는 개인과 기업 모두를 포함한다.

소비자지출에 관한 내용은 매출이 소비자로부터 얼마나 창출되는지, 그리고 소비자들은 자신의 소득 중 얼마만큼을 미디어와 콘텐츠 상품에 지출하는지, 시간에 따라 소비자지출이 어떻게 달라지는지 등으로 구성된다. 대표적인 지표로는 미디어와 관련된 소비자지출의 절대금액과 비중을 들 수 있다.

전자와 관련된 자료로는 일반적으로 전체 지출금액 또는 한 가구당, 개인당 지출액이 있고, 또한 개별 매체나 커뮤니케이션 상품과 서비스에 대한 지출금액 등이 있다. 개인이나 가구에 관한 자료를 취급할 때 가장 중요한 수치는 개인의 가처분소득이다. 이 수치

가 바로 소비자들이 실제로 지출한 금액을 보여 주는 자료이기 때문이다.

1) 소비자만족

미디어콘텐츠 상품이나 서비스에 대한 소비를 일정하게 유지되도록 하는 길은 소비자가 인식하는 품질, 가격 그리고 서비스 등 고객만족에 영향을 미치는 요소들을 적절하게 대응하는 것이다.

비즈니스의 관점에서 볼 때 고객만족을 최대로 하는 일이야말로 미디어업체의 성공을 좌우하는 중요한 비즈니스이다. 만일 고객만족이 제대로 충족되지 못할 경우 미디어상품이나 서비스에 대한 매출실적은 안정을 갖지 못할 것이고, 그 제작업체의 생존 역시 시장에 확신을 줄 수 없을 것이다. 소비자만족에 영향을 미치는 주요 요소 중 품질을 만족시키는 것은 미디어업체의 경영관리자들이 가장 노력을 기울여야 할 부분이다. 따라서 미디어 경영관리자들은 품질에 대한 고객의 인식을 긍정적으로 유지시킬 수 있도록 다양한 전략과 기준을 설정하거나 개발하기도 한다. 예를 들면, 신문은 품질개선을 위해 새로운 인쇄기술이나 유통방식을 도입하기도 하며, 유료방송인 케이블방송은 소비자들을 대상으로 설문을 통해 소비자의 불만요소들을 해소하고자 노력을 기울인다. 최근 미디어 중 가장 많은 이용대상인 인터넷 역시 고객서비스 불만해소를 위한 설문을 자주 실시하는 사례를 발견할 수 있다.

오늘날의 디지털기술은 미디어상품과 서비스를 소비하는 방법도 전면적으로 바꾸고 있다. 따라서 미디어기업들은 새로운 기술변화가 소비자들의 구매패턴을 어떻게 움직이고 있는지를 이해하는 것이 얼마나 중요한 자산이 될 수 있는지를 인식해야 한다. 왜냐하면, 디지털시대의 소비자들은 과거와는 비교가 되지 않을 정도로 매우 다양화된 접근방법과 경로를 통해 상품과 서비스를 선택하고 구입하는 행동양식을 보여 주고 있기 때문이다. 이제 기업들은 소비자들의 구매행동에 관한 정보를 얼마나 많이 확보하고 이를 기업경영에 충분히 활용하느냐에 따라 시장에서 자신들의 운명이 결정되는 상황에 직면하게 될 것이다.

2) 온라인 소비자에 대한 대응

디지털시대의 온라인 소비자의 행동변화는 다음과 같이 요약될 수 있다. 첫째, 미디어상품과 서비스의 수요가 오프라인 중심에서 온라인으로 점차 이동하고 있다. 아직도 많은 미디어 소비자들의 구매대상이나 소비방식은 오프라인에 집중되어 있으나, 과거에 비

그림 4-4 콘텐츠별 이용률과 유료경험률

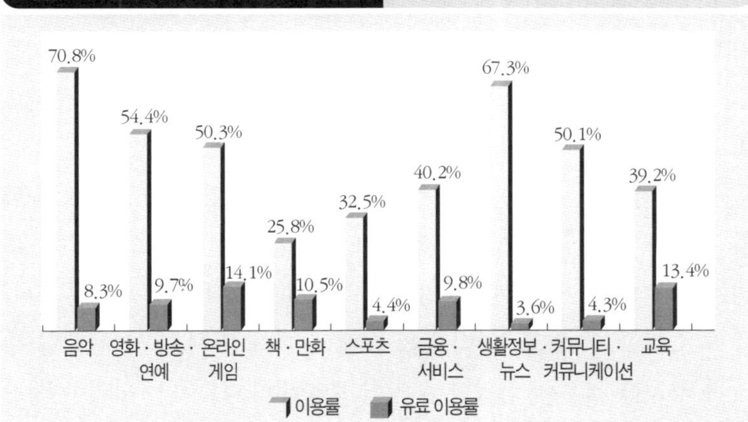

자료: 정보통신정책연구원(2003).

해 소비자들은 전자상거래에 의한 구매방식에 빠른 속도로 익숙해 가고 있으며, 상품 자체에 있어서도 디지털콘텐츠라는 무형의 상품에 대해 지불의사를 적극적으로 표명[1]하기 시작하였다는 것을 관찰할 수 있었다. 둘째로, 온라인게임이나 음악에서 나타나듯이, 온라인환경에 빈번한 접촉을 시도하는 소비자들은 실제로 상품을 구입하기 전에 웹사이트가 제공하는 카탈로그나 관련된 정보에 대해 시간과 비용을 들여서까지 폭넓은 정보수집에 높은 관심을 갖고 있다는 점이다.

이상과 같은 점에서 제기될 수 있는 미디어콘텐츠기업들의 과제들은 소비자의 권익을 보호하기 위한 것과 인터넷환경에서 소비자들이 활용하는 정보의 양과 질에 관한 것 또는 수많은 웹사이트에서 제공되는 정보의 객관성과 신뢰성 확보에 관한 것이다.

미디어콘텐츠산업에서 소비자 권익에 관한 기업의 대응은 사실상 모든 업종의 전자상거래에서 제기되는 소비자보호를 위한 방법과 크게 다를 바 없다고 해도 무방할 것이다. 다만, 다른 상품소비와 비교할 때 미디어콘텐츠산업은 무형의 콘텐츠 상품이나 서비스 자체를 소비하는 행태가 많은 것이 특징이라고 할 수 있다. 예를 들면, 디지털음악과 게임업종의 온라인게임은 디지털시대의 콘텐츠 비즈니스에서 가장 선두에 서 있다.

우리 나라는 온라인게임 분야에서 세계 최초로 상용화에 돌입할 정도로 넓은 국내 시장과 강력한 경쟁환경을 확보하고 있다. 특히, 다른 컴퓨터게임과는 달리 불법복제율이 낮기 때문에 이윤손실을 최소화할 수 있고, 인터넷을 통해 수십만 명이 동시에 즐길 수 있어 성공할 경우에 엄청난 수익이 보장된다. 하지만, 이러한 성장

[1] 정보통신정책연구원(2003)의 실태조사에 따르면 콘텐츠별 이용자 중에서 온라인게임, 교육, 책과 만화, 영화, 방송, 연예 등의 순으로 유료경험률이 높은 것으로 나타났다.

성과 유망성과 더불어 소비자들의 불만도 높아지고 있는 것으로 알려져 있다. 한국소비자보호원에 접수된 민원을 분석하면 1998년 이전에는 온라인게임에 관한 상담과 피해구제가 접수되지 않았으나, 1999년 하반기부터 상담이 급증하는 추세이다.

온라인게임의 서비스 이용환경에 관한 소비자보호원의 상담 및 피해구제건들을 보면, '서버의 다운이나 랙(lag)'[2]에 관한 불만이 31%로 나타난 바 있다. 유료 온라인게임은 사업자와 소비자(이용자) 간의 계속적인 공급계약을 기초로 거래가 이루어지는데, 이용자는 안정된 서비스와 정보를 제공받을 권리가 있는 것이다. 또한 서비스이용의 결과 피해가 발생하면 구제를 받을 권리가 있다.

미디어콘텐츠 소비와 관련한 높은 불만경험, 다양한 불만요소들은 소비자들의 신뢰성을 기초로 한 산업의 질적 성장을 가로막는 장애물로 작용할 수 있기에 이를 극복하기 위한 소비자보호장치의 도입은 반드시 필요하다. 예를 들면, 소비자들의 불만에 관한 정보를 지속적으로 수집하기 위한 공식적인 창구를 구축하거나 관련 협회, 지원기관 및 개별 업체 수준에서 '소비자불만창구 개설' 또는 '소비자만족센터'와 같은 소비자 보호활동의 지원을 고려할 수 있다. 이 같은 소비자 보호활동은 업체들의 소비자지향적인 경영마인드 구축을 위한 고객접점부서의 기능을 강화하도록 만드는 것으로서, 장기적으로 기업의 수익을 창출하는 창구로서 역할을 수행할 것이다.

여타 산업과 마찬가지로 미디어콘텐츠산업에 있어서 디지털기술의 보급은 소비자들에게 과거에 비해 훨씬 많은 양과 빠른 속도

---

[2] 서버가 다운된다는 것은 게임을 제공하는 대형컴퓨터가 과부하되어 오류를 일으켜 작동이 중지되는 것을 말한다. 또한 랙은 일시적으로 화면이 정지되거나, 캐릭터 조작이 안 될 만큼 속도가 늦는 등 전송이 불량한 상태를 의미한다.

로 구입할 상품이나 서비스에 대한 정보를 제공하고 있어 소비자들의 후생제고에도 기여하고 있다. 하지만, 반대로 우리 사회의 급속한 정보화 진전과정에서 연령, 직업 등 사회적 여건과 지역적 · 신체적 여건 등으로 인해 컴퓨터와 인터넷 이용에 제약을 받는 정보소외계층의 정보격차(digital divide)가 새로운 사회문제로 대두되고 있다. 따라서 여러 가지 어려운 여건으로 인해 정보통신서비스에 접근하거나 이용하기 어려운 사람들에 대해 자유로운 정보통신망 접근과 정보이용을 보장[3]하는 것은 디지털시대를 선도하는 미디어콘텐츠산업의 활성화에 기여할 뿐만 아니라, 장기적으로 폭넓은 소비기반을 확보하는 데 도움을 줄 것으로 판단된다.

다만, 소비자 정보문제와 관련하여 미디어콘텐츠산업에서 고려되어야 할 것은 많은 경우 상품과 서비스를 소비하는 데 있어서 이용자들은 일반소비재처럼 품질을 충분히 음미하고 납득한 후 구입하기가 거의 불가능하기 때문에 디지털기반이 제공하는 정보의 홍수가 오히려 소비자들에게 혼란을 줄 가능성이 높아졌다는 점이다. 가령 우리 나라 음반시장의 경우 소비자들이 음반구매 결정에 있어서 주변 사람들의 추천과 방송프로그램[4]이 제공하는 정보 그리고 인터넷 사이트 정보 등을 주로 활용하는 것으로 조사된 바 있다. 하지만, 이러한 네트워크의 발전으로 인해 과거에 비해 소비자들이 참고할 수 있는 정보는 상대적으로 풍부해졌음에도 불구하고 소비자 정보수집의 절차, 평가자들의 불투명성, 평가기준의 비객관성 등으로 소비자들의 인식이 왜곡될 가능성은 여타 산업보다 높다고 볼 수 있다. 이에 대해서는 정부관계자와 업계, 소비자단체가 함께

---

[3] 한국전산원(2002), p. 217.

[4] 실제로 국내 방송사들이 제공하는 대중음악의 가요순위 프로그램 정보는 객관성과 신뢰성에 있어서 최근에 끊임없는 논란이 제기되고 있다.

참여하는 기구를 설치하고, 이를 통해 정보의 지속적인 감시와 평가작업 그리고 이를 신속히 소비자들에게 알리는 일들이 필요할 것이다.

5 미디어콘텐츠의 무역원리

(1) 문화와 무역
(2) 무역과 글로벌화

(1) 문화와 무역
(2) 무역과 글로벌화

5 미디어콘텐츠의 무역원리

우선 '문화'와 '산업'이란 개념을 병행해서 사용하는 것이 과연 자연스러운지도 확신하기 어렵다. 이 용어를 만든 프랑크푸르트학파의 아도르노와 그의 동료들은 '고급' 문화를 의미하는 1940년대 문화개념이 지녔던 창의적인 능력과 심미적이고 도덕적인 것에 대해 자본주의에서 대량생산의 반복적이고 착취적인 방식, 즉 산업을 비판적으로 대조시키기 위해 문화산업(cultural industries)이란 용어를 사용하였던 것으로 알려져 있다. 지금에 와서는 이러한 견해가 다소 고상하고 보수적인 것으로 생각되지만, 1950년대에서도 '대중문화'에 대한 비판은 계속 이어졌다. 당시에는 문화생산의 산업화는 표준화 과정을 통해 문화적 가치가 본질적으로 타락된다는 비판을 받았다. 아도르노와 호크하이머는 문화의 산업화 앞에서 창조적인 작품들이 갖고 있는 숭고한 힘이 상실되는 현상을 바라보는 일에 몹시 실망한 것이다.[1] 이들이 문화산업에 대해 갖고 있는 자세는 기술이 건드릴 수 없는 문화적 경험에 대한 강력한 향수에 기인한 것으로서, 이른바 문화산업이나 문화적 생산이 주어진 경제활동영역에서 다양하고 이질적인 경제적 구성요소들이 결합되는 과정이라는 성질과 타협할 수 없는 것이었다.[2]

[1] W. Benjamin(1977), p. 388.
[2] A. Mattelart and P. Jean-Marie(1982), pp. 52~53.

그러나 문화산업에 대한 관심이 본격적으로 구체화된 것은 문화산업부문에서 다국적기업의 등장과 이에 따른 국가 간 문화적 지배와 종속, 문화적 정체성, 문화산업부문에 대한 지원과 육성 등의 문제가 국가정책의 관심사항으로 부상한 1970년대 말이라고 할 수 있다. 국제기구로서는 유네스코가 처음으로 1978년에 사회에 대한 문화개발에 있어서 문화산업의 위치와 역할이라는 주제로 비교연구를 시작하였다. 유네스코는 연구에서 문화는 '자연발생적으로 조건 없이' 일어나는 것이 아니라, 경제적 · 기술적 요소들에 의존한다고 주장하고, 따라서 만일 문화관련 성과물들에 대한 내용과 가치가 측정될 수 있다면, 이러한 요소들이 사회에 주는 파급효과를 연구할 필요가 있음을 지적하였다.[3] 그러나 문화산업이 추구하는 상업적인 목표는 문화발전에 역행할 수 있다고 비판하였으며, 이런 관점에서 문화산업에서 소유와 지배의 집중현상과 국제화에 대해 우려를 표명하였다. 또한 문화산업에 의해 창의적인 예술가들이 시장에 의해 종속되는 경향이나 소비자의 수요를 다소 의도적으로 조절하는 행태를 보이는 것에 대해 비판적인 견해를 피력하였다.

문화산업에 대한 유네스코의 분명한 관심은 1970년대와 1980년대의 현상을 연구한 신세계 정보커뮤니케이션위원회(New World Commission on Culture and Development)를 중심으로 나타났다. 위원회는 외국의 영향으로부터 자국문화를 보존하는 문제를 주요 쟁점으로 삼고, 이를 위해 제3세계 국가들은 고유문화정책을 개발하도록 장려하였다. 이처럼 유네스코는 많은 국가들이 관심을 보인 '문화제국주의' 문제를 전면에 내세웠고, 이와 관련하여 각국이 주장하는 문화주권에 정당성을 부여하였다. 또한 문화주권을 유지하기 위해서 자국의 문화산업을 지원하는 정책도 필요하다는 논리를 마련하였다.

이러한 점에 있어서 유네스코는 '문화산업' 의 개념이 그 토대를 구축하고 보다 정교하게 발전하는 데 중심적인 역할을 하였다. 예를 들어, 유네스코 자문

---

❸ 유네스코(1982).

단은 문화산업의 범위에 문화상품은 물론이고 서비스부문, 가령 마케팅과 유통활동도 포함하였다.[4] 유네스코가 공식적으로 문화산업에 어떤 산업의 영역들이 포함될 수 있는가 하는 문제를 제기한 것이다. 이후 문화산업의 정의에 입각하여 어떤 범주가 정당한가라는 문제는 학자들 간에 많은 논의가 진행되고 있다. 그러나 여기에서는 국제적인 관행과 산업과 무역에 관계된 보다 실용적인 맥락에서 다루기로 한다.

(1) 문화와 무역

1) 교역될 수 있는 문화

국제거래의 맥락에서 문화산업의 개념과 분석의 토대가 마련된 것은 캐나다의 경제정책연구소가 발행한 1983년도 보고서가 나오고부터이다. 이 보고서는 모든 개인과 집단의 창착행위와 표현활동은 제조행위와 전자적인 보급으로 이어지며, 그 결과 상품과 프로그램들이 국가 간에 자연스럽게 이동하며, 그러한 이동은 주로 대국에서 소국으로 이동하는 경향이 있다고 설명하였다. 또한 이 보고서는 기술발달과 다국적 복합기업의 형성으로 문화와 연관된 상품과 서비스교역이 국가 간에 불균형적으로 진행되고 있다고 지적하였다.

1986년 영국 정부가 발행한 『거래가능한 정보분야』라는 보고서에서는 소비자가 문화를 소비할 때 필요한 수단인 CD와 카세트 플레이어, VCR, 라디오, 텔레비전 수상기 등 내구성 소비재 또는 하

---

❹ A. Girard(1982).

드웨어는 문화상품에 포함시키지 않았다. 그 대신 주어질 수 있고, 재생이 가능한 '소프트웨어'나 문화콘텐츠(cultural content)를 중심으로 문화상품의 범주에 포함시켰다. 쉽게 말해서 문화교류라는 관점에서 한국산 텔레비전 수상기로 시청하는 것과 우리 나라 방송 프로그램을 시청하는 것은 근본적인 차이가 있다는 점이다. 정리하면, 문화산업은 소비자들이 갖고 있는 상품의 스톡(stock)과는 그리 관련이 많지 않고, 그 상품이 전달하는 콘텐츠의 플로(flow)에 보다 관련이 있다는 것을 강조하였다. 이러한 관점에서 텔레비전이나 라디오 프로그램, 이미 녹음된 오디오, 비디오카세트, CD 등의 영상물이 문화산업의 전형적인 상품들이라고 할 수 있다.

여기서 '정치경제학'의 관점에서 문화산업의 특성을 좀더 간결하게 체계화한 간햄[5]의 설명을 들어 보자. 첫째로, 문화상품이 다른 일용품과 다른 점은 일시적인 신선함이나 차별성에 소비의 매력을 둔다는 것이다. 그런 점 때문에 새로운 문화상품을 지속적으로 개발해야 되나, 이에는 높은 고정비용이 수반된다. 반면에 문화상품의 재생산비용은 아주 적다. 우리가 매일 보는 신문이 바로 그러한 예이다. 이러한 특성은 규모의 경제와 범위의 경제를 가진 대규모 제작회사와 유통회사를 선호하며, 다시 이러한 기업들은 대규모 고객을 비교적 용이하게 확보할 수 있다는 장점이 있다.

두 번째는 공공재적인 특성이다. 문화상품은 개인적으로 소비한다고 다 소모되지 않는다. 가령 똑같은 신문을 갖고 많은 사람이 돌려가며 읽을 수 있고, 이미 우리가 시청한 동일한 애니메이션 프로그램을 우리 자손에게 다시 틀어 줄 수 있다. 무료로 시청할 수 있는 공중파 텔레비전방송 프로그램과 라디오 프로그램은 '비경합

---

[5] N. Ganham(1990).

적'이고 '비배제적'이라는 측면에서 가장 공공재적인 특성을 보인다. 즉, 후자의 경우 내가 텔레비전방송을 시청할 때 다른 사람들이 동일한 프로그램을 시청하지 못하도록 배제할 수 없다는 것이다. 이러한 특징 때문에 자본주의 경제에서 문화상품의 생산자들은 자신이 만든 상품에 대한 접근을 통제하기 위해 다양한 전략을 짜내고 그렇게 해서 상품의 교환가치를 확보한다. 가장 대표적으로 고안된 틀로서 저작권 설정, 유통채널의 독점화, 폐기기한의 설정, 국영화, 광고시간대 판매 등을 들 수 있다. 이런 점에 비추어 볼 때, "문화산업에서 진정한 힘과 이윤의 원천은 생산이 아니라 유통이다"[6]라고 보는 견해도 있다. 가령 텔레비전방송을 상기해 보라. 엄청난 돈의 흐름이 광고물을 매개로 방송네트워크 안에서 이루어지고 있다. 하나의 복합기업 안에 생산과 유통이 수직적으로 통합될 때 이윤은 정점에 이를 수 있다. 마찬가지로 사업 간 수평적인 통합이 이루어지면 서적의 내용물이 영화나 사운드트랙 등 다양한 창구를 거치면서 저작권을 최대로 활용할 수 있게 된다.

하지만, 이러한 특성이 문화산업으로 분류되는 모든 활동과 영역에 공통적으로 적용되는 것은 아니다. 공연예술의 경우에 사람들은 제한된 시간과 공간에서 독특하게 연출되는 공연작품을 소비한다. 즉, 공연작품 티켓을 구입하는 행위는 일종의 공공재라기보다는 사적재를 구입하는 행위이며, 그 공연이 영화나 방송프로그램으로 다시 제작되기 전에는 결코 동일하게 재연될 수 없다. 이런 점에서 예술은 협의적으로 해석할 때 '산업적'이라기보다 '문화적'인 영역이다. 비록 공연예술과 시각예술분야가 어떤 형태로든 상업적으로 국제거래가 이루어지고 있지만, 시청각분야의 상품처럼 기술과

[6] N. Ganham(1990), pp. 162~163.

무역의 형태로 충분하게 활용되지는 못한다. 이런 이유 때문에 많은 경우 예술분야는 문화산업의 범위에 포함되지 않는다.

영상물과 같은 시청각상품은 일종의 상징재(symbolic goods)이자 경제재이기도 하다. 그래서 이는 국제무역의 맥락에서 이론적으로 문화산업의 '이상적인 형태' 라고 할 수 있으며, 또한 실용적으로도 실제 무역협상의 대상으로 받아들여진다. 흥미로운 것은 시청각상품이 실용적으로 무역거래의 주 대상으로 인식되지만, 동시에 국제무역협상에서 문화영역으로 특별히 간주되어 이에 대한 각국의 정책적 자율권이 인정되고 있다는 점이다. 이에 따라 많은 국가들은 문화상품의 중요성을 강조하여 국제무역협상에서 외국으로부터 문화상품의 유입에 통제력을 유지하고자 하며, 동시에 자국의 문화를 방어하고 표현하는 방안으로 자국 문화산업을 육성하기를 원한다. 가장 좋은 예가 1988년에 미국과 캐나다가 맺은 자유무역협정으로, 이 협정은 출판미디어는 물론 시청각관련 상품과 서비스를 자유교역 대상에서 제외하기로 하였다. 이 협정의 정신은 1993년 멕시코를 포함한 3개국 간 맺은 북미자유무역협정(NAFTA)에도 이어졌다. 또 다른 예로 유럽연합의 회원국들은 시청각분야에서 쿼터제와 보조금정책을 유지하기로 결정하였으며, 이러한 기조는 관세와 무역에 관한 일반협정(GATT)의 마지막 협상인 우루과이 라운드에서도 그대로 반영되었다.

무역협정에서 '문화적 예외' 를 지지하는 논거는 각국의 문화주권(cultural sovereignty)에 있다. 문화주권은 1970년대와 1980년대에 논의된 '문화제국주의'의 주요 쟁점 중 하나였다. 예들 들면, 당시 프랑스 대통령이었던 미테랑은 프랑스어를 구사하는 세계 46개국 모임에서 시청각산업과 GATT에 대한 프랑스의 입장을 호소하면서, 경제자유주의라는 이름으로 점차 침투해 오는 앵글로색슨 문화에 방관하지 않을 것임을 피력하였다.

2) 시장과 문화

만일 무역자유화 시대에도 자국의 문화를 보호할 가치가 있다면, 어느 정도까지 그리고 어떤 방법으로 가능한 것인가? 국가적인 보호조치가 어떻게 자유무역질서와 조화될 수 있는가를 질문하기 전에 외국문화에 대한 자연적인 보호장벽을 평가하는 데 있어서 비교우위 이론을 적용하는 것이 유용하다.

만일 경제만이 중요하다면, 모든 영어권에 보급되는 영화나 텔레비전 프로그램은 세계에서 경쟁력이 가장 큰 미국 LA에서 제작되는 것이 효율적이다. 이것은 리카도의 고전경제학에서 나오는 비교우위론적 접근법이다.

미국이 시청각분야의 무역에서 월등하다는 사실은 미국 문화가 세계적인 영향력을 행사하는 것에 대해 우려하는 것만큼이나 많이 알려져 있다. 미국이 전통적으로 영화산업이 우세해 온 것과는 별개로, 텔레비전 프로그램 수출에서도 세계에서 비교될 만한 나라가 없다. 현재까지 미국은 세계 텔레비전 프로그램 수출의 75%를 점유하고 있다. 이러한 미국의 우세는 자국뿐 아니라, 이에 영향을 받고 있는 나라에서 화젯거리임을 우리는 쉽게 지나친다. 지난 수십 년간 해외시장의 절반 이상을 미국의 영화와 텔레비전 제작사들이 차지하고 있고, 그 수출규모는 미국의 우주항공산업 다음으로 크다.[7]

---

❼ S. Wildman and S. Siwek(1988), p. 1.

호스킨스와 맥패이든은 미국이 전통적으로 영상물교역에서 우세를 차지한 이유를 규모의 경제성, 선점자의 우위, 다양하고 특수한 비교우위요소 등을 내세우며 포터가 고안한 경쟁우위론의 맥락에서 설명하고자 하였다.[8] 이론적으로 문화산업에서 규모와 범위의 경제성이 경쟁력확보에 필수적인 요인이라는 점은 이미 많이 알려진 사실이다. 또한 기술과 조직적 혁신을 주도하는 선점자의 우위는 문화상품이 산업화될 때 매우 필요한 조건이며, 이는 미국이 세계의 영상산업을 석권하면서 그 효력을 발휘한 원천으로 널리 인정되었다.

한편, 문화산업의 비교우위를 이야기할 때 가장 중요한 요소 중 하나는 언어라고 볼 수 있다. 아울러 이는 현실에서 문화적 유사성으로 나타난다. 곡물이나 철강, 섬유 등 많은 제조업 상품들은 문제가 되지 않지만, 문화상품과 정보상품은 언어와 문화장벽에 의해 크게 제약을 받는다. 가령 이러한 상품을 제작할 때 영어로 시작하면 매우 유리하다. 왜냐하면, 오늘날 영어사용자들은 세계에서 가장 거대하고 부유한 공동체를 구성하고 있기 때문이다.

이러한 점에서 미국은 영어로 된 영상물의 가장 거대한 자국시장을 보유함으로써 매우 유리한 고지를 점령하고 있다. 이는 다른 특정 언어를 사용하는 거대한 인구를 내수시장으로 갖고 있는 나라 역시 그 언어 때문에 영상물을 수출할 수 있는 토대가 형성되는 것과 유사하다. 그러므로 자연적으로 대규모 언어시장을 가진 국가의 제작자들은 큰 예산을 투입하여 영화나 프로그램을 제작하려는 동기를 갖게 된다. 예산을 많이 투입한 작품일수록 일반적으로 이를 소비하는 사람들에게는 더 많은 호소력을 가질 것이며, 이로 인해

[8] C. Hoskins and S. McFadyen(1991), pp. 209~211.

표 5-1 문화콘텐츠의 언어권 시장

순위	전체 비중(%)	원어민 인구수(백만 명)
영어	42.8	330
일본어	17.9	125
독일어	12.6	98
프랑스어	11.0	74
스페인어	6.4	346
포르투갈어	2.7	173
러시아어	2.2	168
중국어(만다린)	2.2	853
아랍어	1.5	195
힌두어	0.6	348
벵갈어	0.2	197
전체	100.0	2,907

주: 전체 비중은 원어민 인구수와 원어민 인구 일인당 국민소득의 가중치를 감안해 산출.
자료: World Bank Atlas(1997).

국제경쟁력을 가질 수 있기 때문이다.

거대한 시장에 접근하는 방법으로 언어권이 중요한 요소가 되지만, 영어는 다른 언어권이 갖추지 못한 경제적·문화적인 면에서 중요한 특성이 있다. 이는 언어권의 인구통계와 수출대상 지역의 규제환경이다. 다시 말해, 거대한 시장에 접근할 수 있는 요인은 언어인구의 절대적인 크기만이 아니라는 것이며, 그 언어권의 소득과 밀접한 관계가 있다는 것이다. 그렇지 않다면 세계 제일의 시장은 중국어권일 것이다. 또한 규제환경으로서 가장 중요한 것이 광고부문이다. 이것은 영상물에 있어서 자본주의 경제의 초석이 되는 경제활동으로서 많은 비영어권 국가들은 광고시장을 포함해서 다양한 규제를 지니고 있다.

미국은 언어지리학적으로 볼 때 가장 규모가 크고 부유한 시장이며, 가장 자유방임적인 규제환경을 가졌다는 점에서 비교우위를 나타낸다. 이른바 미국이라는 도가니(melting pot) 속에 들어간 인구의 다양성은 미국 제작자들에게 국내시장이기는 하지만, 일종의 축소된 세계시장을 제공한다. 즉, 미국이 배출해 낸 이러한 문화포맷은 지금까지 인류가 만든 것 중 국경을 초월해서 가장 쉽게 받아들이기 쉬운 형태라고 할 수 있다. 이를 '문화제국주의' 라는 비판적인 관점에서 보면 미국 주도의 문화패권주의로 인식될 수 있다. 그러나 다양성의 동화라는 관점에서 본다면, 미국의 영상물들은 자국과 해외소비자들에게 다양하게 수용될 수 있도록 끊임없는 변신노력을 기울이고 있다는 점도 간과할 수 없다. 물론 비즈니스적인 측면만 강조한다면, 비난을 받을 소지가 있지만, 가능한 많은 사람들에게 문화적 상징물을 전달하는 것을 목표로 하는 '문화산업적' 접근론에서 보면 반드시 비난받을 것만이 아니라는 것이다.

그러나 아무튼 언어와 문화요소가 국내외를 막론하고 커다란 시장을 형성하는 데 결정적으로 작용하고 있으며, 많은 경제적인 부수효과를 가져온다는 점은 인정할 수밖에 없다. 즉, 언어와 문화요소는 문화산업에서 한편으로는 무역을 촉진하기도 하고, 다른 한편으로는 자연스럽게 형성된 무역장벽의 역할도 하는 시장의 결정요인이라는 것이다.

문화상품의 무역에서 자연적인 장벽이 되는 언어의 다른 면을 살펴보자. 이를 이론적으로 잘 소화해 낸 호스킨스[9]는 문화할인(cultural discount)이라는 개념을 만들어 냈다. 문화할인이란, 가령 제작된 영상물이 갖고 있는 언어와 다른 언어권 소비자나 영상물에 포함되어 있는 스타일, 가치관, 제도, 행동패턴 등에 익숙하지 않은 소비자가 그 영상물에 느끼는 위축된 구입동기를 의미한다. 이렇게 볼 때, 대부분의 외국 프로그램은 자국에서 어느 정도의 문화할인이 발생한다. 이 점에서 미국의 소비자들은 외국의 영상물에 대해

---

[9] C. Hoskins and R. Mirus(1988), p. 500.

가장 높은 문화장벽을 갖고 있다고 볼 수 있다. 미국인들은 외국의 영상물이 스크린에서 자막을 갖고 있거나, 심지어 미국식 영어를 사용하지 않은 영상물에 대해 가장 적은 인내심을 갖고 있다는 말도 전해진다. 그러나 우리가 관찰할 수 있듯이, 반대로 미국의 영상물이 비영어권에 전달될 때 발생하는 문화할인은 비교적 크지 않다. 이는 미국의 영상물이 대부분의 비영어권 시장에서 지금까지 많이 유통되고 있다는 점에 크게 기인한다.

텔레비전 프로그램 무역의 장벽으로 작용하는 영어라는 비교우위요소와 그 역할은 북미자유무역협정의 당사국들에게는 의미심장한 정책함의를 지닌다. 가령 프랑어권인 캐나다 퀘벡주 사람들에게 프랑스어는 영어로 된 영상물에 대해 자연스럽게 방어하는 것이 되는 반면, 그 외 지역의 사람들에게는 미국산 프로그램이 침투하기 쉬운 여건을 갖고 있다. 사실 대부분 영어권이 속한 캐나다는 세계에서 가장 큰 미국 영상물의 수출시장이다. 이런 캐나다의 불리함 때문에 미국과의 자유무역협정과 북미자유무역협정에서 캐나다는 자국 문화산업에 제공하는 보조금정책을 그대로 유지할 수 있게 만들었다. 이런 문제는 같은 영어권인 호주에게도 적용된다.

3) 글로벌화

지금까지 우리는 미국이 미디어산업 또는 시청각산업에서 세계에서 명확한 우세를 차지하게 된 요인들에 대해 살펴보면서, 적어도 텔레비전방송 프로그램에서 언어와 유사한 문화적 배경이 특정국가가 국제시장에서 선도자로 성장하는 데 큰 도움을 주고 있다는 사실을 인정하게 되었다. 이러한 현상을 굳이 국제화 또는 글로벌화로 표현한다면, 이는 최근 들어 텔레비전 프로그램분야에서 두드러지게 나타나고 있다. 가장 인상적인 예가 멕시코이다. 멕시코는 비교할 만한 관계를 스페인과 스페인어를 사용하는 국가들과 맺고 있는데, 이는 미국이 영국이나 영어를 사용하는 나라와의 관계와 유사하다. 즉, 과거 스페인의 식민지였던 멕시코는 전 세계의 스페인어 사용국 중 가장 많은 인구를 가진 나라이다. 멕시코는 영상물 대기업인 텔레비자(Televisa)의 본사가 있는 곳이다. 텔레비자는 세계에서 가장 큰 스페인어 사용국이라는 국내시장을 무기로 스페인어 영상프로그램 수출에서 가장 많은 실적을 올리고 있다.

텔레비자가 세계적인 텔레비전 네트워크운영 사업자와 위성서비스 사업자로 변모한 것은 부분적으로 언어적인 요인으로부터 비롯된다. 텔레비자에게는 지리적으로 인접한 미국에 스페인어 시장이 있기 때문에 미국에서 25년간 선점자로서 영업을 하면서 비교우위를 굳혀 왔다. 또한 주변의 같은 언어권인 중남미 시장도 이 기업에게 유리한 환경을 제공하였다. 이러한 유리한 조건을 바탕으로 스페인 텔레비전 방송시장에도 용이하게 진출하였다. 더 나아가 텔레비자는 전 세계로 전송되는 위성시스템을 이용하여 스페인어권이라는 단일언어권 시장을 만들었다. 이렇게 해서 멕시코는 스페인과 세계에서 가장 부유한 미국을 자국시장으로 끌어들임으로써 커다란 보상을 받게 되었다. 마지막으로 텔레비자는 상대적으로 적은 멕시코의 규제정책 덕분에 제작과 유통의 두 축을 수직으로 묶어 사업을 운영함으로써 이익을 최대화할 수 있게 되었다.[10]

또 다른 주목할 만한 예가 브라질 TV 글로보(Globo)이다. 글로보는 브라질에서 텔레비전방송 산업의 선도자이며, 포르투갈 언어

---

[10] J. Sinclair(1992).

로 된 영상물를 제작하고 수출하는 가장 활동적인 기업으로 알려져 있다. 브라질은 세계 최대의 포루투갈어 사용국이기 때문에 글로보는 텔레비자가 멕시코라는 거대한 국내시장으로 누렸던 기회를 동일하게 활용하였다. 텔레비자의 경우와 마찬가지로 글로보는 자국의 유리한 규제환경에 힘입어 제작과 유통부문의 사업을 결합함으로써 수익을 최대화할 수 있는 장점을 갖고 있다. 단, 글로보는 텔레비자의 경우와는 달리 위성방송사업을 하지 않고 있다. 이는 부분적으로 포루투갈어를 사용하는 나라들이 스페인어권 국가들보다 부유하지 못하기 때문인 것으로 생각된다. 글로보는 문화적으로는 공통점이 많지만 다른 언어권인 스페인어 사용국, 이탈리아, 프랑스 등의 수출시장에 내놓을 때는 더빙에 많이 의존한다.

브라질의 경우 비교우위의 요소로서 언어뿐 아니라, 문화도 교역에 큰 영향을 미칠 수 있다는 점을 인식하게 된다. 문화적 요인을 '문화적 유사성(cultural proximity)'이란 용어로 표현하기도 한다.[11] 문화적 유사성이란 개념은 언어의 범위를 넘어서 독립된 하나의 비교우위요소로 역할을 하며, 이는 비언어적 의사소통, 유머, 종교, 음악, 서술체 등을 포함한다. 문화적 유사성이 소비자선호에 미치는 경향은 세계에 유통되는 텔레비전 프로그램에 많이 나타난다. 각국의 시청자들은 자기네 문화와 가장 가깝고 친밀한 프로그램을 선호하는 경향이 있기 때문에 지역의 문화와 생활양식이 바탕이 된 프로그램의 제작과 유통은 각 나라에서 여전히 효력을 발휘한다.

---

[11] J. Straubhaar, C. Compbell, and S.-M. Youn(1992).

(2) 무역과 글로벌화

지난 수십 년 간 미디어와 콘텐츠산업의 중소기업들은 지속적으로 새로운 기회를 창출하기 위한 노력으로 해외진출을 꾀하고 있다. 과거에 내수에만 몰두해 오던 우리 나라 영세기업들조차 다양한 혁신적인 사업방식을 동원하여 해외기업들과의 공동협력을 추구한다. 해외영업의 많은 형태는 외국으로 자사의 상품이나 서비스를 수출 · 수입하는 것이나, 점차 외국에 지사를 두고 글로벌경영에도 참여하는 방식도 늘고 있다.

무역이란 경제용어는 국가 간 상품이나 서비스의 이동을 의미할 때 주로 사용된다. 상품을 운송수단에 싣는 일부터 여러 중간상인들의 손을 거쳐 외국의 소비자들에게 전달하기까지 모든 경제활동이 무역활동에 포함된다. 글로벌화(globalization)란 용어는 기업을 포함한 여러 경제주체나 조직들이 세계를 상대로 경제활동을 확대해 나가는 현상을 의미하는데, 단순한 상품과 서비스거래만이 아니라, 해외지사 설립, 합자투자 진출 등을 통해 일개 국가를 넘어서 다른 나라로부터 원자재, 최종상품이나 서비스 등을 구입하는 활동들이 포함된다.

미디어 상품과 서비스와 관련된 무역과 글로벌화는 수많은 요소들에 의해 진행된다. 가장 결정적인 요인은 수요이다. 세계 도처에 미디어와 커뮤니케이션 수단들이 분포되어 있으나, 다량의 미디어콘텐츠 또는 문화콘텐츠를 제작할 수 있는 국가는 소수에 집중되어 있다. 이 때문에 많은 나라들은 자국이 필요로 하는 상품이나 서비스를 이들로부터 구하거나, 또는 이들 나라로부터 자국민이 원하는 콘텐츠에 대해 생산 · 제작을 요청하게 된다.

이렇게 제작능력과 유통망 등 중요한 인프라의 분포가 세계적으로 골고루 분포되지 않은 이유는 일반적으로 자국시장에서 필요한 생산요소들을 확충하기 필요한 막대한 자본시장과 대량의 콘텐츠수요 기반이 이미 확보된 나라들은 소수에 지나지 않기 때문이다. 예를 들면, 미국은 중요한 요소들을 효율적으로 조달할 수 있는 집적지 또는 클러스터가 발달되어 있다. 여기에서 미국의 많은 기업들은 돈과 제작도구과 장비, 감독, 배우 등 창의적 인력, 기타 필수 지원서비스 자원 등을 조달하며, 심지어 외국시장이 요구하는 상품이나 서비스를 만들어 낸다.

기술과 정책변화도 무역과 글로벌화를 촉진하는 중요한 요소들이다. 디지털화, 글로벌 통신시스템의 발달 등은 자신이 만든 콘텐츠상품과 서비스를 외국에 보다 용이하게 수출되도록 촉진하고 있다. 이러한 글로벌 시스템의 발달은 각국이 채택하고 있는 기존의 미디어관련 정책들을 보다 탄력적으로 변화시켜 기업의 민영화, 민간 미디어기업의 신규진출을 가져왔고, 이들은 과거에 비해 외국과 보다 역동적인 거래관계를 창출해 나가고 있다. 정책적인 영향의 경우, 국내에서 기업에 대해 소유제한이나 반독점규제 등 정부조치가 더 이상 기업의 성장을 저해한다고 판단될 때, 기업들은 해외로 진출하려는 동기를 갖게 된다.

1) 미디어영상물의 교역

미디어영상물(audiovisual products) 교역은 상업적 목적으로 한 나라에서 다른 나라로 인쇄, 출판물, 비디오, 게임물, 녹음 및 녹화물 등을 전달할 때 발생한다. 오늘날 미디어영상물의 교역범위는 소소한 인쇄물에서부터 서적, 잡지, 뉴스 및 기록물, 영화필름, 방송 및 광고물에 이르기까지 매우 다양한 양상을 보이고 있다.

미디어영상물과 서비스의 수출을 다른 일반적인 상품과 비교해 볼 때 근본적인 특성을 갖고 있음을 주시할 필요가 있다. 영상물이 다른 제조업 상품이나 기타 상품과 구별되는 속성들은 시간에 매우 민감하다는 점과 언어와 지리적인 장소, 문화적 요소들을 담고 있다는 것이다.

영상물이 시간에 대해 민감하다는 의미는 매일 듣고 보는 뉴스의 예에서 극명하게 나타난다. 뉴스와 정보는 신속성과 현재성에 그 가치의 본질이 있기 때문에 빠르게 배포되어야 한다. 이보다 시간에 덜 민감한 영화상영물이나 기타 오락물도 여타 제조업 상품에 비해서는 시간이 감에 따라 그 가치가 더 빠른 속도로 하락한다.

신둔도 시간에 매우 민감하다. 이는 신문이 매일단위로 발행되기 때문이다. 잡지나 정기간행물은 신문에 비해 월단위로 발행되는 경향이 많기 때문에 시간에 덜 민감하다. 서적과 영화, 비디오 및 녹음물 등은 대체로 시간에 대한 민감 정도가 가장 낮다. 수출되는 콘텐츠들을 유심히 관찰하면 시간에 대해 민감 정도가 낮은 순으로 수출이 용이하다. 왜냐하면, 어차피 해외무역에 필수적으로 유통시간이 소요된다면, 시간에 덜 민감한 콘텐츠가 가치하락이 느리기 때문이다.

언어도 미디어와 콘텐츠 상품의 교역에 아주 중요한 영향을 미친다. 뉴스, 정보, 교육, 문화 등 대부분의 콘텐츠는 언어로 포장되어 있기 때문에 소비자들은 자국어로 된 것을 절대적으로 선호한다. 콘텐츠종류 중에서 가장 교역에 성공적인 분야가 음악이며, 영화나 텔레비전 프로그램도 수출되지만, 이들은 대화내용, 부제 등에 대한 번역비용을 동반한다.

언어를 포함해서 미디어 상품을 제작한 나라의 문화, 사회, 역사 등의 요소들은 수입하는 나라의 입장에서 보면 때때로 수입장벽의 역할을 하기도 한다. 이는 미디어 상품이 기본적인 양식과 질적 요건이 일치하더라도, 이런 요소들로 인해 소비자들은 쉽게 다른 외국상품으로 대체하지 않기 때문이다. 가령 시청자나 소비자로서 우리는 우리가 살고 있는 지역소식과 지역문화, 삶의 양식과 관련된 정보를 얻기 위해 미디어를 이용하기 때문에 신문이나 광고, 서적 등은 외국상품의 수입으로 크게 대체되지 않는다. 따라서 이러한 종류의 콘텐츠가 무역에서 차지하는 비중은 미미한 정도에 지나지 않는다.

교역이 비교적 잘 되고 있는 음악부문도 국제적으로 명성이 높은 아티스트들이 여러 나라에서 녹음을 하고 있지만, 여전히 음악녹음의 자국 내 제작이 대부분을 차지한다. 영화의 경우도 미국이

그림 5-1 미디어콘텐츠 상품의 수출가능성

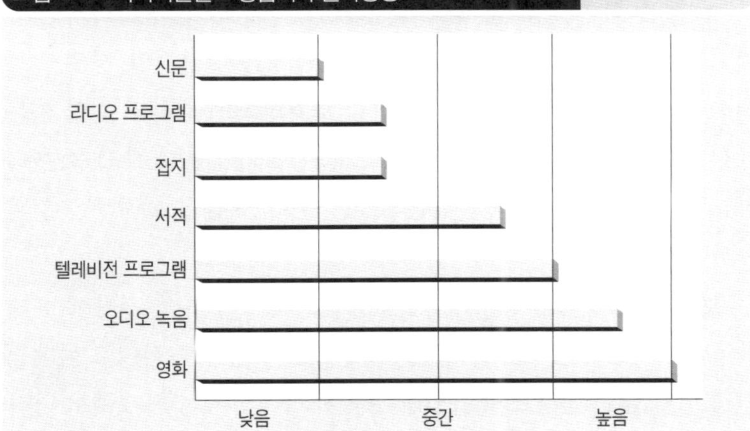

자료: R. Picard(2002).

나 영국 등 소수 국가에서 많은 편수들을 제작하여 수출하고 있지만, 재정적인 상황이나 창의적 인력이 부족함에도 불구하고 자국의 제작진이 만든 콘텐츠수요는 일정 부분 항상 존재한다.

2) 무역장벽

무역장벽은 일반적으로 상품이나 서비스를 수입하거나, 또는 외국인과 외국기업이 특정 국가에 사업을 하거나, 진출하려고 할 때 제한 또는 금지하는 행위를 의미한다. 이러한 무역제한행위는 대부분 정부에 의해 자국을 보호하려는 의도로 실시되나, 경우에 따라서는 외국의 불만을 사기도 하며, 인위적으로 경쟁을 제한하여 국제무역질서에 피해를 끼치는 사례로 발생한다.

무역장벽은 대체로 자국의 일자리 유지, 국가안보, 유치산업의 보호, 불공정경쟁 방지 등을 위해 존재한다. 미디어와 콘텐츠산업의 경우에 설치되는 무역장벽은 이러한 일반적인 이유와 함께 문화, 보건 및 복지 등의 문제에 대응하려는 노력의 결과로 나타난다. 미디어부문에서 무역장벽의 경제적 정당성은 일반적인 경우가 동일하다. 문화적 정당성은 자국문화를 보호하고 촉진하기 위한 명분에서 비롯된다. 가령 캐나다가 미국 문화에 의해 지배될 것을 우려하는 것이나, 우리 나라가 일본의 대중문화 유입을 우려하는 것과 유사하다.

보건과 복지적 정당성은, 가령 담배나 술, 마약 등 건강에 유해한 상품에 대한 광고물의 유입을 제한하는 것과 폭력적이고 퇴폐적인 표현을 담은 콘텐츠의 유입을 금지하거나 규제하는 것에서 나타난다.

무역장벽의 요소로 작용하는 정책들은 자국민을 상대로 취하는 것과 외국인과 외국기업에 대해 취하는 것으로 구분될 수 있다. 자국민에 대해 취하는 정책으로 대표적인 것은 자국산 콘텐츠의 제작 및 유통에 관한 규제이다. 예를 들면, 캐나다 정부는 캐나다에서 상영되는 모든 프로그램에 대해 60%, 그리고 프라임시간대에 50%를 자국산으로 채우도록 요구한다. 마찬가지로 유럽연합 국가들은 자체규정에 의해 텔레비전방송에서 50%를 회원국 콘텐츠로 방영하도록 하고 있다. 이탈리아는 각 영화상영관이 연중 100일을 이탈리아산으로 상영하도록 의무화하고 있다. 외국인과 외국기업에 대한 제한정책으로는 국내 미디어관련 기업에 대한 외국인 소유금지 및 제한, 외국산 콘텐츠수입 관세, 수입금지 또는 수입물에 대한 번역에 관한 기준이 있다.

3) 국가 간 또는 글로벌 무역협정

무역을 촉진하고, 국가 간 유통을 원활하게 하기 위해 많은 나라들은 상품과 서비스의 국경 간 거래에 관한 협정을 맺고 있는데, 협정주체의 수에 따라 쌍무(bilateral)협정과 다자 간(multilateral)협정으로 구분된다. 이 협정들은 관세규제, 조세 등을 단순화하고 국가 간 상품과 서비스의 흐름이 용이하도록 하는 환경을 만드는 데 집중한다.

세계대전 후 국제교역체제는 대부분 상품교역에 의존하였기 때문에 서비스업종에 대한 관심이 미미하였다. 그러나 1970년대 이후 경제생활에서 서비스부문이 차지하는 중요성이 증가하는 것과 비례하여 국제교역에서 서비스의 비중도 크게 늘어났다. 이에 따라 국제통상협상에서 서비스교역에 대한 규범마련이 중요한 과제로 떠올랐다. GATT(관세 및 무역에 관한 일반협정)는 이른바 '무역라운드' 라는 이름으로 여러 차례 다자 간 협상을 전개해 오고 있는데, 미디어관련 서비스부문은 1994년 우루과이라운드에서 처음으로 다른 서비스와 마찬가지로 협상대상으로 다루어졌다.

이와 같은 협상노력에도 불구하고 미디어부문에서 벌어지는 가장 큰 쟁점 중 하나는 아직까지 미디어부문을 상품으로 분류할 것인지, 아니면 서비스로 분류할 것인지에 대한 논의이다. 예를 들면, 글로벌 네트워크를 통해 전달되는 전자전송물을 상품거래로 볼 것인지, 서비스제공으로 볼 것인지에 대해 국제적 합의가 도출되지 못한 상태이다. 최근 들어 미국과 일본 등 일부 선진국들은 미디어콘텐츠와 관련된 상품과 서비스를 GATT에 포함하여 자유무역화를 주장하고 있는 데 반해, 다른 나라들, 특히 개발도상국들은 이에 대해 강력히 반발하고 있다. 개발도상국들은 문화적인 입장에서 자신들의 미디어시스템이 강력한 산업적 배경을 가진 선진국들에 의해 지배당할 것으로 우려해서 저항하고 있는 것이다.

그 결과 국제무역에 영향을 주는 WTO(국제무역기구)와 GATT 회원국들 간에 미디어, 커뮤니케이션 상품과 서비스에 대해 다자 간 논의가 계속되고 있다. 최근에는 논의대상을 통신서비스, 데이터베이스, 영화 및 텔레비전방송 서비스, 광고 등에 두고 있다.

1989년 미국과 캐나다 간에 맺은 자유무역협정에서는 정보를 무역자유화 대상에 포함하였으나, 영화나 녹음, 서적 등 문화상품들은 그 대상에서 제외하였다. 또한 1994년 미국, 캐나다와 멕시코를 포함해서 맺은 북미자유무역협정(NAFTA)에서도 역시 이러한 문화콘텐츠관련 상품이나 서비스들은 제외시켰다. 이는 상대적으로 미디어 및 엔터테인먼트산업의 경쟁력이 열세인 캐나다와 멕시코로 하여금 문화적 차원에서 동 산업에 대해 각국이 통제할 수 있는 정책권한을 허용하자는 것이다.

미국과 캐나다 간에 무역장벽을 둘러싼 대표적인 갈등은 잡지 광고에서 벌어졌다. 1995년 캐나다 정부는 위성을 통하여 미국으로부터 전송되어 발행한 미국 잡지 『스포츠 일러스트레이티드』에 대해 80%의 소비세를 부과하려고 하였다. 이 잡지는 미국과 캐나다판으로 나누어 발행하는데, 단 몇 쪽의 분량만을 캐나다에 대한 기사와 광고를 싣고 있었다. 이에 캐나다 출판사들은 특히 이 잡지가 주는 캐나다 광고시장의 피해를 우려하여 정부로 하여금 보호주의 장벽을 만들도록 요청하였다. 미국은 즉각 이 문제를 WTO 분쟁해결기구에 제소하여 승소하게 되었지만, 그 이후로도 캐나다 정부는 외국인이 소유한 잡지의 캐나다판에 대해서는 세금감면혜택을 부여하지 않음으로써 보호주의적인 효과를 유지하고 있다.

4) 무역자유화와 문화정책

무역자유화가 그 속도를 줄이지 않은 채 전개됨에 따라, 다수 국가들은 국민적 정체성과 가치, 믿음 등을 문화정책을 통해 보호해야 한다는 요구를 강도 높게 피력해 왔다.

미디어콘텐츠의 산업화를 최초로 표명한 것은 인쇄미디어였다. 서적 · 신문 · 잡지의 인쇄는 녹음기, 라디오방송, 영화와 같은 전자미디어 상품과 서비스보다 시대적으로 앞서 있다. 그러나 인쇄된 서적과 잡지 그리고 신문의 교역가능성이 상대적으로 낮은 이유는 다음 두 가지 요인에서 비롯된다. 즉, 첫째 이들은 지역시장의 고유어로 문화적 제한성을 지닌 채 만들어지며, 둘째 따라서 국내 시장 밖에 존재하는 다른 엄청난 수의 소비자에게 매력을 주지 못한다는 점이다.

이와는 대조적으로 1920년대 초기의 영화제작과 배급은 곧바로 영화가 국경 너머 폭넓은 관객을 확보할 잠재력을 갖고 있다는 점을 알게 되어, 교역가능성이 강조된 바 있다. 미디어콘텐츠분야에서 발생된 긴장관계는 미국의 영화업계가 제2차 세계대전 중에 미국 국무부에 압력을 가하여 보호주의적 성격을 띤 유럽의 스크린쿼터제에 대응하도록 한 것에서 입증된다. 이 문제는 1947년에 GATT 조항(제4조)에 포함시킴으로써 근본적으로 해결되었다. GATT 조항에서는 스크린쿼터제를 특별히 허용함으로써 이를 GATT의 일반제재 범위에서 제외시켰다. 대전 후 그 조항의 적용기간은 길지 않았는데, 주된 이유는 유럽의 영화산업이 강해져서 미국의 영화수출이 줄어들었기 때문이었다.

국제회의에서도 무역과 문화정책 간의 관계는 1960년대 유엔에서 논의되었고, 1970년대에는 신국제정보질서에 관한 유네스코 토의에서도 쟁점이 되었다. GATT와 WTO체제에서는 무역과 문화 간의 충돌이 도쿄라운드(1973~1979)에서 최초로 발생하였는데, 미국은 21개국 이상이 영화와 텔레비전산업에 보조금을 지급하는 것에 대해 이의를 제기하였다. 또한 미국은 1991년에 유럽연합이 비유럽산 영화의 텔레비전 상영을 제한한 것에 대해 GATT 조항을 원용하면서 도전하였지만 실패로 끝난 적이 있는데, 이 때 유럽연합은 텔레비전 상영을 서비스로 보고 상품에 관한 GATT체제의 적용을 받을 수 없는 것으로 간주하였다.

무역과 문화 간의 논쟁은 우루과이라운드(1986~1993) 중에 미국과 유럽연합(캐나다 포함) 간의 노골적인 충돌로 확대되었다. 갈등은 '문화정체성' 및 영화와 텔레비전 프로그램의 교역에 초점이 맞추어졌으며, '문화'란 용어가 '시청각'이라는 말과 동의어가 되어버릴 정도에 이르게 되었다. 미국은 문화정체성이라는 것이 정의될 수 없는 것이며, 영화 및 TV 프로그램은 교역가능한 상품이므로, 여타의 상품과 마찬가지로 동일한 무역규칙의 규제를 받아야 한다고 주장한 반면, 상대 국가들은 미국의 입장을 무역자유화라는 미명하에 국가의 문화적 표현, 언어의 다양성에 도전하는 것이라고 해석하였다.

유럽연합(EC), 캐나다, 호주, 인도, 이집트, 브라질을 비롯하여 강력한 영화산업이 존재하는 여타 국가들은 '문화정체성'을 보존하고, 상이한 언어, 가치 및 믿음을 기초로 근본적인 문화적 차이점을 인정하기를 희망하였다. 이에 비해 미국은 국가의 문화적 표현을 상대 국가들의 국내 영화, TV 및 미디어산업을 지속적으로 보호하려는 핑계라고 몰아붙이면서 대응하였다.

이러한 상반된 견해 사이에 존재하는 긴장으로 말미암아 1988년 12월 몬트리올에서 열린 중간 각료회의에서 다자 간 무역규칙에 대한 '문화적 예외'가 도입되기에 이르렀다. 우루과이라운드가 끝날 무렵, 유럽의 시청각산업계는, 캐나다가 일찍이 1988년 캐나다와 미국 간 자유무역협정에서 문화적 '개척'에 성공한 것에 자극을 받고, 수많은 감독, 예술가, 지식인 및 문화장관 등을 동원하여 장래의 WTO 회원국들이 시청각부문을 무역규제로부터 '직접 배제' 시키도록 투쟁할 것을 독려하였다. 이러한 소위 문화의 '협상테이블에서의 면제' 외에도, 다음의 두 가지 선택권이 추가로 논의되었다. 하나는 GATS(서비스무역에 관한 일반협정)의 범위에서 무역의

'문화적 예외'를 도입하자는 것과 다른 하나는 '문화적 특수성'을 무역에서 어떤 방법으로 접근해서 풀어나갈 것이냐 하는 것이었다. 하지만, 결과는 이 두 가지 중 어느 것도 성공하지 못하고, 대신에 시청각부문이 GATS의 규제를 받게 되었다. WTO 회원국들에게는 시장개방과 내국민대우의 목록에 특정 부문에 관한 양허표⑫를 작성하지 않아도 무방하게 되었고, 또한 면제목록에 특정 부문을 추가하는 일이 허용되었다. 동시에 점진적 자유화에 관한 GATS 조항(제19조)은 예외 없이 적용한다고 결정되었다.

최근 WTO 사무국은 시청각부문에서의 시장개방/내국민대우에 관한 WTO 회원국의 양허 및 MFN(최혜국대우)⑬ 예외목록을 분석한 바 있다. 이 분석에 의하면, 시청각부문에서 양허표를 작성한 19⑭개 회원국 중 불과 두 나라(미국과 중앙아프리카공화국)만이, 시장개방 및 내국민대우와 관련하여 시청각서비스에 관한 총 6개 하위부문⑮에 대하여 완전한 양허표를 작성하였다는 것을 알 수 있다. 유럽연합을 단일체로 본다면, 40개 이상의 회원국이 시청각서비스에 적용되는 33개의 MFN 예외를 채택하였다. 이는 대부분의 국가들이 자국의 문화정책을 지속적으로 추구하기 위하여 시청각부문에서의 GATS 의무를 따르지 않아야 할 필요성을 느끼고 있다는 점을 시사한다.

현재 미디어콘텐츠 또는 시청각산업에서 국제적으로 인정되는 자국 내 문화정책상 여러 규제조치들은 보조금 제공, 자국산 콘텐

---

⑫ 무역협상국들은 협상에서 자국이 이행할 구체적인 약속들을 자국의 양허표에 기재하는 방식을 취한다.

⑬ MFN(most favored nation)은 최혜국대우로 해석되고 있으며, 무역협상에서 각 회원국은 한 나라가 어떤 외국에 부여하고 있는 가장 유리한 대우를 다른 회원국에게도 부여한다는 GATS 규정이다.

⑭ 중앙아프리카공화국, 도미니카공화국, 엘살바도르, 감비아, 홍콩, 인도, 이스라엘, 일본, 케냐, 한국, 레소토, 말레이시아, 멕시코, 뉴질랜드, 니카라과, 파나마, 싱가포르, 태국, 미국 등이다.

⑮ 6개 하위부문은 영화 및 비디오의 제작 및 배급, 영화 및 영화상영 서비스, 라디오 및 텔레비전 제작서비스, 라디오 및 텔레비전방송 서비스, 음향녹음 및 기타이다.

츠 규정, 시장접근 제한, 인허가제도, 조세부과 등이 대부분인 것으로 조사된다.

5) 글로벌화의 수단

미디어기업들은 수출, 라이선싱, 판권거래, 합작투자, 외국인 직접투자 등 다양한 방법과 수단을 동원함으로써 해외진출을 시도하고 있다. 기업들은 대부분 20세기 초부터 잡지와 영화부문에서 글로벌화를 꾀하기 시작하였으며, 지금은 음악, 서적출판, 텔레비전 프로그램 등 거의 모든 콘텐츠에서 글로벌화가 벌어지고 있다.

더욱이 WTO라는 새로운 국제무역질서가 형성됨으로써 그 동안 지속적인 흐름을 보였던 글로벌화는 본격적인 전기를 맞이하게 되었다. 또한 컴퓨터기술 및 정보통신기술의 상호 결합과 동시에 맞물리면서 한층 상승작용을 일으켜 정보 · 문화산업분야에서 국경을 초월한 교류의 차원을 넘어 세계를 하나의 단일시장으로 묶을 수 있는 새로운 패러다임이 탄생된 것이다.

이러한 상황에 따라 오늘날 미디어와 콘텐츠시장은 두 가지의 구체적인 변화를 맞고 있다 첫째, 기존의 콘텐츠상품과 서비스의 유통이 더욱 활발해졌다는 점이다. 과거 국가 간 콘텐츠상품의 유통은 국가적 · 민족적 · 인종적 정체성 확보 차원에서 시장진입이 주로 허용되었다. 그러나 매체 간 융합이 가속화되고 콘텐츠의 경제적 가치가 중요해짐에 따라 세계 각국은 시장접근을 둘러싼 치열한 경쟁을 벌이게 된 것이다. 또한 미디어부문이 자유무역정신에 기초를 둔 WTO체제로 점차 편입될 것이 예상됨에 따라 세계 각국은 미디어와 콘텐츠시장에 대한 투자와 다양한 정책지원을 아끼지 않고 있다.

다음은 미디어관련 기업들이 펼치고 있는 기본적인 글로벌화의 수단들을 간략히 설명해 보고자 한다.

① 직접수출

직접수출이란 한 나라에서 생산된 상품을 다른 나라로 전달하는 행위를 의미한다. 직접수출시 제작자는 수출업자로 행동하거나, 수출업자와 계약을 한다. 가령 우리 나라의 서적출판사는 서점이나 전자상거래 등을 통해 외국에 서적을 마케팅하거나, 개인 또는 단체로부터 직접 주문을 받고 전달하기도 한다.

최근 우리 나라는 텔레비전 영상물 수출에 많은 관심이 쏠려 있는 가운데, KBS는 자신이 직접 제작한 텔레비전 드라마들을 대만이나 베트남 등의 수입업자와 계약 또는 한국영상물수출협의회 등을 통한 대리계약으로 수출하고 있다.

② 라이선싱 및 권리판매

라이선싱은 종종 잡지, 서적, 음반 등에서 이루어지고 있는데, 각 상품을 제작한 기업이 외국의 다른 기업에게 허가권을 부여해서 원작을 복제하든지, 아니면 현지어로 번역해서 출간하도록 하는 형태이다.

가령 미국 잡지인 『리더스 다이제스트』는 이러한 메커니즘을 이용해서 우리 나라 출판사가 희망하는 타이틀과 개념으로 전환해서 발행하도록 허용하고 있다. 음반산업에서는 이러한 형태가 오래도록 진행되어 왔는데, 녹음음악의 원판을 소유한 외국의 출판사들은 이에 대한 복제권을 외국의 출판사나 외국에 진출한 자회사에 판매한다.

③ 포맷 라이선싱

일반적으로 기술분야에서는 포맷 라이선싱이 많이 알려져 있다. 가령 최근 어떤 세계적인 멀티미디어 음향기술업체는 새로 개발한 자사의 오디오 포맷에 대해 라이선싱 요금을 인하한다는 계획을 발표함으로써 많은 수요업체들이 등장할 것을 기대하고 있다는 희망을 피력한 바 있다.

미디어콘텐츠업계의 경우 하나의 포맷으로 굳어진 특별한 방송 프로그램들은 다른 나라 방송업자들이 이를 사용하려고 할 때 그 권리를 판매한다. 즉, 그 프로그램 자체에 대한 권리를 판매하는 것이 아니라, 포맷이나 개념을 사용하는 권리를 판매하는 형태이다. 예를 들면, 미국에서 인기리에 방영되고 있는 "Wheel of Fortune"이나 "Who Wants to Be a Millionaire?" 등은 외국의 방송사들이 미국의 원작자로부터 라이선스를 부여받고 자국의 문화에 맞는 형태로 전환하여 제작 · 방영한다.

중국판 장학퀴즈 방송프로그램

SK는 지난 1973년 2월 18일 첫 방송을 시작한 고교생 대상 「장학퀴즈」를 33년째 후원하고 있다. 우리 나라 TV방송 프로그램 역사상 최장수 프로그램으로 지금까지 1,700회를 넘었다. 2000년에는 중국에 진출해 「SK 장위안방(狀元榜)」이라는 이름으로 방영되고 있다. 매주 금요일 저녁 8시 5분, 중국 청소년들과 학부모들이 TV 앞으로 모여든다. 베이징TV(BTV) 8채널에서 방영하는 「SK 장위안방」을 시청하기 위해서다. 「SK 장위안방」은 고교생 2인 1조 4팀이 토너먼트 방식으로 승자를 가리는 퀴즈 프로그램. 중국판 「장학퀴즈」라 할 수 있다. 주 · 월 · 기 · 연 장원을 선발해 장학금을 지급하는데, 연 장원 장학금은 8만 위안(한화 1,200만 원)으로 중국 대학의 4년치 등록금과 책값, 기숙사비를 충당할 수 있는 액수다.

④ **합작투자**

또 다른 형태의 글로벌수단으로 합작투자가 있다. 이 형태는 종종 잡지출판이나 텔레비전 프로그램 제작에서 관찰된다. 예를 들면, 우리 나라에 진출하기를 희망하는 외국의 잡지사는 국내 출판사와 자본이나 기타 생산요소들을 기반으로 파트너십을 형성하여 특정한 잡지를 발행할 수 있다. 마찬가지로 외국의 영화사나 방송사는 우리 나라의 미디어기업들과 제작협력을 통해 작품을 출시해서 흥행매출을 상호 배분하기도 한다.

⑤ **외국인 직접투자**

외국인 직접투자는 외국의 기업이 우리 나라 미디어기업을 소유하거나, 우리 나라에 새로운 기업을 설립하는 형태를 말한다. 이러한 종류의 투자는 기업이 자산을 확대함으로써 부를 증대할 목적으로 이루어진다. 외국시장에서 성공할 경우 이 기업은 국내기업과 마찬가지로 주식시장에서 자금을 직접 조달하는 것이 가능해지고, 이를 통해 자본규모를 더욱 확대할 수도 있게 된다.

외국인이나 외국기업들이 이러한 투자를 하는 것은 보통 자국시장이 성숙하여 포화되었다고 판단할 경우이다. 왜냐하면, 외국시장은 다른 사업으로 확장하지 않고도 그 기업에게 성장의 기회를 제공하며 국제사업에도 참여할 수 있는 능력을 주기 때문이다. 또 다른 이유로는 자국시장의 규제로 더 이상 사업확장이 어렵다고 판단될 때도 마찬가지로 외국에 대한 투자를 고려하게 한다.

6 미디어콘텐츠의 기초 경영원리

(1) 미디어 비즈니스의 특성
(2) 미디어 비즈니스의 구조와 환경변화
(3) 기업들의 주요 전략

(1) 미디어 비즈니스의 특성
(2) 미디어 비즈니스의 구조와 환경변화
(3) 기업들의 주요 전략

6 미디어콘텐츠의 기초 경영원리

미디어관련 사업은 그 성격이 영리적이거나 아니면 비영리적이라도 항상 다양한 경제적 · 재정적인 문제에 직면한다. 이러한 문제를 효율적으로 해결하기 위해 미디어부문도 하나의 조직체 또는 사업체로서 운영된다.

미디어관련 기업의 형태는 다른 어떤 산업에 속한 기업조직만큼이나 다양하고 복잡한 모습을 갖고 있다. 가장 단순한 형태가 개인이 소유하는 업체와 동업형태와 유사한 파트너십(partnership)이다. 전자의 개인업체는 하나의 개인이 기업체를 소유하고 운영하는 형태이다. 개인업체는 주로 소규모의 언론사, 인터넷관련 업체, 광고업체 등에서 많이 나타난다. 파트너십은 한 사람 이상이 한 기업을 소유하는 형태이다. 이런 형태는 주로 개인이 단독자본이나 단독기술로는 사업체를 꾸려 가기 어려울 경우에 나타나는데, 주로 중소출판사, 디자인업체 또는 광고기획사 등에서 발견된다.

이보다 복잡한 회사조직이 법인이며, 회사가 소유자와 독립적인 법적 객체로서 존재하는 형태를 말한다. 따라서 법인의 개인소유주는 회사실적과 행위결과에 대해 법적 책임을 크게 면할 수 있다. 대부분의 미디어기업들은 중소규모로서 개인소유의 법인으로 존재한다. 이에 반해 대규모 기업들은 공공법인으로 존재하는데, 이러한 기업들은 주식시장에 공개되어 시장에서 추가적인 자본을 조달한다. 세계적으로 알려진 공공법인으로는 뉴스 코퍼레이션, 뉴욕타임즈, 트리뷴, 바이어콤 등이 있다.

미디어업계가 갖고 있는 또 다른 형태의 회사조직체로서 비영리기업들이 있다. 이들의 주 목적은 공공서비스로서, 가령 영국의 BBC와 미국의 ABC, 크리스천 사이언스 모니터 등이 있다.

지금까지 언급한 모든 형태의 미디어관련 기업들은 다른 업체의 기업들과 마찬가지로 상품과 서비스를 공급하기 위해 필요한 자원을 조달해서 운영하는 기능을 수행한다. 이렇게 다양한 회사형태로 존재하는 것은 각각의 조직체들이 상품과 서비스를 만들고 시장에 공급하는 데 효율적인 수단이 되기 때문이다.

미디어관련 기업체들은 크게 영리와 비영리로 분류되지만, 고객인 시청자에게 유용한 정보와 콘텐츠를 제작해서 전달하는 일이 주 기능이라는 점은 공통적이다. 다만, 영리업체는 주 소득원을 광고주를 대상하여 시청자라는 생산물을 만들어 낸다는 것이 비영리업체와 크게 구별되는 점이다. 미디어 영리업체들의 경영관리자는 광고주가 원하는 목표와 필요 사항을 항상 관찰하면서 그에 맞추어 프로그램과 콘텐츠를 제작함으로써 광고주의 이익을 추구해 주는 역할을 한다. 그러나 비영리 미디어업체들은 그 조직체의 설립목적에 맞는 프로그램과 콘텐츠를 제작 · 공급하며, 동시에 매우 다양한 계층의 시청자들을 충족시키는 데 최대의 목표를 둔다.

본 장은 미디어기업들이 내부적인 의사결정을 할 때 유용한 정보와 지식을 제공하기 위해, 그리고 독자들의 미디어산업과 기업들에 대한 이해를 돕기 위해 어떤 요소들이 의사결정에 영향을 미치며, 또한 그 시사점은 무엇인지를 살펴보고자 한다. 특히, 본서는 기업의 일반론에서 언급할 수 있는 부분은 가급적 배제하고 미디어와 콘텐츠기업에 많이 적용되는 요소들에 대해서만 집중하고자 한다. 따라서 독자들은 일반적인 요인들에 대해서는 일반 경제나 경영관련 서적들을 참조하기 바란다.

(1) 미디어 비즈니스의 특성

1) 미디어기업과 위험(risk)

미래는 대부분 불확실하기 때문에 미디어기업들과 관련투자자들은 현재와 미래에 대한 의사결정이 필요할 때 언제나 고민에 빠진다. 즉, 이들이 직면하는 위험은 미래에 대한 불확실성과 오늘 해야 하는 결정으로 인해 비롯된다.

모든 사업에 대한 결정은 궁극적으로 그 결과와 그 결과로 인해 다양하게 발생할 수 있는 위험을 추정하는 일을 수반하게 된다. 모든 의사결정에는 합리적인 확신을 가지고도 이윤을 예측할 수 없는 위험이 항상 도사리고 있다. 과거에도 그랬지만, 이러한 불확실성은 특히 오늘날 미디어관련 기업경영자들에게 중요하다. 이는 최근의 산업변화가 기술혁신, 새로운 상품과 서비스의 출현, 고객의 취향변화, 수요패턴 등에서 눈에 띠게 벌어지고 있고, 이에 적절하고 신속히 대응할 수 있는 의사결정을 필요로 하기 때문이다.

심지어 일부 분야의 기업들은 매일매일 이러한 위험에 직면해서 의사결정을 내려야 한다. 신문이나 잡지, 방송 등은 상대적으로 적은 위험을 갖고 있는데, 이것은 읽기, 보기, 듣기 등과 관련한 시청자들의 패턴이 단기적으로 안정감을 갖고 있기 때문이다. 특히, 이들의 매출이 유료로 이루어진다면 사업위험도는 더 낮아진다.

그러나 서적이나 음반 등 오디오콘텐츠, 멀티미디어 콘텐츠, 영화 등과 관련된 기업들은 매번 신간서적, 새로운 영화, 신곡 등을 시장에 출시해야 하기 때문에 그 때마다 높은 위험에 빠질 가능성을 염두에 두지 않을 수 없다. 이는 이러한 상품들의 속성상 소비자의 선호가 개인마다 매우 차이가 나고, 또 이로 인해 신상품에 대한 전체 시장의 반응을 예측하기 어렵기 때문이다.

경영관리자들은 일반적으로 사업상의 의사결정으로 비롯되는 부정적인 결과를 줄이기 위해 여러 사업활동을 분산하여 위험을 낮추는 노력을 부단히 한다. 가령 기업들은 여러 개의 신문이나 잡지를 겸하여 소유해서 발행하기도 하며, 여러 방송채널들을 동시에 운영한다. 이러한 예는 서적발행, 텔레비전 프로그램 및 영화제작, 인터넷 사이트 등에서도 마찬가지로 나타난다.

2) 주요 업종별 사업의 특성

기업들이 제공하는 상품과 서비스의 특성 그리고 제작과 유통 등 비즈니스요소들은 경영관리자의 의사결정에 많은 영향을 미친다. 이와 같은 다양한 비즈니스요소들이 모든 미디어관련 업종에게 공통적으로 적용되는 것은 아니다. 따라서 기업들은 관련상품과 서비스의 특성을 기본적으로 이해할 필요가 있을뿐더러, 이에 지속적으로 영향을 끼치는 사업환경의 변화에 민감하게 반응하고 탄력적으로 대응해야 한다. 이하에서는 주요 미디어업종들의 시장특성과

미디어기업은 어떻게 사업상의 위험을 분산하고 있나?

일반적으로 미디어기업들이 제작한 콘텐츠 타이틀과 프로그램 등은 성공확률이 다른 상품에 비해 매우 낮은 특징을 갖고 있다. 이것은 제작자들이 소비자들의 문화적 또는 미적 취향을 주관적으로 추정해서 제작하기 때문이다.

문화콘텐츠에 대해 소비자들은 효용과 기능보다는 미감이 충족될 것을 기대한다. 또한 소비자들이 설사 그 기대가 충족되었다 하더라도 동일한 상품을 반복적으로 그리고 장기적으로 소비하기를 기대하는 것은 매우 무리이다. 아울러 기업의 입장에서 현재 같이 일하고 있는 감독이나 작가가 앞으로도 계속 성공하는 작품을 만들어 낼 수 있을 것이라는 기대도 하기 힘들다. 이 부분은 자신의 기업과 경쟁관계에 있는 기업도 마찬가지이다. 때문에 타기업이 어떤 우수작품을 내 놓을 것인지, 현재의 마케팅노력이 얼마만큼의 수익을 줄 수 있을 것인지 등 모든 것들이 추정하기 거의 불가능한 것이 현실이다. 이런 이유들 때문에 제작진들은 자신의 영화나 서적출판, 녹음음악에 대해 구체적인 수요를 확신하지 못한 채 제작에 들어간다. 그래서 현실적으로 보면 매년 성공하는 작품은 극소수에 지나지 않고 대부분은 이윤을 남기지도 못하고 실패하고 만다.

이러한 불확실성과 관련된 사업의 위험에 대응하여 기업들은 다양한 타이틀들을 제작하여 시장에 내놓음으로써 위험을 분산하려 애쓴다. 어떤 대기업 음반회사는 몇 개의 장르에서 소속된 서로 다른 가수들이 곡을 녹음해서 수십 개의 타이틀을 시장에 내놓기도 한다. 또한 어떤 영화사는 자신이 동원가능한 총제작자금을 여러 개의 작품들에 분산해서 제작하기도 한다.

일부 미디어기업들은 자신의 주력업종과 다른 분야의 사업을 동시에 운영하여 위험을 분산하기도 한다. 가령 어떤 회사는 신문이나 잡지사를 주력으로 하지만, 자회사로서 텔레비전 프로그램 제작사를 운영하여 어느 한 해에 주력업종의 경영실적이 나쁠 경우 상대적으로 실적이 좋은 업종에 의해 위험부담을 줄이게 된다.

이 밖에도 기업들은 비용의 급작스런 상승위험을 미연에 막기 위해 소속된 배우나 탤런트 및 창의적 인력들과 장기적인 계약을 맺기도 하며, 관련된 유사업종들과 일시적인 전략적 제휴 또는 자본협력 등을 하기도 한다.

자료: R. Picard(2002).

비용상의 특징과 사업적인 차이 등을 정리한다.

영화산업은 글로벌시장과 지역별 시장을 나뉜다. 영화는 콘텐츠업종 중 가장 강력한 산업적 파급효과를 지니고 있다. 중요한 부

표 6-1 영화

시장특성	비용특성	사업특성
• 글로벌 및 국가별 시장 • 강력한 부수시장 (케이블, 비디오, 텔레비전 방송 등) • 높은 기업 간 경쟁 • 높은 상품 간 소비의 대체 가능성 • 장르와 출연진이 중요한 수요변수	• 높은 자본비 • 높은 고정비 • 높은 제작비 • 낮은 유통비 • 높은 마케팅비 • 높은 초판 제작비 • 낮은 가변비	• 노동집약적 • 모든 비용발생은 핵심 업무로부터 비롯 • 경기변동에 적절히 민감 • 제한적 시장전략 • 제한된 극장수의 유통창구에 의존

자료: R. Picard(2002)를 참조.

표 6-2 텔레비전방송

시장특성	비용특성	사업특성
• 지리적 시장과 깊은 연관 • 적절한 진입규제 • 적절한 기업 간 경쟁도 • 광고수요에 민감 • 공공부문의 높은 참여도 • 신기술 등장에 적절히 민감	• 적절한 자본비 • 적절한 고정비 • 높은 제작비 • 낮은 유통비 • 적절한 마케팅비	• 소수 대기업과 다수 소규모 협력업체 • 대부분 비용이 핵심 사업으로 발생 • 콘텐츠의 대부분을 외부로부터 취득 • 높은 광고매출 의존도 • 광고매출은 장기계약으로 안정성 • 제한적 시장전략

자료: R. Picard(2002)를 참조.

수시장으로는 케이블, 비디오, 텔레비전방송 시장 등이 있다. 제작에 많은 자본이 소요되기 때문에 자본여력이 부족할 경우 산업에 진입하기 어려울 가능성이 많다. 아울러 많은 인력이 동원되기 때문에 노동집약적인 업종이기도 하다.

방송산업은 산업의 성숙도가 국가마다 차이가 나며, 최근에 선진국을 중심으로 민영화가 빠르게 진행되고 있다. 미국은 상업방송과 민영방송이 모두 발달한 성숙산업으로 분류한다. 기타 국가들은 대개가 공영방송체제로 발달되어 왔기 때문에 공영방송은 성숙도

표 6-3 케이블TV 방송

시장특성	비용특성	사업특성
• 지리적 시장과 밀접한 관계 • 비교적 높은 진입규제 • 낮은 기업 간 경쟁 • 유료가입에 의한 소비자 직접 판매 • 적절한 소비자수요 탄력도	• 높은 자본비 • 높은 고정비 • 낮은 유통비 • 적절한 마케팅비	• 대부분 중 · 대기업 • 대부분 비용이 핵심 사업에서 비롯 • 콘텐츠는 대부분 외주제작 • 높은 소비자매출 의존 • 매출이 유료구독에 의해 안정적 • 경기변동에 다소 민감 • 콘텐츠 제공에 다양한 전략 구사

자료: R. Picard(2002)를 참조.

표 6-4 라디오방송

시장특성	비용특성	사업특성
• 강력한 포맷으로 지리적 시장과 높은 연계 • 규제로 인한 진입장벽 • 높은 기업 간 경쟁 • 불안정한 청취도 • 높은 광고수요 탄력도 • 공공부문의 높은 참여도	• 낮은 자본비 • 낮은 고정비 • 낮은 제작비 • 낮은 유통비 • 적절한 마케팅비	• 대부분 중소기업 • 노동집약적이나 적절한 장비 구축이 필요 • 콘텐츠는 대부분 외주제작 • 높은 소비자매출 의존 • 광고매출은 장기계약으로 안정적 • 경기변동에 다소 민감 • 다양한 사업전략 구사

자료: R. Picard(2002)를 참조.

가 높으나, 민영부문은 최근 들어서 발달하고 있다. 특히, 민영방송이 발전할 경우는 광고시장을 동반하여 성장시키는 경향이 있다. 아울러 최근 디지털 채널의 보급확대와 케이블방송, 위성방송의 신장이 눈에 띠게 나타나고 있어 미래에도 많은 성장가능성이 예측되고 있다.

케이블방송 산업은 국가별, 지역별로 시장이 세분화되어 있다는 특징을 갖고 있다. 시장진입은 높은 자본 및 유통비용을 요하기 때문에 비교적 높은 장벽이 존재하며, 이 밖에도 하나의 방송영역

표 6-5 멀티미디어

시장특성	비용특성	사업특성
• 낮은 진입장벽 • 높은 기업 간 경쟁 • 소대매출 위주 • 높은 소비자수요 탄력도 • 신기술 출현에 매우 민감	• 낮은 자본비 • 낮은 고정비 • 높은 창작비 • 낮은 제작비 • 높은 유통비 • 적절한 마케팅비 • 높은 초판 제작비	• 대부분 중소기업이나, 일부는 대기업과 다국적 기업 존재 • 노동집약적 • 계약직 인력에 의존 • 다소 복잡한 물류유통 • 유통시스템 접근에 다소 애로 • 다양한 상품전략 구사

자료: R. Picard(2002)를 참조.

표 6-6 온라인 미디어

시장특성	비용특성	사업특성
• 낮은 진입장벽 • 높은 기업 간 직접 경쟁 • 고성장 • 고객확보 및 유지가 불안정 • 소비자 개별 및 직접 판매 • 높은 광고수요 탄력도 • 공공부문의 낮은 참여도	• 낮은 자본비 • 낮은 고정비 • 낮은 제작비 • 낮은 유통비 • 높은 마케팅비	• 노동집약적 • 대부분 비용발생이 핵심 사업에서 비롯 • 광고매출과 전자상거래에 의존 • 다양한 상품 및 시장 전략 구사

자료: R. Picard(2002)를 참조.

으로서 규제장벽도 적절하게 존재한다. 지역별로 소수의 경쟁사가 영업을 수행하는 것이 일반적이어서 기업 간 경쟁은 비교적 낮다. 최근 케이블방송부문은 디지털기술 및 기타 하드웨어의 발달로 인해 많은 위협에 노출되어 있다.

온라인과 기타 디지털 미디어에 대한 전망은 시장의 초기단계에 있기 때문에 불확실한 상태이다. 그럼에도 불구하고, 성장잠재력만큼은 강력하다. 이 잠재력의 가시화는 소비자들이 콘텐츠를 구입하거나 접근하기 위해 얼마나 많은 도구과 하드웨어, 소프트웨어를 구입하느냐에 달려 있다. 또한 이러한 뉴미디어의 발달은 일반 소비자와 광고주 등 기업에게 자금을 제공할 수 있는 주체들이 투

표 6-7 서적

시장특성	비용특성	사업특성
• 언어기반 시장 • 낮은 진입장벽 • 기업 간 높은 직접 경쟁 • 소매매출 위주 • 신기술에 둔감	• 낮은 자본비 • 낮은 고정비 • 낮은 제작비 • 높은 유통비 • 적절한 마케팅비 • 높은 초판 제작비 • 적절한 가변비	• 대부분 중소기업과 극소수 대기업 • 계약인력에 의존 • 외주제작이 일반적 • 다소 복잡한 유통 • 대부분 비용발생이 핵심 사업과 무관 • 다양한 상품전략 구사

자료: R. Picard(2002)를 참조.

표 6-8 잡지

시장특성	비용특성	사업특성
• 특정 분야의 관심과 화제에 대한 노련한 관리 • 성숙시장으로 성장잠재력은 제한적 • 낮은 진입장벽 • 적절한 수준의 기업 간 직접 경쟁 • 소비자 직접판매 위주 • 적절한 광고수요 탄력도 • 신기술에 다소 민감	• 낮은 자본비 • 낮은 고정비 • 적절한 제작비 • 높은 유통비 • 적절한 마케팅비 • 높은 초판 제작비 • 적절한 가변비	• 복잡한 유통 • 대부분 비용발생이 핵심 사업과 무관 • 적절한 광고매출에 의존 • 광고매출은 장기계약으로 안정적 • 부수매출은 구독으로 안정적 • 사업실적이 경기변동에 매우 민감 • 다양한 상품 및 시장전략 구사

자료: R. Picard(2002)를 참조.

자환경이 얼마나 잘 조성되어 있느냐에도 의존한다. 뉴미디어산업의 불확실성에도 불구하고 기존의 미디어기업과 연관산업, 금융계, 광고주 및 소비자들의 관심은 매우 높은 것으로 나타난다.

서적과 잡지, 신문 등 출판산업은 전통적인 미디어부문으로 선진국뿐만 아니라 대부분의 국가에서 성숙한 산업으로 인식되어 있다. 출판산업은 오래 전부터 일부 지역에 제한된 산업이었으나, 점차 글로벌 차원에서 성장하고 있다. 출판산업은 시간적으로 단기나

표 3-9 신문

시장특성	비용특성	사업특성
• 특정의 지리적 시장과 매우 밀접한 관계형성 • 성숙시장으로 잠재적 성장은 제한적 • 높은 진입장벽 • 비교적 낮은 기업 간 경쟁 • 안정적인 발행부수 • 유료구독으로 소비자 직접 판매 위주 • 판매부수가 광고매출을 크게 좌우 • 비교적 낮은 광고수요 탄력도 • 신기술에 매우 민감	• 높은 자본비 • 높은 고정비 • 높은 제작비 • 낮은 마케팅비 • 높은 초판 제작비 • 적은 가변비	• 대부분 중소기업과 소수 대기업으로 구성 • 노동과 자본집약적 • 복잡한 유통 • 대부분 비용은 핵심 사업과 무관하게 발생 • 높은 광고매출 의존도 • 광고매출은 장기계약으로 안정적 • 판매부수 변동도 구독에 의해 안정적 • 경기변동에 매우 민감 • 상품과 시장전략이 제한적

자료: R. Picard(2002)를 참조.

중기에서 매우 완만한 성장세를 보이고 있다. 다만, 장기적으로 볼 때 온라인 미디어산업의 발달 여부 또는 속도가 오프라인 출판산업의 성장에 커다란 변수로 작용할 전망이다.

(2) 미디어 비즈니스의 구조와 환경변화

여기에서는 미디어 비즈니스의 구조와 앞으로 그에 미칠 환경변화에 대해서 알아보고자 한다. 우선 미디어 비지니스의 구조를 분석하는 방법은 여러 가지가 있으나, 여기에서는 최근 학자들이 많이 원용하는 경쟁력 분석방법인 가치사슬적 접근을 적용한다. 다음으로 미디어 비즈니스에 현재와 앞으로 직접적으로 또한 혁명적인 영향을 미칠 것으로 예상되는 요인으로서 '융합'이라는 용어로 대변되는 디지털기술을 중심으로 하는 환경변화에 대해 살펴본다.

1) 수직적 공급사슬

산업을 분석하는 방식에는 여러 가지가 있을 수 있으나, 최근 학자들이 자주 활용하는 것은 산업을 수직적 분해 또는 분리작업을 하여 탐구하는 것이다. 어떤 상품이나 서비스를 시장에 내놓는 작업과정을 세부적으로 분리해 보면 몇 개의 단계로 정리된다. 수직적인 분해는 산업활동을 여러 개의 기능이나 단계로 분리해서 각 활동을 보다 자세히 관찰한다는 의미를 갖고 있다. 더 나아가 수직적 공급사슬이란 하나의 산업에서 일어나는 경제활동을 생산과정의 초기단계에서 소비자에게 공급자가 전달하는 최종단계까지를 포함하는 사슬을 의미한다.

공급사슬의 분석 틀은 연구자들이 미디어를 분석하는 데 중요한 시발점을 제공한다. 각 미디어나 콘텐츠산업을 자세히 들여다보면 생산자 또는 제작자와 소비자를 연결하는 수직공급사슬에 많은 단계들을 포함하고 있음을 발견할 수 있다. 첫째 단계는 미디어콘텐츠를 만들어 내는 과정이다. 가령 뉴스나 화제거리를 수집하는 일 또는 텔레비전이나 라디오 프로그램을 만드는 일을 들 수 있다. 둘째 단계는 미디어콘텐츠를 시장에 내놓을 수 있는 하나의 상품으로 만드는 작업이다. 가령 소비자들이 구독하는 신문이나 유료 방송서비스 등을 완성하는 일이다. 셋째는 만들어진 상품이나 서비스를 도매상이나 소매상에 유통하거나, 소비자의 손에 전달하는 과정이다.

미디어콘텐츠산업은 콘텐츠를 소비자에게 공급하는 일을 한다. 이 산업의 주 목적은 가능하면 많은 고객들에게 그리고 가급적 높은 가격으로 팔아서 최대의 매출과 이윤을 남기는 것이다. 이런 과정의 첫 단계를 일반적으로 '제작' 또는 제조업과 동일한 용어로 '생산'

그림 6-1 미디어의 수직공급사슬

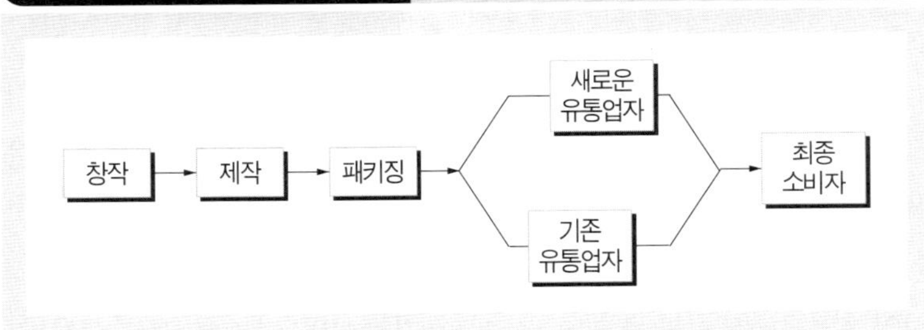

이라고 한다. 미디어콘텐츠의 창작은 영화제작자, 음악가, 텔레비전 제작자, 라디오제작자, 저술가, 저널리스트 등에 의해 수행된다. 이러한 제작자들은 본인이 직접 소비자들에게 전달하기도 하지만, 대개는 미디어사업자에게 넘겨져 시장에 내놓을 수 있는 상품이나 서비스로 새롭게 가공되어 완성된다. 예를 들면, 텔레비전 및 라디오 방송사, 신문사, 서적출판사, 잡지출판사, 음악출판사 등이 주요 제작사들이라고 할 수 있다. 마지막은 유통단계로 하나의 미디어상품이 마지막 목적지인 고객을 향해 전달되는 과정을 의미한다.

미디어콘텐츠의 유통은 다양하게 이루어지는데, 일부 상품이나 서비스들은 매우 복잡한 단계를 거친다. 텔레비전이나 라디오방송 서비스는 보통 전파와 광대역 커뮤니케이션 인프라를 통해서 고객에게 전송된다. 유료 텔레비전방송 서비스 유통은 고객이 서비스를 받기 전에 전파의 해독 및 가입자 관리, 전송신호 관리 등의 작업을 거쳐야 한다. 신문이나 잡지 등 정기간행물은 다른 중계기관에 의해 소비자에게 전달되거나, 가정에 직접 배달된다. 인터넷을 통한 전자 전송유통은 미디어콘텐츠를 전달하는 또 다른 가능성을 주고 있다.

미디어의 수직공급사슬에 포함된 모든 단계들은 상호연관성을 지니고 있다. 예를 들면, 아무리 좋은 콘텐츠가 만들어졌다고 해도 그것이 고객에게 전달되지 못한다면, 아무런 경제적 가치를 낼 수 없다. 또한 유통단계가 잘 갖추어졌다 하더라도 전달할 콘텐츠가 없다면 역시 그 존재의의를 찾을 수 없다. 즉, 각 단계는 상호관계성을 바탕에 두고 각각의 사업을 모색하는 것이다. 따라서 각 산업의 공급사슬에서 어느 한 단계에 병목현상이 발생하면 다른 단계들도 장애를 겪게 된다. 가령 제작단계에 있는 어느 한 대기업이 대부분의 좋은 콘텐츠에 대한 저작권을 독점한다면, 그 단계에 사업활동을 하는 다른 사업자들뿐 아니라, 유통단계 사업자들의 경제활동이 위축될 수 있다. 이는 결과적으로 콘텐츠를 구입하는 소비자들에게도 불리하게 된다.

공급사슬이 모든 단계에서 상호연관성을 맺고 있다는 의미는 미디어기업이 어떤 전략과 선택을 결정하느냐에 따라 다른 분야의 사업실적이 좌우될 수 있을 것이라는 것을 함축하는 것이다. 특정한 산업영역에서 많은 통제력을 보유함으로써 큰 수익을 확보하려는 기업은 사업을 다양화하고 확대하여 모든 공급사슬을 통제하려는 동기를 가질 것이다. 수직통합은 공급사슬의 초기단계와 다음단계를 묶어서 사업을 동시에 하려는 기업의 사업상 전략을 의미한다. 미디어기업들은 투자를 통해 이미 구축된 단계를 주변단계에 있는 사업자들을 매입 또는 제휴를 통해 사업을 수직적으로 통합해 나가는 경향을 보인다.

2) 비즈니스영역의 변화

경제학은 완전경쟁, 독점적 경쟁, 과점 및 독점이라는 명백히 정의된 개념에 따라 시장을 분석하는 이론적 틀을 제공한다. 현실적으로 많은 미디어관련 기업들은 한정된 전파대역 등 기술적 요소나 인허가제 등 정부규제가 존재하는 분야에서 사업을 운영한다. 이런 요소들은 기업들의 자유로운 경제활동에 제약을 가한다. 또한 다른 지역의 시장과 유사한 상품이나 서비스로 경쟁하는 국내기업들, 심지어 해외로부터 진출하려는 외국기업들 등의 요소들도 국내에서 활동하는 미디어기업들에게 커다란 경쟁적인 도전이 된다.

모든 사물과 현상이 변하듯이 미디어시장의 경쟁구조 역시 변화하는데, 최근에 나타나는 법적인 규제완화와 기술발달은 기존의 경쟁을 더욱 높이는 방향으로 전개되고 있다. 인쇄매체에서 새로운 기술발달은 시장진입의 주요 장벽이던 높은 제작비용을 줄여 가고 있다. 방송에서는 케이블 네트워크, 디지털기술, 위성방송 등 전송수단이 꾸준히 증가함으로써 창구의 희소성을 제거하며, 서비스제공자들에게 새로운 사업기회를 부여하고 있다. 또한 인터넷의 등장과 함께 콘텐츠의 제작·유통과 관련한 사업자들에게 새로운 전기가 마련되고 있다.

새로운 기술과 규제완화조치들은 미디어산업에 존재하는 전통적인 진입장벽들을 제거하는 데 도움을 주고 있지만, 그 자리를 대신하여 새로운 요인들이 규제장벽을 형성할 조짐을 보이고 있다. 예를 들면, 방송산업에서 유료사업의 발달은 방송의 수직공급사슬을 새로 확장하였으나, 새로운 단계들의 일부는 독점화하는 경향을 보인다. 영국의 위성방송 사업자는 유료가입자들이 시청하려면 반드시 거쳐야 하는 절차인 해독 및 세부항목 선택에 관한 기술을 독점함으로써 다른 사업자의 진입을 봉쇄하고 있다. 이 경우 만일 정부로부터 적절한 규제가 이루지지 않는다면, 이 사업자는 그 기술로서 새로운 진입장벽을 구축하려고 시도할 것은 분명하다.

이러한 변화추세를 일괄해서 표현하면 미디어시장을 둘러싼 전통적인 경계가 점차 사라지고 있다고 할 수 있다. 이는 기술발달이나, 법적 규제의 완화나 생산요소의 글로벌화 등에 의해 촉진된다고 볼 수 있다.

경제활동의 국경 간 제약이 점차 사라지고, 국제적인 경쟁이 자연스러운 현상으로 자리잡게 되면서 전체 미디어시장과 세계 도처에 분산된 지역중심 기업들도 커다란 기회와 도전에 직면해 있다고 볼 수 있다. 예를 들면, 유럽연합(EU)은 회원국 간, 그리고 미국과 캐나다, 멕시코는 국가 간 자유무역협정을 통해 시장을 통합함으로써 국제경쟁과 글로벌화를 촉진하고 있다. 아울러 1990년대 전반에 걸쳐 유럽의 주요 국가들과 미국의 정책결정자들은 글로벌 정보사회의 발달을 지원하는 다양한 정책들을 도입하였다. 이들의 공통적인 희망은 미디어를 중심으로 범국가적인 국경을 허무는 유통인프라를 구축하는 것이며, 이는 인터넷의 등장으로 더욱 실현가능한 목표가 되었다.

경제활동의 자유화와 마찬가지로 기술변화는 전통적인 시장의 경계를 모호하게 하는 역할을 하고 있다. 즉, 변화를 겪는 것은 앞에서 언급한 지리적인 시장만이 아니라 상품시장도 동일하다. 기술의 융합은 미디어 · 통신분야의 상품과 서비스 그리고 시장의 구분을 허물어뜨리고 있다. '융합'이란 용어는 여러 분야에서 다양한 용도로 사용되는데, 대체로 미디어, 통신 및 컴퓨터 등에 각각 전문적으로 활용되는 기술들이 서로 다른 분야에도 유사하게 활용되게 되는, 즉 '수렴화' 되는 현상을 뜻한다. 이 중 대표적인 기술이 디지털로서 융합현상을 뒷받침하는 주춧돌이라고 할 수 있다. 가령 이전에는 별개로 존재하였던 산업부문들이 이제는 모든 정보들을 0과 1

그림 6-2 산업의 융합과정

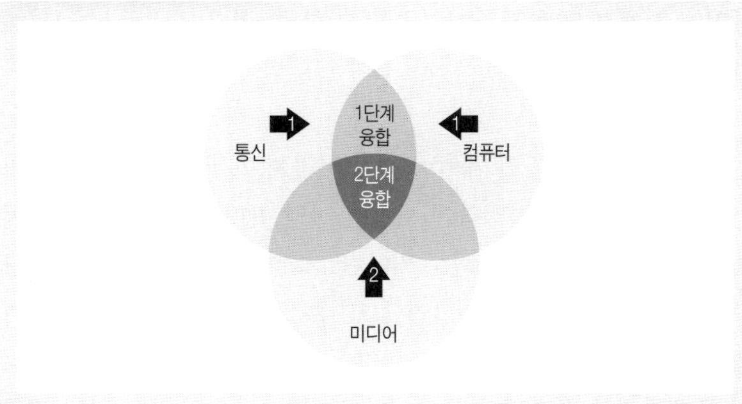

자료: E-Conomics, p. 134.

이란 이원형태의 코드로 전환하는 디지털기술로 인해 융합되거나 중첩되고 있다.

융합이 진행되는 과정은 초기에는 미디어, 정보통신, IT부문의 각기 독립된 시장이 소비자들에게 서비스를 제공하다가, 최근에는 각 산업의 영역이 서로 통합되어 서비스를 제공하는 형태로 진행되고 있다. 이러한 산업 간 통합은 시간적으로 두 단계의 과정을 거치면서 진행되고 있는데, 첫 번째 단계가 통신과 IT부문이고 두 번째 단계가 첫 번째 단계에 이어 미디어가 통합되는 과정이다. 통신과 IT부문 간 통합화는 1960년대 중반부터 컴퓨터의 메인 프레임과 개인 컴퓨터 간 네트워크화의 형태로 진행되었고, 결국 컴퓨터 네트워크의 통합은 1993년 이래 보급이 시작된 인터넷에 의해 양 부문 간 거의 완벽한 통합을 가져왔다. 예를 들면, 이른바 '인터넷시장'에서는 더 이상 양 산업 간 구분이 불가능하게 되었다. 융합의 두 번째 단계는 최근에 신속히 진행되고 있다고 볼 수 있는데, 특히 두 가지 면에서 그 동향을 쉽게 관찰할 수 있다. 첫째, 미디어콘텐츠의 전송부문은 더 이상 방송네트워크(가령 케이블 및 위성방송, 지상파 네트워크 등)의 고유영역이 아니며, 통신(전화망, 컴퓨터망) 역시 점차 방송에 의해 그 기능이 가능해지고 있다. 이에 따라 각기 별개 영역으로 존재하였던 사업자 간 새로운 경쟁여건이 조성되고 있다. 둘째, 이러한 영역 간 경쟁증대현상은 소비자 수신기기에서도 발생하고 있는데, 이는 가령 텔레비전, 전화, 컴퓨터관련 기기들이 정보나 엔터테인먼트, 커뮤니케이션의 서비스들을 동시에 수행하는 하드웨어 간 통합화에 기인한다고 볼 수 있다. 이와 같이 두 단계에 걸쳐 진행된 융합과정은 결과적으로 세 산업영역 간 꾸준한 중복을 만들어 가고 있으며, 결국에는 각 영역에 존재해 왔던 시스템의 붕괴를 가져올 것으로 예측되고 있다.

21세기 커뮤니케이션부문에 막대한 영향을 미치게 될 디지털융합은 관련업계에 새로운 구조적 형성과 시스템의 변화를 가져올 것으로 전망된다. 이러한 새로운 변화는 일반적으로 다음 세 가지 현상으로 나타날 것으로 예측된다. 첫째는 빅 파이프(big pipe)란 개념으로 현재 활용되고 있는 메시지 전송의 주요 수단들이 하나 또는 소수의 대규모 수단으로 통합될 것이라는 비전과 둘째는 빅 박스(big box)란 개념으로 앞으로 하나 또는 소수의 소비자 기기가 현재 계산기능과 엔터테인먼트 그리고 메시지 전송을 목적으로 사용되는 여러 가지 기기들을 대체할 것이라는 비전이다. 세 번째 비전은 대기업(big company)의 개념으로 하나 또는 소수의 기업이 글로벌 소비자들에게 빅 파이프와 빅 박스를 제공함으로써 자원을 통제할 것이라는 비전이다.[1]

[1] L. Firth, P. H. Longstaff, and D. Cate(2002).

그림 6-3 네그로폰테의 디지털융합 비전

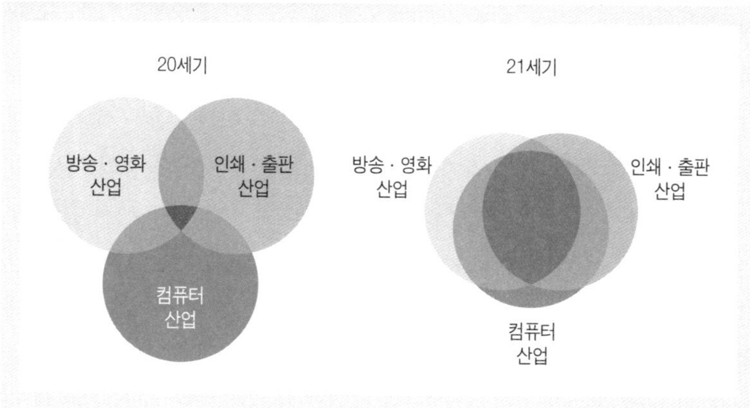

자료: S. Brand(1988).

1970년대 중반에 이르면서 사람들은 디지털기술이 컴퓨터와 통신부문을 통합하여 이른바 'compunication'이 될 것이라는 전망을 더 이상 의심하지 않게 되었고, 곧이어 첫 번째 비전인 빅 파이프가 예견된 바 있다. 이 비전은 현재 활용되고 있는 각각의 커뮤니케이션 통로들인 인쇄, 방송, 케이블, 전화 등이 앞으로는 시청각, 문자 등 모든 메시지들을 하나의 거대한 통로로 융합될 것이라는 견해다. 빅 파이프 개념으로 융합을 최초로 사용한 사람이 MIT 미디어 랩의 네그로폰테이며, 그는 컴퓨터산업에서 정보를 디지털로 전환하는 능력이 커뮤니케이션산업을 적어도 일부에서 중복되는 결과를 초래할 것이라고 전망하였다. 빅 파이프는 일부 선진국들을 시발로 국가정책적인 차원에서 정보고속도로, 국가 정보인프라(NII), 유럽 정보인프라 및 글로벌 정보인프라(GII) 등의 구축이라는 사업으로 전개되어 왔다. 이 사업들의 목적은 문자, 시청각 등의 정보들을 장소와 거리에 제한받지 않고 전달할 수 있는 광대역 수용

능력을 갖춘 새로운 네트워크를 건설하는 것이다. 이를 위해 각국 정부는 국가적 네트워크의 건설을 공공사업으로 인식하는 한편, 동 사업이 교육이나 건강 및 시민들의 민주주의 참여 등 공익에 매우 중요하다는 판단 아래 많은 국가자원을 투입하고 있다. 그 결과로 새로 등장한 사업영역들을 들어 보면, 인터넷 전화, 인터넷 웹캐스팅, 인터넷 TV, 인터넷 응용기기, 전자상거래 등이라고 할 수 있다.

디지털화는 현재 소비자들이 사용하는 다양한 송수신기기가 하나 또는 몇 개의 연결된 단말기로 통합된다는 것을 의미한다. 빅 박스 비전에는 몇 가지 시나리오가 존재하는데, 첫째는 하나의 단말기가 전화와 컴퓨터를 연결하고, 전화선을 통해 일상적인 전화서비스, 비디오 전화서비스, 시청각 엔터테인먼트 그리고 심지어 인터넷 서비스가 제공되는 비전이다. 또 다른 시나리오는 과거의 모든 단말기들이 유선이나 무선시스템으로 연결되어 가정과 직장을 네트워크화한다는 것이다. 예를 들면, 1999년에 IBM과 Bell Atlantic사는 컴퓨터, TV, 라디오, 전열기기, 조명, 커피메이커 등을 포함해서 많은 가정용 전자기기들을 네트워크화해서 고객들에게 서비스할 것을 발표한 바 있다. 마지막 시나리오는 서로 다른 단말기가 TV에 연결된 케이블선(또는 동축, 광섬유선)을 통해 동일한 서비스를 제공하거나, 또는 하나의 단말기가 하나의 TV 또는 하나의 컴퓨터에 연결되어 위성을 통해 이러한 서비스들을 제공하는 경우이다.

첫 번째와 두 번째 비전과 같이 유통채널과 송수신기기들이 통합된다면, 커뮤니케이션기업들은 앞으로 모든 가능한 경쟁자들을 상대하기 위해 양자에 걸쳐 있는 자원들을 통합하려는 움직임을 보일 것이라는 전망이다. 기업 간 통합화는 디지털기술의 발달에 의한 산업 간 경계 소멸과 함께 일어날 수 있는 불가피한 현상이다.

또한 자유무역에 관한 다국 간 무역협상의 진전도 기업의 국적성을 모호하게 함으로써 이러한 분위기를 부추기고 있다. 즉, 유사한 서비스고객을 대상으로 많은 경쟁기업들이 등장한 환경에서는 규모의 경제가 기업생존의 중대한 요소로 부각되고, 이에 따른 기업의 대형화가 진행되고 있다. 기업들은 소리, 데이터, 비디오 등의 융합을 기술적으로 달성하기 위해 엄청난 투자를 감행하고 있는데, 이는 디지털융합이 제공하는 다양한 사업기회를 포착하고 보다 완벽한 서비스들을 제공함으로써 통합된 고객을 확보하려는 시도라고 할 수 있다. 이러한 환경변화로 일어나는 궁극적인 결과는 시장의 과점화라고 할 수 있는데, 대형화된 소수의 과점기업들은 문화콘텐츠부문에서 창작, 제작 및 유통의 모든 영역을 장악하게 될 것으로 예상이다. 가령 이러한 현상은 이미 1990년대 말, 일부 커뮤니케이션기업들이 고객들이 무엇을 주문하든지, 장소에 상관없이 엔터테인먼트나 인터넷 등 가능한 모든 서비스를 묶어서 제공하는 사업개시를 앞두고 있다고 발표함으로써 실현되었다.

이러한 융합이 미디어 비즈니스에 주는 시사점은 매우 중요하다. 디지털기술에 의해 모든 형태의 정보를 하나의 틀로 저장하고, 조작 · 전송할 수 있게 됨으로써 미디어 산출물을 보다 쉽게 다른 형태로 가공하여 공급할 수 있게 되었다. 예를 들면, 신문에 적혀 있는 이미지와 텍스트가 디지털로 일단 전환되면 아주 쉽게 다른 형태의 이미지와 텍스트로 잡지나 여러 출판물에 재생되어 활용될 수 있다. 이렇게 디지털화와 융합은 서로 다른 미디어 상품으로 구분되던 시장구조를 근본적으로 변화시키고 있다.

업종 간 융합이 뚜렷하게 진행되고 있는 영역이 통신과 방송부문이다. 많은 학자들과 업계 관계자들은 두 부문의 통합은 시간문제라고 주장한다. 무수히 많은 가정들이 고성능 커뮤니케이션 네트워크에 의해 연결되고, 이를 통해 멀티미디어, 양방향서비스, 기타 뉴미디어와 커뮤니케이션 서비스 등을 제공받게 될 것이다. 이러한 상황에서는 각 기업들이 규모와 범위의 경제성을 활용할 수 있는 더 많은 기회를 획득할 것으로 예상되기 때문에 미디어와 미디어콘텐츠 전반의 경제활동은 역동적으로 전개될 것으로 본다.

(3) 기업들의 주요 전략

앞서 언급한 대로 융합현상과 경제의 글로벌화로 인해 여타 산업과 마찬가지로 미디어부문의 기업들은 자신의 사업전략에 중대한 도전에 직면해 있다. 기존에 잡혀 있는 시장의 경쟁구조와 사업 간 경계가 급속히 무너지게 되자, 미디어기업 간 그리고 여타 업종으로부터 잠재적인 경쟁이 뜨거워지고 있다. 미디어기업들이 사용하는 유통경로(창구)가 증가한 것도 경쟁을 부추기는 중요한 요인으로 작용하고 있다.

규모의 경제성을 자신의 사업에 유리하게 활용하기 위해서는 자신의 제품을 2차로 활용하는 시장이나 해외로 진출하는 것이 바람직하다. 또한 시장구조가 유연해지고 국제경쟁이 치열해지면서, 규모의 경제성뿐만 아니라 범위의 경제성을 활용할 수 있는 영역이 확대되고 있다. 예를 들면, 글로벌화와 융합화는 미디어콘텐츠를 재가공하여 다양한 포맷으로 각기 다른 목적에 맞게 전달할 수 있게 한다. 현재 이러한 사업전개는 기술적으로나 상업적으로도 가능하다. 서적이나 잡지 그리고 심지어 텔레비전 프로그램이나 비디오 등도 여러 유통경로와 창구 그리고 이를 지닌 여러 지역에 있는 소비자들에게 전달될 수 있는 상황에 이르렀다.

이러한 변화에 대처하는 미디어기업들의 전략은 다양하게 펼쳐지고 있다. 가령 미디어기업들은 이전까지는 동종기업 간 협력을 모색해 왔으나, 이제는 유사 업종부문 그리고 심지어 전혀 다른 영역의 사업자들과 자본을 합친다든지, 일시적으로 힘을 합해서 사업을 운영하는 양상을 띠고 있다.

융합과 글로벌화라는 두 가지 중심용어는 전통적으로 기업집중화를 걷고 있던 미디어 대기업들의 기업집중을 더욱 강화시키고 있다. 고도로 집중화된 기업들은 일정한 제작비를 보다 넓은 지리적 시장에 걸쳐 분산하여 공급할 수 있고, 또한 보다 커진 제작비를 기반으로 보다 다양한 작품을 제작하여 확대된 자신의 시장에 공급할 수 있기 때문에 다른 어느 기업보다도 규모와 범위의 경제성을 살릴 수 있다. 사업영역이 확대되고 기업조직이 수직으로 통합된 기업들은 미디어와 커뮤니케이션산업의 전 범위에 걸쳐 기술과 시장의 변화를 최대한 활용할 수 있을 것으로 판단된다.

이와 같은 변화에 대응할 때 기업들은 적어도 수평결합, 수직결합 및 대각확대 등 세 가지 성장전략을 주로 구사하는 것으로 알려져 있다. 수평결합은 산업의 공급사슬에서 동일한 단계 또는 동일한 사업활동영역에서 여러 개의 기업들이 자원을 결합하고자 할 때 사용하는 전략을 의미한다. 수평결합은 경제활동의 여러 부문에서 사용되는 전략이다. 수평결합은 기업들이 자신의 시장을 확대하고, 사용할 자원을 최적화하며, 규모의 경제성을 달성할 목적으로 사용한다. 동일한 경제영역에서 사업을 하는 기업들은 여러 방법으로 자원을 결합해서 공동의 혜택을 누리고자 한다. 가령 경영관리방법을 공유한다든지 또는 기업규모가 커지면 생산성을 높이기 위해 인력을 특화할 수 있는 기회가 발생한다. 즉, 미디어산업에서 규모의 경제를 만들어 내는 효과적인 방법은 수평결합이라 할 수 있다.

수직결합은 미디어산업의 공급사슬에서 전방 또는 후방으로 확대결합하는 사업전략이다. 어느 미디어 전문기업이 수직적으로 통합되었다고 하면, 그 기업이 산출하는 상품이나 서비스의 제작에서부터 도매나 소매 등 유통부문까지의 모든 사업을 통제할 수 있다는 것을 의미한다. 일반적으로 어느 기업이 사업을 수직적으로 결합하면 거래비용이 크게 축소되는 비용상의 혜택을 가져온다. 이 밖에도 수직결합된 기업은 핵심 사업을 둘레로 전방과 하방에 있는 사업들이 갖고 있는 잠재적인 영업이익을 최대한 확보할 수 있는 여건을 마련하게 된다.

대각결합은 기업들이 새로운 영역의 사업에 진출할 때 일어난다. 예를 들면, 정보통신 사업자와 텔레비전방송사 간 결합은 양쪽이 공통적으로 갖고 있는 유사한 인프라 자본을 통합함으로써 사업의 효율성을 높일 수 있다. 신문사는 텔레비전방송사 또는 라디오방송사 사업자와 결합하여 잡지출판업으로 새로운 사업을 시작할 수 있다. 이러한 미디어관련 업종 간 대각적인 사업결합은 새로운 사업기회를 배양해 낼 수 있다. 대각결합의 중요성은 그것이 사업상의 위험을 분산시켜 기업의 생존력을 강화하는 데 도움을 준다는 데 있다. 적어도 어느 정도의 대규모로 사업이 다각화된 기업들은 이들이 운영하는 사업들 중 어느 하나가 파산위기에 놓여 있다 하더라도 그 충격을 다른 사업부문이 완화시킬 수 있다. 보다 중요한 장점은 다각화된 기업은 규모와 범위의 경제성을 최대한도로 높여 최대의 수익을 확보할 수 있는 환경이 조성되어 있다는 점이다.

많은 미디어기업들은 여러 나라에서 지사나 다른 영업조직체를 두고 국제적으로 사업을 이끌어 나간다. 이른바 미디어관련 다국적 기업들이 이에 속한다고 볼 수 있다. 경제활동의 글로벌 추세는 미디어 사업자들이 특정 지역이나 자국시장을 넘어서 자신의 고객을 확보하여 규모의 경제성이 최고조로 달성되도록 촉구한다. 예를 들면, 영국의 미디어 대기업인 이맵(EMAP PLC)은 1990년대 중반에 프랑스의 일부 잡지출판사들을 매입하였고, 미국 시장도 적극 진출하여 자신의 고객으로 끌어들이고 있다. 또한 사업뉴스와 정보관련 전문기업인 스웨덴의 보니어(Bonnier)는 2000년에 영국에 진출하여 신문업을 개시하였고, 다시 스코틀랜드에서는 뉴스관련 회사를 설립하였다.

이러한 전략에 대한 기본적인 정당성은 자원을 공동으로 그리고 보다 효율적으로 사용함으로써 수익을 극대화하고자 하는 움직임이라고 할 수 있다. 이런 점에 있어서 사업이 다각화되고 대규모로 운영되는 미디어 사업체들은 다양한 상품을 만들어 내서 여러 지리적인 시장에 판매하고자 할 때 자원을 효율적으로 활용할 수 있는 매우 유리하고 적합한 입장에 서 있다. 특히, 대규모 기업집단들은 규모와 범위의 경제성으로부터 많은 경제적 이익을 획득할 수 있으며, 더 나아가 글로벌화와 융합화로 인해 이러한 장점은 더욱 크게 시현될 가능성이 높다.

1) 수평결합의 효과

일반적으로 수평결합은 동일산업에서 기업의 시장점유율을 확대하여 보다 강력한 시장지배력을 갖추거나, 보다 높은 효율성을 추구함으로써 이윤을 극대화하기 위해 취해진다. 수평결합에 의한 시장확대전략이 사회 전반적인 후생에 도움을 주느냐는 다음 두 가지 중 어느 것을 선택하느냐에 달려 있다고 하겠다. 사회가 보유한 자원을 최적으로 활용한다는 측면에서 보면 이러한 전략이 공공에게 유리한 것이지만, 수평결합의 결과로 인해 일부 기업들에 시장지배력이 집중된다면 공공에게 불리하게 된다.

기업의 규모와 효율성의 관계는 대체로 규모의 경제성을 어느 정도로 달성할 수 있느냐 하는 근거에 달려 있다. 이를 이론적으로 표현하면, 기업의 산출량이 증가할 때 한계비용이 평균비용보다 낮은 한에서는 기업이 회사규모를 확대해서 규모의 경제성을 계속 추구해도 된다는 것이다.❷ 학자들은 이런 맥락에서 미디어기업들은 종종 수평결합을 위해 다른 기업을 매입하거나 합병한다고 주장한다.❸

1996년 영국의 텔레비전방송사에 대한 자료에 따르면 대기업 방송사들의 이윤실적이 중소기업보다 높은 것으로 밝혀졌다. 이 자료는 미디어기업들의 시장점유율과 이윤실적 간에는 주로 규모의 경제성을 기업이 얼마나 확보하고 있느냐와 관련이 있음을 보여 준다. 다시 말해, 영국 방송사의 경우 시장점유율이 확대될수록 더 많은 규모의 경제성을 누리고 있음을 우리에게 알려 준다.

이러한 결과는 사실 별로 특이한 현상은 아니다. 왜냐하면, 방송사는 일단 전송시설을 갖추어 놓고 나면, 서비스에 들어가는 비용을 고려할 때, 추가적으로 늘어나는 시청자에 대한 서비스 소요비용(즉, 한계비용)은 별로 없거나 전혀 없기 때문이다.❹ 다른 조건이

---

❷ S. Martin(1993).

❸ A. Griffiths and S. Wall(1999).

❹ M. Cave(1989).

그림 6-4 TV방송의 시장점유와 이윤마진 관계(1996)

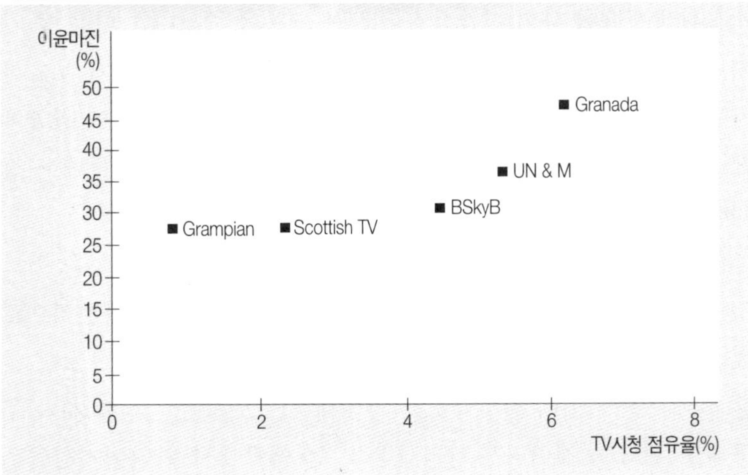

자료: G. Doyle(2002), p. 26.

변하지 않는다면, 일정하게 주어진 서비스를 제공하는 데에 따르는 총경상비는 시청자수와 상관없이 동일하므로, 시청자수가 늘어날수록 규모의 경제성이 확대되고, 이는 결국 기업에게 더 많은 이익으로 연결된다.

규모의 경제성은 실제적으로 신문이나 잡지에서부터 라디오방송과 음악출판에 이르기까지 미디어산업의 전반에 걸쳐 보편적으로 적용된다. 결과적으로 볼 때 수평결합에 의한 시장확대전략은 대부분의 미디어기업들에게 유리하게 작용한다. 가령 우리 나라 학습지시장은 출판시장에서 상당히 많은 매출실적을 보이고 있다. 어느 학습지 출판회사가 매일 가정에 공급하는 학습지는 한 부 더 판매할 때 소요되는 한계비용이 매우 적기 때문에 그 학습지에 대한 규모의 경제성은 판매부수가 늘어날수록 엄청나게 커진다. 방송산업은 이와 약간 다르게 나타난다. 무형의 방송콘텐츠가 비디오테이프든 어떤 것이든 매체에 담겨 전달될 때, 인쇄와 유통에 있어서 적절한 비용이 발생한다. 그러나 프로그램을 편집할 때 들어가는 총경상비는 프로그램에 대한 소비가 늘거나 줄더라도 별 변화가 일어나지 않는다. 잡지출판의 경우 어떤 잡지타이틀을 출판하는 것과 이와 관련된 편집 총비용은 판매부수와 큰 관계없이 고정되어 있다. 그리고 규모의 경제성은 그 잡지가 더 많은 독자층을 확보하여 매출로 이어질 때 달성될 수 있다.

문화콘텐츠산업에서 규모의 경제성이 광범위하게 활용될 수 있는 것은 일반적으로 이들의 산출물에 대한 복제비용이 매우 낮다는 점과 깊은 관련이 있다. 한 편의 영화나 곡을 만들 때 들어가는 제작비는 매우 높을 수 있지만, 그 작품에 대한 소비자수가 늘어나서 원작을 복제할 때 들어가는 비용은 거의 발생하지 않는다.

그러나 초기비용이 많이 투입되는 제작단계에서도 규모의 경제성은 존재한다. 가령 실내세트를 배경으로 텔레비전 프로그램을 만드는 방송제작사의 경우 한 시간을 더 연장하여 프로그램을 만들 때 들어가는 비용(한계비용)이 그 드라마의 총제작비를 전체 제작시간으로 나눌 때의 비용(평균비용)보다 일반적으로 낮게 나타난다. 이는 제작에 고정적으로 필요한 자원들, 즉 촬영장비, 후반제작시설 등이나 중요한 인력들을 보다 효율적으로 활용할 수 있기 때문에 발생한다. 이런 점에서 재정능력을 갖춘 기업들은 동종업종의 다른 기업들을 수평적으로 결합하여 자원을 보다 효율적으로 활용하여 생산성을 높이려는 노력을 취한다. 왜냐하면, 기업규모가 커지면 특정 업무영역을 특화하여 생산성을 높일 수 있는 기회가 늘어날 수 있기 때문이다.

기업이 수평결합을 하게 되면 다른 장점이 주어질 수 있다. 수평결합된 기업은 전문적인 자원이나 인력을 그 기업이 만들어 내는 다른 상품에도 사용할 수 있는 기회가 생길 수 있다. 이런 방식의 비용절감효과가 바로 범위의 경제성이다. 범위의 경제성으로 인해 나타나는 효율성의 증대는 하나의 작품을 만들기 위해 투입된 요소들이 다른 작품을 만들 때에도 다시 사용되는 경우에 효과가 잘 드러난다. 그래서 범위의 경제성과 규모의 경제성 둘 다가 복수의 프로그램 서비스를 하는 텔레비전방송사에게 흔히 나타난다. 제공되는 서비스가 더욱 유사할수록 범위의 경제성은 더 많이 발휘된다. 또한 어느 지역에 두 개의 방송사를 소유하거나, 두 지역에 케이블방송 채널을 소유한 기업은 같은 프로그램이나 프로그램의 공통요소들을 공유할 수 있기 때문에 범위의 경제성이 주는 비용절감효과를 누릴 수 있다. 즉, 방송사가 수평적인 결합에 의해 사업이 확대되고 이로 인해 제공하는 서비스수가 증가한다면, 재정이나 행정 등 지원부서의 업무활동이나 방송시간의 판매 또는 프로그램의 재활용시장 판촉 등의 지원업무들을 통합할 수 있는 기회가 늘어나게 되는 것이다.

범위의 경제성은 미디어산업의 기업들이 왜 많은 종류의 상품과 서비스를 만들어 내고 사업영역을 확대하려는 성향을 갖고 있는지를 대변한다. 예를 들면, 영국의 이맵(EMAP PLC)은 현재 19개의 지역 라디오방송사를 거느리고 있으며, 뉴스 코퍼레이션은 4개의 주요 전국지 신문을 소유하고 있다.

복수의 출판업무를 하는 신문사는 다양한 범위의 경제성이 발휘될 수 있다. 복수의 타이틀을 소유한 잡지출판사는 광고판매나 행정업무 등 여러 가지 지원기능을 통합해서 공유하거나 최적화할 수 있다. 단지, 편집과정에서 어느 정도까지 범위의 경제성을 허용할 수 있느냐에 대해서는 의견이 분분하다. 가령 극단적인 경우 어느 신문사 집행부는 신문과 잡지 등 여러 출판업무와 관련된 인력들을 하나의 풀로 운영해서 인력을 공유할 수 있다. 그러나 이 경우 미디어와 콘텐츠의 고유 속성인 다양성과 차별성이란 측면에서 보면 과연 공급자인 기업과 소비자인 독자, 더 나아가서는 사회후생에 도움을 줄 수 있을지는 확신할 수 없다는 것이다. 왜냐하면, 이러한 극단적인 기업은 각 출판물마다 각자 자기 고유의 색깔을 내기 힘든 구조를 지니게 되기 때문이다.

미디어산업에서 규모와 범위의 경제성이 존재한다는 의미는 자연스럽게 시장구조가 과점성향을 띠고, 또한 복수의 상품들을 제공하는 기업들이 형성된다는 것을 뜻한다. 이론적인 면에서 볼 때 기업이 제공하는 상품이나 서비스의 품질손상 없이 더 많은 수의 소비자들에게 더 다양한 서비스를 제공하여 비용을 분산하는 체제를 사회가 지니고 있다면, 이는 사회적 후생의 증대를 뜻한다. 그러나 만일 기업의 비용절감효과가 시청자나 독자층의 효용감소라는 희생을 대가로 주어진다면, 사회적으로 그러한 기업전략은 반드시 바람직하지 않을 수 있다.

미디어산업에서 특정 기업이 시장의 많은 부분을 차지하고 있을 경우 유리한 점은 우연히 좋은 작품이 출시될 때 그런 기업은 그 작품이 더 많은 '임계적 대중(critical mass)'에게 노출될 수 있는 여건이 조성되어 있다는 점이다. 따라서 이러한 기업은 다른 기업과의 거래협상에서 매우 유리한 입장에 서게 된다. 예로써 대기업 신문사나 잡지출판사들은 광고물가격에 대해 강력한 협상력을 지닌다. 이런 기업들은 대중고객에 접근할 수 있는 출판물을 확보하고 있기 때문에 광고물에 대해 프리미엄 가격을 요구하는 경우가 종종

케이블TV 방송의 수평결합

기업들은 자신들이 보유한 경제적 자원을 수단으로 경쟁력을 제고할 목적으로 규모의 경제성을 확보하려는 경향을 보이며, 특히 유통사업자 간 기업결합은 자주 발생하고 있다. 가령 SO사업자는 기업결합을 통해 프로그램 편성, 재무관리 등 일반관리행정, 연구개발, 광고영업 등에서 자원과 시설을 공동으로 활용할 수 있기 때문에 각 채널에 대한 경상비 절감효과를 유도하고자 한다. 따라서 복수의 채널을 보유한 SO들은 단일채널 사업자에 비해 실질적인 비용우위를 확보하게 됨으로써 경영효율화와 더불어 경쟁력이 상승하는 효과를 얻게 된다.

미디어산업에서 벌어지고 있는 기업 간 전략적 제휴와 합병 등의 움직임은 기업규모의 확대를 통한 규모의 경제성 제고뿐 아니라, 전반적인 범위의 경제성을 확보하려는 기업의 경쟁력 확보전략으로 볼 수 있다. 우선, 콘텐츠의 패키징부문에서 기업들은 동일한 콘텐츠를 다양한 형태로 재가공하고, 이를 다양한 플랫폼을 통해 최대한 유통시키려는 것이 오늘날의 매체기업들의 공통적인 경영전략이다. 예를 들면, 각 사업부문에 패키징영역이 있는 지상파TV, 케이블TV, 위성TV방송 사업 간 경제적 통합이 대표적인 예라고 볼 수 있다. 또한 전송 또는 유통사업부문에서도 방송영상사업과 네트워크사업 간 경제적 통합을 통한 범위의 경제성을 달성할 수 있는데, 케이블전송사업자가 전화서비스를 겸영하는 형태가 또 다른 형태의 수평결합이다.

자료: 방송위원회(2002), p. 371.

발생한다.

요약하면, 대규모의 기업집단 또는 기업이 시장에서 더 많은 지배력을 확보하면, 그 기업은 더 많은 이윤을 획득할 수 있으나, 이들이 갖는 가격에 대한 통제력으로 인해 소비자의 이익을 해칠 수 있고, 더 나아가 시장질서 유지에 위협이 될 수 있다. 대규모 미디어 기업집단이나 기업이 보유한 시장지배력이 어느 한도를 넘어설 때 그 기업에게는 최대의 이윤을 제공할 수 있으나, 반면 전체 시장과 소비자에는 불리한 여건이 조성되는 것이다. 따라서 수평결합에 의한 기업의 시장확대전략은 어느 정도는 사회후생에 긍정적인 결과를 낳을 수 있지만, 동시에 개별 기업들의 시장지배력이 어느 수준을 넘게 된다면 오히려 부정적인 결과를 빚게 될 수 있다.

2) 대각결합의 효과

대각결합 또는 대각확대라는 자신의 주력사업에 보완적인 영역의 사업을 결합하는 것을 의미한다. 예로써, 신문사들은 종종 신문기사보다 더 자세한 내용을 추가해서 연예와 오락, 스포츠 등에 관한 일종의 자매잡지를 발행한다. 이러한 교차적인 미디어부문 확대전략은 사업의 시너지효과와 효율성을 증대할 목적으로 추진된다. 앞서 예를 든 신문사의 경우 자신이 보유한 연예와 오락, 스포츠부문의 기자들과 관련된 자원들을 신문과 잡지에 걸쳐 분산해서 활용함으로써 비용절감과 동시에 매출증대라는 효과를 가져오는 이점을 만들어 낸다.

이렇게 교차적으로 미디어부문에 소유권을 확보한 기업이 가질 수 있는 가장 중요한 효율성은 그 기업이 보유한 콘텐츠의 중요한 부분이나 유통시설을 공유할 수 있는 체제를 갖추게 된다는 것이다. 하나의 미디어기업이 제작한 산출물이 특정한 주제로 차별화된 내용을 특징으로 하고 있다면, 이것들은 몇 개의 다른 미디어콘텐츠로 활용해서 중요한 시너지를 창출할 수 있다. 예를 들면, 우리나라 매일경제신문사는 국내외 경제관련 기사를 주로 다루고 있지만, 이를 활용해서 경제잡지, 전문 케이블TV 채널 등의 사업을 운영하고 있다. 즉, 이는 기업들이 관련사업으로 확대해 나가면서 범위와 규모의 경제성을 찾아가는 것이다.

한 가지 특정한 콘텐츠형식에 집중하는 기업은 하나의 플랫폼에서 다른 플랫폼으로 교차해서 사업을 이끌어 나갈 수 있는 강력한 브랜드를 구축할 수 있게 된다. 최근 들어서는 이와 같이 특정 분야를 특화해서 브랜드를 구축하기를 원하는 기업은 인터넷이란 글로벌 네트워크를 활용해서 자신을 알리는 데 더욱 간편해졌다. 게다가 타임워너나 뉴스 코퍼레이션 등 글로벌 메이저 기업들은 자신의 다각화된 사업을 배경으로 산출물의 제작부문을 중복적으로 활용함으로써 비용을 절감한다. 위에서 예로 든 매일경제신문사 역시 신문과 잡지 그리고 서적출판에 이르기까지 신문에 투입되었던 공통적인 제작과정이나 투입요소들을 활용하여 경제성을 만들어 낸다.

그러나 미디어콘텐츠의 요소들을 포함해서 여러 가지 특정한 투입물과 여타 중요한 자원들을 재활용해서 규모와 범위의 경제성을 얼마만큼 창출할 수 있느냐는 그 기업이 이를 위해 얼마나 사업을 대각적으로 확대할 수 있느냐와 밀접한 관련이 있다. 이는 다시 동일한 회사가 공급하는 각각의 미디어콘텐츠가 얼마나 동질적이냐 그리고 얼마나 그 콘텐츠가 다른 포맷에 재활용될 수 있느냐[5]에 의존한다.

디지털화는 모든 종류의 이미지와 소리, 텍스트 등을 공통적인 포맷으로 전환하고, 또 공통적인 유통시설을 통해 이들을 전달할 수 있게 해 준다. 디지털 '메타데이터'[6]로 전환되면, 미디어콘텐츠는 보다 용이하게 저장, 복구, 조작, 재포맷, 재가공 등의 작업을 손쉽게 할 수 있다. 미디어와 정보통신의 산업 전반에 걸쳐 일어나는 디지털기술의 확산은 비용절감과 효율성 제고라는 측면에서 대각

---

❺ 콘텐츠를 재포매팅할 때 소요되는 한계비용과 그것을 추가적으로 다른 상품시장에 판매해 얻을 수 있는 한계수익을 비교한다는 의미이다.

❻ 데이터에 관한 구조화된 데이터(structured data about data)를 말하며, 이것은 웹자료나 다른 것들에 관해 기계가 이해할 수 있는 정보로 구성되어 있다.

결합으로 사업을 확대한 기업들에게 중요한 시사점을 제공한다. 예를 들면, 전화서비스회사가 케이블텔레비전 방송산업에 진출하여 이미 사용중인 유통시설을 활용해서 두 가지 서비스를 동시에 제공할 때 유통부문에서 규모의 경제성이 발생한다. 또 다른 측면으로 동일한 미디어콘텐츠가 다른 미디어 상품으로 재활용하기 위해 재가공될 때 범위의 경제성이 발생한다. 이런 것들은 미디어산업에서 사업을 대각결합함으로써 얻어지는 경제적 혜택이라고 할 수 있다.

대각으로 존재하는 사업들을 교차로 소유하는 방식은 다양하게 전개될 수 있고, 또 그 결과로 나타나는 효율성도 여러 종류로 얻어질 수 있다. 예를 들면, 인쇄에서 전자출판에 이르는 모든 사업을 결합하면 두 가지 형태의 텍스트 제작활동에서 나올 수 있는 특별한 콘텐츠를 공유하거나, 재활용할 수 있는 엄청난 기회가 주어진다. 이와 마찬가지로, 잡지와 신문출판사 간 대각결합도 사업적인 시너지를 만들어 낸다. 라디오와 텔레비전 프로그램의 제작과 전송부분에서도 자원을 공유해서 효율성을 높일 수 있는 여지는 많다.

그러나 텍스트에 오디오를 더한 상품결합이나 텍스트에 시청각을 결합한 상품을 만들 때는 반드시 위에서 예시한 분야에서처럼 규모와 범위의 경제성을 낳지 못할 수도 있다. 가령 신문과 텔레비전 방송서비스를 운영하는 사업자가 공통된 주제를 가진 콘텐츠를 활용할 수 있을 때는 자신의 지적재산권으로 콘텐츠를 재활용하는데 공유하는 경제성을 발휘할 수 있다. 그러나 만일 그렇지 않다면, 두 사업을 결합해서 잠재적으로 효율성을 제고할 여지는 거의 없을 것이다. 따라서 잠재적 효율성을 고려하지 않는 단순한 대각결합은 주의해야 할 것이다.

디지털기술의 보급으로 사업결합에 따른 경제성을 제고할 수 있는 여건은 많이 조성되었으나, 업종 간에 공유할 수 있는 기술이나 기능, 장비 등을 항상 공유할 수 있는 것은 아니다. 신문산업과 텔레비전산업이 그렇다고 볼 수 있다. 따라서 만일 두 사업이 제공하는 서비스가 긴밀하게 공유할 소재들을 갖고 있지 않다면, 이러한 활동들을 통합할 경제적 동기는 없는 것이다. 예로써 뉴스 코퍼레이션과 같이 사업을 다각화한 대기업은 방송사업과 신문사업을 하는 자회사를 엄격히 분리해서 운영되고 있다. 그렇다면 대각결합이 미디어기업들이 사용하는 보편적인 사업전략인지 다시 한번 짚고 넘어갈 필요가 있다.

위에 예에서 텔레비전과 신문분야의 사업을 교차소유하는 이유 중 하나는 대각결합이 그 기업에게 자신이 만든 상품이나 서비스를 교차로 홍보할 수 있는 기회를 주기 때문이라고 할 수 있다. 만일 교차홍보가 처음부터 소비자의 선택을 증가시키는 신상품을 소개할 목적으로 사용된다면, 결과적으로 경쟁을 촉진하고 사회후생을 증가시키는 긍정적인 역할을 한다. 그러나 만일 결합된 기업이 교차홍보를 통해 자신이 공급하는 상품과 서비스에 대한 시장지배력을 높이는 데 초점을 두고 있다면, 경쟁을 축소하고 결과적으로 사회후생을 감소시키는 부정적인 역할을 할 수 있다.

대각결합과 관련된 또 다른 잠재적인 이점은 사업상의 위험을 줄일 수 있다는 점이다. 많은 기업들은 사업운영의 위험을 분산하기 위해 가급적 여러 영역의 사업을 동시에 운영함으로써 어느 특정한 상품에 지나치게 의존하는 것을 회피한다. 민영 라디오 · 텔레비전방송사들은 주 수입원인 광고매출이 경기변동에 매우 민감하기 때문에 이를 완화하기 위해 또 다른 미디어부문으로 매출원을 찾는다. 쇠퇴하고 있는 사업을 지닌 기업은 새롭게 성장하는 사업으로 진출하기를 원한다. 일반적으로 각국별로 신문산업은 매우 성숙한 업종이기 때문에 신문사업자는 때때로 성장잠재력이 더 많은, 즉 미래 소득원이 될 수 있는 방송부문이나 전자미디어 쪽으로 사업방향을 틀기도 한다.

교차결합에 의한 사업확대전략의 또 다른 동기는 두 사업의 결합으로 예상되는 시너지와 범위의 경제를 활용하기 위한 것이다. 최근 신문, 잡지, 심지어 방송도 뉴미디어의 미래 잠재력을 인식하고 양 부문 간 사업결합의 움직임이 시도되고 있다.

이윤극대화가 아닌 경영관리적인 측면도 교차 미디어결합에서 중요한 역할을 한다. 예를 들면, 텔레비전방송사는 적대적 매수위험을 미연에 방지할 목적으로 신문출판사와 결합하기도 한다. 기업이 커질수록 잠재적인 매수기업으로부터 통합되는 확률이 줄어들기 때문이다. 또 어떤 미디어기업의 경영관리자는 자신의 정치적 영향력이나 명성을 추구하기 위해 효율성과는 상관없는 사업결합을 시도하는 경우도 있다.

그래서 대각결합에 의한 사업확대전략은 이로부터 발생하는 이득을 추정할 때 효율성과 위험도 분석을 포함한 다양한 잠재적 혜택을 명백히 구분하는 작업이 필요하다. 규모와 범위의 경제성과 같은 효율성을 높이는 전략은 기업의 자원활용도를 제고하는 것이기 때문에 경제에 폭넓은 기여를 한다고 볼 수 있다. 그러나 기업 전체의 효율성과는 별 상관없는 기업 소유권자의 경제적 이득 또는 경영관리자의 전략적 이득 등과 같은 동기에 의한 사업결합은 일반적으로 사회에 경제적 이득을 주지 않을 수 있다. 또한 아무리 기업의 효율성 제고를 위한 사업확대가 필요하다고 하더라도 일부 소수 기업들의 지나친 경제력집중은 공공의 이득과는 정반대의 방향을 나갈 수 있다. 왜냐하면, 일단 기업이 시장에서 지배적인 위치에 서게 되면, 그 기업은 지배력을 유지하기 위해 자원을 지나치게 지출한다든지 하는 여러 모양의 비효율성을 만들어 낸다. 이 때 취해지는 규제당국의 경쟁정책은 산업 내 모든 기업들의 효율적인 행동을 하도록 촉진하는 역할을 하는 것이다.

3) 수직결합의 효과

일반적으로 산업의 공급사슬은 만든 상품을 소비자의 손에 들어가기까지 모든 사업활동의 단계들을 말한다. 미디어산업의 경우 잡지산업은 기사거리의 수집, 인쇄, 물류와 유통 등으로 구분될 수 있다. 영화산업은 기획, 제작준비, 제작, 후반작업, 상영 등으로 분리된다. 많은 미디어와 콘텐츠관련 기업들은 각 사슬들을 수직적으로 통합하는 경향을 보이고 있다. 가령 미국의 메이저 영화사들은 위의 가치사슬에서 하나 이상의 사업영역을 결합해서 동시에 운영한다. 또한 이러한 수직결합은 텔레비전방송사들도 사업상의 이익을 위해 도입하고 있으며, 점차 이런 경향은 다른 나라에서도 유사하게 나타난다.

이제 어째서 미디어관련 기업들은 수직결합에 높은 관심을 보이고 있는지 알아보기로 하자. 포괄적으로 말하면, 수직결합은 콘텐츠의 제작과 유통부문 둘 다의 사업을 통제하는 것이 경제적 이득을 더 줄 수 있기 때문에 일어나는 자연스러운 현상이다. 비용면에서 한 기업이 만든 콘텐츠를 보다 많은 유통경로를 통해 판매될수록 단위당 제작비는 계속해서 낮아진다. 하나의 영화가 보다 많은 영화관에서 상영될수록 이미 들어간 제작비가 버는 돈은 점점 커지게 된다. 유통부문의 영화배급업자는 제작부문으로 사업을 확대하면, 자신이 보유하고 있는 유통시설, 즉 배급망을 이용할 수 있는 콘텐츠를 안전하게 확보하게 되는 것이다. 또한 영화제작사가 극장업에 진출하게 되면, 그렇지 않은 제작사에 비해서 보다 많은 수의 관객에게 자신의 영화를 노출할 수 있는 유리한 입장에 있게 된다.

수직결합에 의한 사업확대는 매출극대화를 노릴 있을뿐더러, 동시에 시장점유율을 안정적으로 확보할 수 있고, 또한 시장지배력을 높일 수 있게 된다. 아울러 이러한 사업확대는 거래비용을 줄일 수 있는 장점이 있다. 예를 들면, 우리 나라 방송사들은 일부 프로그램들을 외부 제작업자에게 위탁하고 있지만, 많은 수의 프로그램들을 여전히 자체 제작하고 있다. 즉, 자체 제작하는 방송사는 그렇지 않은 방송사에 비해서 콘텐츠에 대한 권리를 구입할 때 지나친 가격으로 구입하는 경우를 배제할 수 있고, 안정적으로 프로그램을 공급받을 수 있다는 이점이 주어진다.

미디어기업들이 사업을 수직적으로 결합하는 두 가지 동기로는 효율성 증대와 시장지배력의 축적이라고 할 수 있다. 수직결합은 비용을 최소화하거나, 사업상 더 많은 안정성을 확보하기 위해 이루어지지만, 두 번째 동기로 성립되는 사업결합은 결과적으로 그 기업에게 시장지배력을 제공한다. 한 기업 내에서 비용절감이 일어날 수 있는 잠재적 부분은 가격이나 상품정보 또는 시장정보를 얼마나 확보하고 있느냐와 관련이 있다. 예를 들면, 텔레비전방송 산업에서 방송사와 독립제작사 간 거래에서 발생하는 비용들은 그 방송사가 자체 제작기능을 두고 제작을 할 때보다 더 많이 발생할 것이다. 외부제작자들을 물색해서 선택을 결정하고, 그 이후에는 제작에 관한 협상과 납품 등 여러 가지 일들을 수반함으로써 많은 비용이 초래된다.

그러나 미디어산업에서 이러한 수직결합을 촉진하는 보다 더 중요한 요인은 공급사슬의 각 단계가 상호의존관계를 형성하고 있어야만 사업을 원활하게 수행할 수 있다는 데 있다. 제작된 영화는 상영관 없이는 제대로 수익을 낼 수 없으며, 배급사의 주도적인 유통역할이 없이는 많은 상영관에 그 영화가 걸릴 수 없다. 이 때문에 미디어기업들은 전방의 사업이나 후방의 사업을 결합하려는 동기를 갖게 되는 것이다. 수직적으로 결합된 사업체를 운영하는 기업은 변화하는 시장환경에 대해 보다 안정성과 통제력을 확보하게 된다. 따라서 다른 기업들이 행사할 수 있는 지배력과 협상의 힘에 밀려 손실을 보게 되는 낭패를 면할 수 있게 된다.

만일 방송사가 좋은 시간대에 방영되는 프로그램들을 외부에 모두 의존한다고 하였을 때, 그 프로그램이 히트하였을 경우 이를 재활용할 수 있는 가능성이 배제될 수 있다. 어떤 경우이든 외부의 프로그램 제작사가 공급을 취소하거나 더 높은 가격을 요구한다면, 많은 비용이 추가적으로 발생할 소지가 늘어난다. 수직결합에 의한 사업확대가 바로 이러한 부정적인 요인들을 가급적 방지하려는 전략이라고 할 수 있다.

만일 해외뉴스 정보를 어느 한 통신사가 독점으로 보유해서 이를 다른 업체들에게 제공하는 독점력을 갖고 있다면, 이 기업은 다른 단계의 사업을 통합하지 않고도 적절한 독점이윤을 획득할 수 있다. 즉, 특수한 콘텐츠나 산출물에 대해 대체할 만한 것이 없는 상황에서는 수직결합의 동기는 발생하지 않는다. 다른 예를 든다면, 만일 어떤 기획사가 아주 인기 있는 작가와 배우들을 확보하고 있을 때, 이들이 출연해 주기를 바라는 방송사들은 많은 비용을 지불할 수밖에 없는 처지에 있게 된다. 이 때 방송사들은 유명한 배우들이 소속된 기획사를 통합하는 선택을 하게 된다.

콘텐츠제작사 관점에서도 수직결합은 여러 가지 매력이 있다. 예로써 어떤 음악기획사가 케이블방송이나 위성방송에 전문채널을 소유하고 있다면, 그 기획사에 소속된 가수들은 더 많은 음악 팬들에게 노출될 수 있다. 이렇게 수직결합된 기업은 자신들이 만든 상품과 서비스에 대한 판매를 보다 예측가능하고 신뢰할 수 있는 사업구조가 정착될 수 있는 것이다. 방송제작사에 있어서 안정적이고 예측가능한 제작일정은 매우 중요한 장점으로 볼 수 있다. 왜냐하면, 수직결합된 제작사는 이미 계획된 방영일정에 따라 프로그램 제작을 위해 이미 확보된 제작장비, 인력 등을 효율적으로 활용할 수 있기 때문이다. 또한 수직결합된 제작사는 자신의 방송사나 창구를 활용해서 제작자의 명성 또는 제작사의 브랜드를 구축하는 데 매우 유리하다.

미디어기업들의 최근 사례를 들어 보자. 타임워너와 아메리카 온라인은 미디어와 통신업계를 대표할 수 있는 기업들이다. 타임워너는 엔터테인먼트와 뉴스부문의 메이저 제작사로서 엄청난 콘텐츠 라이브러리를 보유하고 있고, 미국의 케이블방송부문에서 두 번째로 큰 대기업이었다. 한편, 아메리카 온라인은 2,600만 회원수를 가진 미국 최대의 인터넷서비스 제공업자였다. 이들이 양 업체를 결합한 주 목적은 콘텐츠 제작과 온라인 유통에서 갖고 있는 강점을 더욱 내세우자는 것이었다. 당연히 관련업종의 기업들에게는 커다란 위협이 된다. 만일 통합된 두 기업이 다른 콘텐츠업자들이 아메리카 온라인에 접근하는 것을 제한하거나, 또는 다른 인터넷서비

케이블TV 방송의 제작과 유통부문의 결합

최근 들어 방송과 통신 그리고 문화산업 전반에서 급격히 일어나고 있는 기술혁신은 특히 콘텐츠제작과 유통사업부문의 급격한 변화를 초래하고 있고, 이는 관련된 모든 기업들에게 경제적 불확실성과 사업운영의 위험도를 높이고 있다.

이에 따라 국내외를 막론하고 파트너십, 전략적 제휴, 기업매수 및 합병 등의 수단을 통해 관련기업들과 경제적 유대관계를 공고히 하고 사업상 발생할 수 있는 가능한 모든 불확실성을 줄이는 방안을 강구하고 있다. 기업들의 이러한 움직임은 새로 개정된 2000년 방송법의 두 가지 측면에서 그 필요성을 살펴볼 수 있는데, 첫째는 국내 민간방송업에 대한 외국인투자 규제완화 조치이고, 둘째는 PP, SO, NO 등 사업자 간 수직적 겸영의 허용이다. 새로운 방송법은 외국 방송사업자의 합법적인 국내 시장진입을 허용하고 있기 때문에 향후 국내 민간방송업계는 제작, 유통자원 등 모든 경영자원면에서 월등히 우월한 외국 방송사업자와의 치열한 경쟁에 직면할 것이 확실시된다. 가령 국내 방송사들이 세계적인 다국적기업들과 사업관계를 맺을 경우 그렇지 않은 여타 기업들에 비해 콘텐츠 공급 및 유통분야에 더 많은 자원을 투여할 수 있게 되고, 또한 사업상 위험도 분산할 수 있을 것으로 평가된다.

자료: 방송위원회(2002), p. 370.

스 제공업자가 타임워너의 콘텐츠를 확보하는 데 제약이 주어지는 경우를 예상하는 것이다.

객관적으로 볼 때 기업이 사업결합을 통해 안정성과 효율성을 추구하는 것과 시장지배력을 추구하려는 행동과 명백히 구분하기 어려운 경우가 많은 발생한다. 미디어기업들은 사업상의 안정성을 보장받기 위해 수직결합을 시도한다고 주장한다. 그러나 그러한 수직결합을 더 많이 실행할수록 가치사슬상의 각 사업단계에 대한 통제력이 늘어날 것이고, 그렇게 되면 경쟁기업이나 소비자들에게 바람직하지 못한 상황이 조성되게 된다. 기업은 의도적으로 수직결합을 통해 잠재기업들에게 진입장벽을 쌓을 수 있다. 예를 들면, 만일 방송제작물시장에서 가장 경쟁력이 있는 제작사가 어느 방송사에 의해 매입된다면, 그 제작사가 제작한 프로그램을 안정적으로 확보하기 위해서는 어쩔 수 없이 그 방송사의 통합구조 속에 편입할 수밖에 없다.

7 미디어콘텐츠와 산업

(1) 영화
(2) 텔레비전방송 서비스
(3) 텔레비전 프로그램 제작
(4) 대중음악

(1) 영화
(2) 텔레비전방송 서비스
(3) 텔레비전 프로그램 제작
(4) 대중음악

7 미디어콘텐츠와 산업

미디어콘텐츠를 산업적으로 이해하려는 노력은 어쩌면 막연하고 당황스러운 과제일 수 있다. 그 동안 미디어와 관련된 기술과 사업관행, 그리고 경제적인 환경이 변할 때마다 변모해 왔던 그 산업의 모습을 돌이켜보면, 그리고 디지털기술이 미디어와 콘텐츠산업에 주고 있는 혁명적인 도전을 보면 어떻게 정리해야 할지 혼란스러울지도 모른다.

이 장은 미디어 비즈니스에서 전형적으로 나타나는 주제들을 중심으로 설명하되, 역사적으로 가장 많은 연구가 축적되어 있고, 산업적으로 가장 오랜 변화를 겪어 왔던 텔레비전방송 서비스와 제작, 영화, 대중음악 등의 비즈니스를 파악하고자 한다. 이 장에서 알아 볼 주요 주제로는 각 미디어콘텐츠의 주요 소득원은 어디에 있는지, 어떤 과정을 통해서 수익이 창출되는지 등 고유 비즈니스 모델에 대한 것과 어떤 전형적인 사업전략을 구사하면서 그 산업이 발달해 왔는지, 새로운 사업관행과 기술은 그 산업에 어떤 도전과 대응을 낳았는지 또한 각 미디어콘텐츠의 무역거래는 국가 간에 어떤 쟁점과 어떤 편익을 제공하는지 등이다.

(1) 영화

여기에서는 영화산업의 성공을 어떤 요인들이 이끌 수 있는지 살펴본다. 세계에서 가장 성공확률이 높은 미국의 메이저 할리우드 영화사들이 구사하고 있는 전략들을 중점적으로 설명하기로 한다. 기업들을 설명할 때는 메이저와 독립영화사를 구분하며, 산업구조, 수직결합과 시장지배 등의 개념을 기초로 해서 설명된다. 본 장은 영화상영으로부터 얻는 가능한 주요 수익원천으로 어떤 것들이 있는지 알아보고, 주요 기업들의 경제적인 성공요인, 영화산업에서 배급의 중요성, 중소 영화제작사들이 겪는 제작투자에서의 애로사항 등을 집중 분석한다.

1) 영화의 매출원

우선 세계의 영화산업을 이해하려면 영화로부터 나오는 다양한 매출원을 이해할 필요가 있다. 광고수입은 민영 텔레비전방송의 주 수입원이지만, 영화산업은 전체 광고시장의 1%에 지나지 않고 있어, 텔레비전 방송산업과는 주 수입원에서 근본적인 차이가 난다. 즉, 영화는 영화를 보기 위해 직접 또는 간접적으로 접근하는 소비자들의 호주머니로부터 대부분의 수익이 형성된다. 그러나 가끔씩 일부 영화들은 내용과 관련된 상품이 개발 · 판매되어 새로운 소득이 발생하기도 한다.

영화는 영화관, 비디오, 텔레비전방송 등 세 개의 주요 창구로부터 대부분의 소득이 형성된다. 이 중 영화상영관 매출이 전통적으로 볼 때 주된 소득원이나, 1980년대를 통해 비디오 대여와 판매로 인한 매출이 크게 증가하였다. 1990년대 중반부터는 케이블 텔레비전의 영화전문 채널이 증가하면서 새로운 소득원으로 각광받고 있다.

많은 선진국에서는 영화관람과 관련된 위의 세 영역이 날로 번창하고 있다. 특히, 영국은 1980년대 중반 이후 영화관 매출액이 꾸준히 증가하는 현상을 보이고 있다. 예를 들면, 영화관 관람객수를 기준으로 영국은 1987년 7,850만 명에서 1997년 1억 3,900만 명으로 10년 만에 거의 두 배 수준으로 늘었다. 사실 1950년 이후 텔레비전이 대중오락에서 가장 인기 있는 분야로 부상하면서, 영화관 관람객수는 급격히 줄어들었다. 그러나 1980년대와 1990년대를 거치면서 이러한 추세는 반전되어 영화관은 다시 일반인들이 가고 싶어하는 여가장소로 자리잡게 되었으며, 이와 같은 현상이 많은 나라에서 동시에 이루어지고 있다.

영국에서 영화관 매출이 회복한 것은 스크린수를 늘리는 데 많은 투자가 이루어진 것에서도 원인이 있다. 특히, 멀티플렉스에 투자가 확대되면서 영화관수도 빠르게 증가하였으며, 스크린수는 1984년에서 1998년까지 1,271개에서 2,564개로 늘어났다. 멀티스크린과 가족친화적인 영화관이 도입된 것도 영화관 매출액 증가에 기여하였다. 그럼에도 불구하고 현재까지 영국인의 평균영화관람률은 연간 2.1회이며, 이는 4.25회인 미국의 절반에도 못 미치는 수준이다.

영화산업의 실질적인 성과로 잡히는 영화의 흥행실적은 전통적으로 영화의 주 소득원으로 중요한 역할을 해 왔다. 하지만, 비디오와 유료 텔레비전 서비스가 등장하면서, 이 포맷들은 영화의 2차 또는 3차 유통경로로서 지난 10년간 영화관 매출이 제공한 실적보다 훨씬 많은 소득을 제공하였다. 그렇다고 해서 영화관에서 나오

그림 7-1 영국의 영화관 관람객수 변화 단위: 백만 파운드

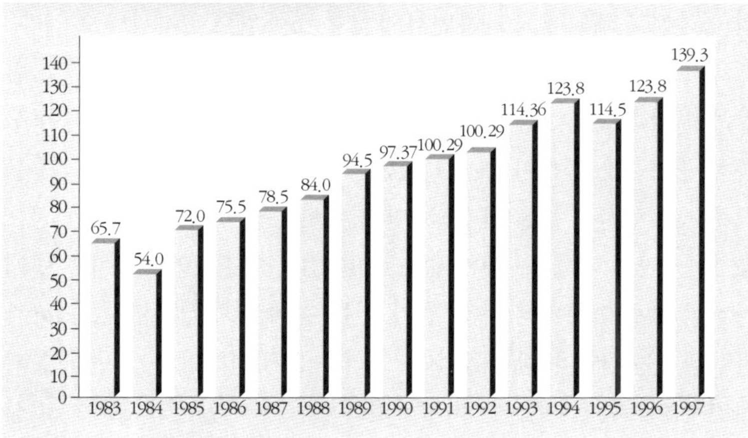

는 흥행실적이 중요해지지 않은 것은 아니다. 왜냐하면, 영화로 인해 발생하는 비디오와 텔레비전부문의 매출이 더 많이 늘어난다 하더라도, 영화가 처음 소개되어 인기몰이를 하는 장소가 영화관이고, 이 곳에서의 흥행 여부가 나머지 유통경로의 매출크기를 결정하기 때문이다. 이 때문에 영화가 극장에서 상영될 때 대중의 기대치와 어긋나는 영화는 다른 유통창구나 해외에서 인기를 얻기는 거의 불가능하고, 며칠 안 가서 간판을 내리고 케이블방송이나 다른 창구로 직행한다. 이래서 영화관의 흥행 여부는 다음의 배급단계에 중요한 연쇄효과를 갖는다.

여기서 잠깐 비디오 시청시장을 살펴보자. 영화로 인해 발생하는 매출규모 중에서 영화관보다 비디오테이프 대여와 직접구입 등이 더 컸다는 점은 위에서 지적하였다. 예로써 이 부분의 매출은 1980년대를 통해 각 가정마다 VCR를 장만하면서 급격하게 늘어났다. 특히, 비디오 대여를 통한 매출은 영화의 주 수입원으로 자리잡

표 7-1 영화에 대한 소비자 지출비용 추이(영국)					단위: 백만 파운드
연도	흥행매출	비디오 대여	비디오 직판	유료방송채널	합계
1987	169	410	100	-	679
1988	193	470	175	-	838
1989	227	555	320	-	1,102
1990	273	550	365	47	1,235
1991	295	540	444	121	1,400
1992	291	511	400	283	1,485
1993	319	528	643	350	1,840
1994	364	438	698	540	2,040
1995	385	789	457	721	2,352
1996	426	491	803	1,003	2,723
1997	506	369	858	1,290	3,023

자료: BFI.

게 되었으며, 아직도 많은 나라에서 이런 추세는 크게 변하지 않았다. 다만, 일부 국가, 특히 영국은 비디오를 직접 구입함으로써 발생하는 매출(영화 및 텔레비전 프로그램 녹화 테이프)이 대여부문보다 빠르게 성장하고 있다.

아울러 비디오부문의 매출은 1990년대에도 꾸준히 증가하였으나, 현재는 케이블 텔레비전방송이 활성화되면서, 영화전문 채널이 주목을 받고 있다. 이러한 영화매출의 다변화는 지난 1980년대부터 서서히 이루어져 왔으며, 지금은 다양화뿐 아니라, 이 부분들의 매출신장이 두드러지고 있다. 예를 들면, 앞으로 주문형 비디오(VOD)와 디지털 비디오디스크(DVD)쪽의 매출이 전체 영화매출에서 커다란 비중을 차지할 것으로 기대되고 있다.

극장에서 관람객 일인당 이윤은 각 영화가 극장에서 얼마나 흥행을 거두었느냐, 그리고 영화의 배급가격이 후속으로 출시되는 창구에서 얼마에 거래되었느냐 등에 많이 의존한다. 또한 각 유통경로인 창구마다 영화의 이윤도 다르게 나타난다. 텔레비전 프로그램 공급업자가 방영시간과 시간대에 신경을 많이 쓰는 것과 마찬가지

그림 7-2 영화의 유통경로와 이윤의 크기

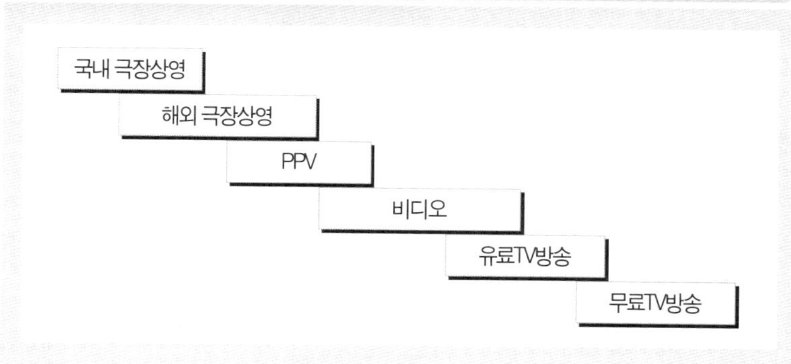

로 영화의 배급업자들은 영화가 각 창구에서 반복상영되는 것으로부터 얻는 이윤을 최대화하기 위해 매 창구에서 소개되는 시기의 간격과 시간대 등을 통제하기를 원한다. 〈그림 7-2〉는 영화가 각 창구에 출시되는 전형적인 순서를 나타낸 것으로써 영화가 영화관에서 처음 소개되면, 그 다음 단계인 PPV, 비디오, 유료 텔레비전방송, 무료 텔레비전방송 등으로 이어진다는 것이고, 아래로는 점차 이윤의 폭이 줄어든다는 것을 표시한 것이다.

미국의 흥행실적은 엄청나게 크고 높은 마진(margin)을 제공하기 때문에 언제나 극장상영을 첫 시장목표로 삼는다. 국내시장에서 보통 2~3개월 간 흥행을 쌓은 후에는 다른 나라의 영화관으로 장소를 옮긴다. 해외의 각 상영관을 거치는 기간은 영화마다 다르지만, 영화상영관 개봉 후 6~9개월까지 걸리는 것이 보통이다. 한편, PPV는 국내외 영화상영관을 거치고 나면 상영을 시작하는데, 그 기간은 상대적으로 다른 창구에 비해 짧다. 비디오 대여는 영화개봉 후 4~6개월 후에 시작된다. 텔레비전 창구는 영화가 상대적으로 이윤 폭이 큰 극장과 PPV, 비디오 등을 충분히 거친 후에야 시작된다. 유

그림 7-3 미국 극장용 영화의 유통경로(사례: Home Alone)

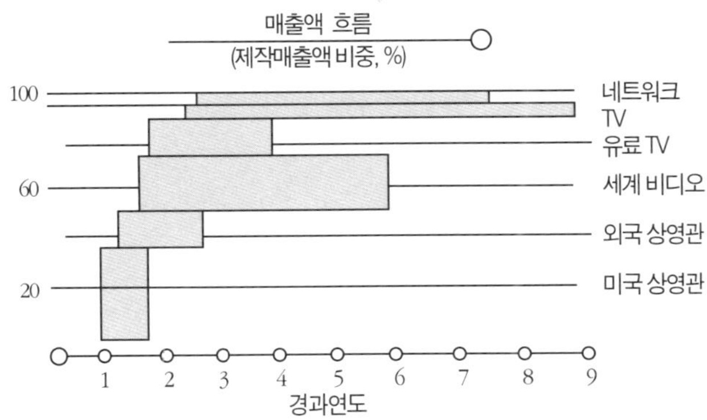

자료: Booz Allen.

료 텔레비전 채널에서의 방영은 영화개봉 후 약 12개월부터 시작되고, 그 다음 12개월이 지나면 지상파 텔레비전에 의해 무료로 방영된다. 그리고 나면 소규모 지역방송사에서 역시 무료로 틀어 준다.

콘텐츠를 활용한 관련상품을 개발해서 판매하는 일은 또 다른 수익원천이 된다. 토이 스토리 마우스 매트로부터 쥬라기공원을 배경을 한 게임과 장난감 등을 파는 미국의 콘텐츠업계를 보라. 어린이 엔터테인먼트에 초점을 두는 영화제작자들은 일반적으로 하부시장에서 자기 수입의 대부분을 찾는 사람들이다. 월트 디즈니는 특히 자신의 캐릭터 브랜드를 폭넓게 활용하여 이러한 기회를 최대화하는 데 커다란 성공을 거두었다. 디즈니 테마파크는 엄청난 수입을 내고 있으며, 더 나아가 의류, 장난감을 비롯해서 디즈니영화라는 브랜드와 관계된 무수히 많은 상품에 라이선스를 제공하여 막대한 이윤을 챙긴다. 이렇게 판매된 액수는 세계적으로 1998년에 1,120억 달러에 이르는 것으로 추정되며, 이 중 약 290억 달러는 영화와 텔레비전에 나왔던 캐릭터의 판매를 통해 거두어들인 것이다.

유럽의 여러 나라들과 미국에서는 1980년대와 1990년대를 통해 영화에 대한 소비자지출이 꾸준하게 늘어났다. 문제는 많은 나라들이 지출액 중 대부분을 미국 영화에 쏟아 붓고 있다는 점이다. 바꿔 말하면, 각국이 자체 제작한 영화들이 미국의 영화산업에 의해 지배당하고 있다는 느낌을 갖게 된다는 점이다. 가령 1988년에 영국의 영화 흥행매출 중 80% 이상이 미국 영화에서 비롯되었다. 비디오시장의 형편도 마찬가지이다. 역시 영국의 비디오 대여시장 매출 중 85% 정도가 미국 영화가 만들어 낸 수치이다. 이 금액의 속을 들여다보면, 매년 영국의 소비자가 영화나 비디오 관람에 지출한 비용 가운데서 극히 일부만이 자국산 영화제작에 쓰인다는 것을 알 수 있다.

다시 말해, 영화산업은 지극히 국제적으로 통용되고 거래되는 사업이나, 적어도 유럽의 경우 단일국가인 미국에 의해 전체 시장이 점거되어 있다고 해도 과언이 아니다. 인도는 미국의 할리우드에 대항하는 세계에서 매우 강력한 자국산 상업영화를 만드는 산업을 가진 몇 안 되는 나라이다. 1999년에 인도에서 제작된 영화편수는 764편이고, 미국은 628편, 영국은 92편을 제작하였다. 가장 많은 영화가 인도에서 만들어지는 것을 알 수 있다. 이 밖에는 대부분의 국가가 미국 영화를 중점적으로 보고 있다고 보면 된다. 통계로 볼 때, 유럽 국가의 영화관 전체 매출 중 미국 영화의 비중이 70%에 이른다고 한다.

2) 미국식 영화산업 모델

소수의 다국적기업들은 미국이라는 땅덩어리에 본부를 두고 영화산업에서 엄청난 과실을 거두고 있다. 미국의 영화산업은 두 영역으로 사업이 구분된다. 메이저 스튜디오인 대기업 형태와 중소규모인 독립회사이다. 미국의 독립제작회사들은 할리우드에 있는 메이저 회사들과 비교할 때 국제시장에서 일부의 몫을 차지하고 있다. 메이저 회사들로서 파라마운트, 유니버설, 20세기 폭스, 워너브라더즈, 디즈니, MGM, 소니/콜럼비아 픽처스 등은 대규모 기업집단이고, 따라서 동원할 수 있는 자원을 많이 갖추어 놓은 상태에서 사업은 수직적으로 통합된 배급회사라고 할 수 있다. 이들 일곱 개 회사들은 영화를 중심으로 매년 전 세계에 제작과 배급에 주력하여 영화시장을 지배한다고 볼 수 있다.

미국의 할리우드에 본부를 둔 이들 메이저가 선호하는 사업형태는 다름 아닌 규모 또는 크기이다. 그 원인은 메이저 기업들이 시장의 수요와 공급 양 측면에 있다. 미국의 시장규모로 볼 때 그 많은 영화관람 인구들의 수요를 충족시키기 위해서는 제작규모로 보나, 유통으로 보나 그 관리면에서 매우 중요하다. 극장 흥행매출과 홈비디오, 텔레비전방송 등 영화에 지출하는 미국인의 비용규모는 1999년에 390억 달러에 달한다. 그리고 미국산 영화가 차지하는 미국 내수시장 비중은 92%에 이른다. 즉, 미국인이 영화에 지출하는 비용규모는 미국의 전형적인 고예산 영화제작의 중요한 재원이다. 고예산 미국 영화의 특징은 단발성이 아니라는 점이다. 메이저 영화사들은 매년 거대예산을 들여서 홍보를 하고, 자신들의 효율적인 사업조직을 통해 위험을 분산해서 높은 수준의 시장점유율을 유지하는 데 매우 익숙해 있다. 이들은 제작과 배급의 양면 활동을 통합한 형태를 띠고 있다. 메이저들은 매년 자체적으로 약 140여 편의 영화를 만들고 있는데, 이들의 대부분이 국제시장에서 상위 매출순위를 독차지한다. 이들이 배급하는 영화는 미국 내 영화관 흥행에서 90% 이상을 차지하며, 그 밖의 관련시장까지 합하면 전체 매출의 50%에 이른다.

메이저 기업들을 제외하더라도 미국에서 활동하는 독립제작사들 역시 국제시장에서 상당한 영향력을 행사하는 업체들이다. 독립제작사들은 미국의 메이저 회사들에 종속되지 않은 상태로 영화를 기획하고 재정과 배급에 참여한다. 그러나 특별한 업무에 있어서는 메이저와 독립관계를 유지하기 힘들다. 가령 일부 독립제작사들은 현재 할리우드 메이저나 그와 연결된 기업으로부터 지원을 받는다. 타임워너가 소유한 뉴 라인 시네마나 디즈니업체인 미라맥스가 바로 메이저와 직접 연관된 회사로서 독립제작사를 지원한다. 그러나 순수하게 독립된 사업을 하는 업체들도 많다. 그 증거로서 미국의 독립제작사들은 매년 할리우드 메이저들보다 세 배 이상 많은 영화를 제작한다. 다만, 이들의 전부가 미국 내 영화관에서 상영되지는 못한다. 이러한 어려움은 다른 나라에서 사업을 하는 독립제작사와 비슷하게 겪는 상황이다.

앞에서 약간 언급하였듯이, 메이저 회사가 독립제작사와 다른 점은 메이저들은 제작과 배급을 결합하여 사업을 운영한다는 것이다. 배급과 관계된 일이란 영화의 적절한 창구를 찾는 작업과 적절한 마케팅을 수행하는 일 그리고 흥미를 유발하는 대중홍보 등이 이에 해당한다. 메이저 기업들의 배급부서는 실질적으로 세계 시장을 지배하고 있으며, 특히 자신들이 만든 영화를 국내외에 배급하는 일에 가장 신경을 쓴다. 배급관련 일들을 조정하면서 자신들이 만든 영화들이 흥행에 실패할 수 있는 위험을 분산시키는 데 노력을 집중한다. 제작이 배급과 연결되어 있기 때문에 사업의 안정성이 있게 되며, 따라서 이들은 자신이 보유한 자원들을 제작과 마케팅 또는 P&A(홍보와 광고) 등에 충분하게 투입함으로써 관객을 불러모을 수 있다. 이 점에 있어서 배급에 대한 통제력이 부족한 독립사들은 불리하다고 볼 수 있다. 이 때문에 독립제작사들은 안정적인 배급을 위해 제작 전에 미리 배급사에게 배급권을 넘겨 판매를 대행하게 함으로써 흥행실패의 위험을 낮추는 노력을 한다.

메이저 영화사들은 전통적으로 수직결합된 사업구조를 바탕으로 영화제작에 재원을 제공하며, 자신들의 배급망을 활용해서 상영창구로 가는 자신들의 영화보급에 주력한다. 그래서 일부 영화사들은 영화관도 소유한다. 이렇게 벌어들인 수익금 중 일부가 새로운 작품제작에 재투자되어 산업구조의 선순환을 형성한다. 일반적으로 영화의 판매와 마케팅을 주 업무로 하는 배급부서는 어떤 프로젝트의 진행 여부를 결정하는 데 중요한 역할을 한다. 왜냐하면, 영화의 제작과 그 흥행이 배급기능에 의해 크게 좌우되기 때문이다. 이러한 미국식 메이저 기업의 사업모델이 보이고 있는 두 가지 성공요소는 배급에 대한 통제능력과 영화사업을 지속적으로 수행할 수 있는 능력이라고 본다. 이러한 요인을 배경으로 메이저들은 매년 많은 실패작과 많은 흥행손실을 감내하면서도 소수 작품의 히트를 통해 엄청난 소득을 얻고, 이를 통해 꾸준히 사업을 이어가고 있다.

3) 수직구조와 위험분산

영화를 만드는 일은 패션상품이나 대중음악과 마찬가지로 히트 아니면 실패 둘 중 하나를 고르는 사업이다. 이 사업은 높은 비용을 요구하며, 위험하기도 하다. 전형적인 미국 메이저 영화사들의 평균영화제작 예산액은 1999년 기준으로 5,100만 달러로 알려진다. 이에 P&A비용을 추가하면 50% 증가한다. 영화의 제작비용은 지속적으로 상승압력을 받고 있는데, 이는 주로 톱스타들의 몸값이 크게 상승하는 것에 기인한다. 영화산업에 투입되는 과중한 투자와 사업상의 위험은 마치 석유시추사업을 추진하는 것과 유사하다.

영화제작에 대한 투자는 매우 투기적인 성격을 띤다. 보통 메이저 스튜디오가 출시하는 10개의 작품 중 단 2개 정도만이 이윤을 낸다. 바꿔 말하면, 대부분의 영화가 손실을 낸다는 것이다. 그러나 일단 극장에서 흥행에 성공한 작품은 엄청난 매출을 일구어 낸다. 이렇게 10개 작품 중 두 개만 성공하더라도 메이저 기업들은 높은 예산이 들어가는 다른 영화들을 제작하는 데 필요한 돈줄을 제공한다. 그러나 독립제작사들은 이렇게 메이저 기업들이 향유하는 선순환적인 현금흐름을 갖는 데에는 역부족이다.

영화기획, 제작 및 마케팅에 들어가는 모든 자금은 사전에 조달되어야 하지만, 그 수익은 완성된 영화가 극장에서 상영되기 시작한 후에야 발생한다. 메이저 영화사들이 만드는 영화의 제작기간은 평균 3년 정도이다. 메이저 기업에 소속된 프로듀서는 다른 곳으로부터 자금을 조달할 필요가 없으나, 그렇지 않은 프로듀서들은 대개 외부로부터 자금조달에 많은 노력을 기울여야 한다. 가령 독립제작사들은 자신들이 만든 작품이 미래에 발생할 매출을 예상하여 배급자로부터 선급금을 받기도 하며, 또는 제3자 사업자로부터 융자금이나 투자자금을 유치한다. 문제는 독립제작사가 받는 자금조달방식이 그렇게 쉽게 통하지 않고, 또 기회가 있더라도 조달과 관련된 비용이 많이 발생한다는 점이다. 왜냐하면, 제작자금이 조달되더라도 운영자금은 별도로 필요한 것이며, 따라서 이 부분은 영화사에게 큰 부담으로 남는다. 또한 자금을 제공한 입장에서는 융자를 제공할 때 특별한 자산이 없는 상태에서 신용을 근거로 하는 경우가 많기 때문이다. 영화의 개봉날짜가 가까워 오고, 또는 개봉되어서 흥행매출이 발생하기 시작하면, 제작자는 영화관 매출로부터 첫 번째로 수익을 환수한다. 우선 극장운영자는 운영비용으로 총흥행수입에서 직접 떼어 낸다. 그 다음에 남은 수입금을 갖고 이익을 상영업자와 배급업자 간에 일정 비율로 배분한다. 배급자가 상영업자에 비해 월등히 많은 부분을 갖는 것이 보통이나, 그 비율은 각각의 조건과 계약환경에 따라 다르게 나타난다. 배급회사가 갖는 총수입은 수수료와 광고 및 홍보비용을 포함한 모든 비용을 제하고 남은 액수이다. 배급사에게 주고 남은 것에서 제작비를 제공한 금융투자자에게 원금과 배당액을 주고 난 뒤에 남은 모든 수익금은 제작자와 스튜디오에게 돌아간다.

수익금이 환수되는 과정에서 일반적으로 말할 때, 영화흥행액의 자금회수 대상은 투자자나 자금을 빌려 준 쪽이고, 그 다음이 언제나 제작자 몫이 된다. 하지만, 이러한 일반적인 자금회수 순서도 영화제작에 직접적으로 관련된 중요한 파트너들이 우선적으로 일정 지분을 배당받기로 계약하였다면 지연될 수 있다. 가령 톱스타들은 이러한 순서에서 앞으로 배치되기도 하는데, 경우에 따라서는 흥행매출이 발생하면 배급비용이나 그 어떤 비용을 제하기도 전에 우선적인 보수를 받는다. 예를 들면, 짐 캐리를 포함한 일단의 할리우드 유명배우들은 특정 영화에 참여하는 대가로 일정액의 선금을 받고, 매출이 발생할 때 추가로 일정 비율을 받기로 하는 관행을 요구하기도 한다.

할리우드 영화산업의 생리를 파악하기 위해 다시 석유산업과 비교해 보자. 석유분야의 세계적인 일류 대기업들은 보통 석유사업에서 정제 및 주유소 사업부문에 이르는 전체 단계를 운영하는 것이 일반적이다. 그런데 이들은 전체 과정 중에서 가장 사업위험도가 높은 분야(예를 들면, 유정굴착)에 들어가는 비용을 분산시키는 전략을 취한다. 미국의 할리우드도 이와 유사한 노력을 취한다. 할리우드 영화사들은 제작과 배급사업을 통제하고 또 어떤 경우에는 극장상영업에도 참여한다. 가령 미국의 메이저 영화사들은 외국에서 멀티플렉스 상영관을 많이 소유하고 있다. 이렇게 되면, 많은 나라에서 발생하는 흥행매출의 대부분을 할리우드 배급사와 제작자가 차지하고, 또한 상영업의 매출 중 많은 부분 역시 메이저 회사들의 몫으로 돌아간다는 것을 의미하게 된다. 이렇게 석유사업과 마찬가지로 메이저 영화사들은 각 사업단계 그리고 소비자에게 전달하는 부문까지 참여함으로써 제작부문의 사업위험을 분산하고자 한다.

수직적인 공급사슬의 전 과정을 통제할 때 얻어지는 시장지배력은 미국의 메이저 영화사들이 경쟁력을 갖게 되는 강력한 원천이 된다. 이를 통해 메이저 기업들은 자신이 제작한 영화에 대해 상영시장을 미리 안정적으로 확보하게 되고, 따라서 제작의 위험도를 크게 낮출 수 있다. 심지어 흥행에 실패할 가능성이 높다고 판단되는 작품까지도 자신의 배급경로에 끼워서 거래할 수 있다. 메이저 영화사들의 공급사슬에 대한 통제관행 중 가장 잘 알려진 것이 블록부킹이다. 블록부킹(block booking)은 배급사와 상영업자가 거래를 할 때 상영업자가 원하든 원하지 아니하든 상관없이 배급사가 제공하는 패키지를 구입해야 하는 관행을 말한다. 이를 통해 메이저 배급사들은 역시 사업상의 위험을 줄일 수 있다. 지금까지 언급된 완벽한 수직결합을 요약하면, 영화흥행으로부터 메이저 스튜디오가 갖게 되는 소득의 몫을 일정 부분 떼어 갈 수 있는 제3의 배급사, 투자자 또는 중계상인이 거의 존재하지 않는다는 것을 의미한다.

4) 할리우드 영화사들의 생존전략

최근 국내 영화업계도 미국 영화업계처럼 '2강체제'니 '3강체제'니 하는 말이 나오기도 하고, 또 사회 일각에서는 국내 영화산업계가 독과점체제로 가면 사회에 피해를 끼치는 것이 아니냐 하는 우려 섞인 목소리도 들려온다.

사실 영화사업과 관련된 일을 하는 모든 사람들에게 할리우드라는 말은 하나의 이상형이기도 하면서 다른 한편으로는 도저히 경쟁상대가 될 수 없는 위협적인 존재이기도 하다. 하지만 할리우드 영화는 비단 영화와 직접적으로 관련된 사람뿐 아니라, 어린아이부터 나이든 성인에 이르기까지 안방에서 언제나 우리 곁에서 미처 경험하지 못한 세계로 우리를 인도하는 일종의 '마법의 왕국'이라고도 할 수 있다.

이렇게 할리우드 영화가 전 세계인의 흥미를 돋우면서 '행운을 가져다 주는 복덩어리(wheel of fortune)'가 되어 메이저 영화사들의 손에 엄청난 돈을 쥐어 주게 하는 데에는 지난 1930년대 경제대공항을 거쳐 가면서 생존을 위해 그들 나름대로의 터득한 방식이 있다. 이들의 생존전략은 우리 나라를 포함해서 아시아에서 이른바 로컬메이저를 지향하는 국내 영화업계에도 귀중한 타산지석이 될 수 있다. 이에 대한 자세한 이야기는 뒤에서 하기로 하고, 여기서는 과연 메이저 기업들이 현재 어느 정도의 사업성과와 경제력을 지니

표 7-2 10대 메이저 스튜디오의 사업실적(1998)

메이저 영화사	배급 편수	매출액(억 달러)
디즈니	31	11.0
파라마운트	19	10.8
워너브라더스	32	7.5
소니	40	7.5
폭스	16	7.3
뉴라인	24	5.3
드림웍스	7	4.8
미라맥스	36	4.0
유니버설	18	3.7
MGM/UA	14	2.0

자료: Screen Digest.

고 있는지 잠시 살펴보기로 하자.

지난 1990년대 중반까지 할리우드의 6대 콘텐츠기업라고 하면, 타임워너, 디즈니, 뉴스 코퍼레이션(20세기 폭스 등), 소니(콜럼비아), 바이어콤(파라마운트)과 MCA(유니버설)를 지칭하였다. 현재도 이러한 체제는 여전히 지탱되고 있지만 약간씩 주인이 바뀌었다. 모두 미국에 본부를 두고 있으나, 각 기업의 주인은 미국, 호주, 일본, 프랑스 등으로 되어 있다.

이들 6개 메이저 영화사의 사업구조를 들여다보면 한 가지 놀랄 만한 공통적인 사실이 있다. 타임워너 등 가장 잘 나가는 메이저 회사의 영업실적에는 영화부문이 총매출액의 1/3밖에 차지하지 않는다. 단, 유니버설은 영화부문이 전체 사업에서 차지하는 비중이 상대적으로 큰데, 그만큼 영화매출의 실적이 전체 사업에 많은 영향을 주고 있다. 그러나 대부분 메이저 기업들은 영화 외에도 여러 사업을 다양하게 펼치고 있다.

그러나 흔히 할리우드 메이저 기업들이라고 하면 먼저 영화사를 떠올리게 된다. 여기에는 영화가 영상산업에서 차지하는 화려한 이미지에도 그 원인이 있겠지만 경제적으로 봐도 충분한 이유가 있다. 즉, 할리우드 기업들은 전 세계 영화시장의 80%를 석권하고 있다. 이 밖에도 텔레비전 프로그램은 전 세계의 70%, 음악은 50%를 이들이 점유하고 있다. 또한 이들은 미국 유료 TV시장의 80%, 서적 및 잡지시장의 40%를 갖고 있고, 테마파크와 방송네트워크 사업에도 막대한 지분을 소유하고 있다.

이제 할리우드 메이저들이 어떻게 하여 이러한 왕국을 만들어 왔는지 하나씩 들여다보자. 사실 정확하게 말하면 할리우드가 왕국을 건설하기 위해 어떤 식으로 돈을 벌어 왔는지보다는 이들이 어떻게 시장에서 살아남을 수 있었는지 살펴보는 것이 더 맞다고 할 수 있다. 왜냐하면, 영화 자체의 손익계산서를 자세히 들여다보면 아무리 잘 나가는 미국 영화라 하더라도 고비용-저수익이라는 미국 영화산업의 속성을 그대로 내보이게 된다. 물론 흥행에 대성공을 거둔 영화는 고비용-고수익이라는 등식이 성립된다. 그러나 평균적으로 볼 때 고수익보다는 저수익이라는 표현이 더 적합하다.

더구나 미국 영화계가 산업의 초기 형성기를 지나 성숙기에 접어들면서 각 영화사 간 치열한 경쟁을 벌인 결과, 이윤마진은 1970년대 15%에서 1990년대에는 7~8%까지 하락하였다. 이러한 상황은 메이저 기업들로 하여금 어떻게 하면 사업상 위험(리스크)을 관리(매니지먼트)하느냐에 집중하는 계기가 된 것이다.

할리우드의 메이저 영화사들은 신생기업들이 감히 기존 시장을 뚫고 들어가기 어려운 장벽을 지니고 있다. 장벽의 종류에는 회사 운영의 높은 경상비구조, 과거부터 축적된 엄청난 양의 필름 라이브러리 등을 우선 꼽을 수 있다. 메이저 영화사들은 활발한 영화배급을 위해 다수의 스태프와 자체 제작시설 등을 보유하고 있기 때문에 엄청난 경상비가 지출된다. 보통 한 배급사당 연간 최소 1억 달러를 지출하며, 이 중 1/3이 경상비로 나간다. 필름 라이브러리는 메이저 영화사들의 연간 수지를 맞추는 데 매우 요긴하게 활용된다. 과거에도 그랬지만, 위성방송, 인터넷 등 새로운 영상채널이 급속히 등장하고 있는 요즘에는 강력한 라이브러리를 소유하는 것이 기업의 장기적인 생존에 결정적인 영향을 미칠 수 있다. KPMG라는 전문컨설팅업체에 따르면, 필름 라이브러리 가치는 1980년대 이래 최소 15~20배 상승하였다고 한다. 요약하면, 높은 경상비 지출과 방대한 양의 라이브러리 사업운영에는 영세기업들이 도저히 따라갈 수 없는 막대한 자본운영능력이 요구되는 것이다.

앞서 지적한 것처럼 영화가 갖고 있는 고비용-저수익 구조도 메이저 기업들이 영화 하나만으로는 시장에서 생존하기가 매우 어려운 환경을 만들었다. 따라서 이들 기업은 불안정한 연간 사업소득을 사업다각화를 통해 극복하려고 노력해 왔다. 사실 영화사업의 진정한 가치는 영화에서 나오는 이윤보다는 다른 사업과 함께 어우러져 나오는 부수입에서 온다고 볼 수 있다. 이러한 사업전략을 일찍이 추구한 기업이 바로 디즈니이다. 현재는 대부분 메이저들이 디즈니와 같은 사업다각화 방식을 추구하고 있다. 예를 들면, 텔레비전 프로그램 제작, 테마파크, 소비재, 사운드트랙, 서적, 컴퓨터 게임에 이르는 모든 가능한 엔터테인먼트사업에 손을 뻗치고 있다. 여기서 영화는 메이저 기업들이 이러한 엔터테인먼트왕국에 참여하는 훌륭한 열쇠가 된다.

영화의 제작부터 상영관 출시에 이르는 모든 사업부문을 통합하여 운영하는 것도 비용과 수입을 통제하여 기업의 소득구조를 안정화하려는 위험회피전략이다. 메이저 영화사들의 핵심 사업은 제작에 있으나, 현실적으로 이들 기업에게 돈을 벌어다 주는 곳은 배급과 상영부문이다. 때문에 배급과 상영부문을 장악하여 통합관리하는 일은 장기적으로 할리우드 기업들이 생존하고 다른 한편으로는 부를 축적하는 데 매우 중요한 경영전략이다. 이러한 경제적 동기로 인해 메이저 기업들의 CEO들이 사업의 수직적 통합에 엄청난 돈을 지난 1980년대부터 지금에 이르기까지 쏟아 붓고 있는 것이다. 예를 들면, 파라마운트와 타임워너는 많은 수의 극장들을 소유하여 자사가 취급하는 영화들을 배급함으로써 안정적인 소득원을 제공받는다. 메이저 영화사들은 극장체인을 소유함으로써 자신들이 거래하는 작품이 블록버스터로 성공할 수 있는 유력한 여건을 조성한다.

메이저 영화사들이 안정된 시장을 확보하기 위한 방법으로 포트폴리오전략이라는 것이 있다. 메이저 기업들은 다양한 작품을 시장에 내놓기 위해 음반회사와 같은 몇 개의 레이블을 운영한다. 가령 디즈니사는 터치스톤, 월트디즈니, 미라맥스 등의 독립된 스튜디오를 거느리고 있으며, 뉴스 코퍼레이션도 20세기 폭스, 폭스 패밀리, 폭스 2000과 폭스 서치라이트를 동시에 운영하여 작품을 공급한다. 이 밖에도 메이저사는 같은 전략의 일환으로 다양한 예산규모의 영화를 제작하고 있으며, 특히 대형배우를 고용하여 흥행에 성공한 작품에 대해서는 같은 배우를 등장시켜 시리즈물을 출시함으로써 매출을 최대한 높이고 실패위험도는 최대한 낮춘다.

기관차전략이라는 것도 있다. 이것은 다시 말해 영화의 부수시장을 최대로 활용해 보자는 취지의 전략이다. 우리가 아는 대로 영화는 극장에서 시작하여 홈비디오, 유료 케이블TV, 외국시장 배급, 공중파 TV방송 등 줄지어서 추가적인 수익을 만들어 낸다. 여기서

객차들을 끄는 기관차 역할을 하는 것이 영화다. 그러나 이러한 기관차전략이 효과를 발휘하려면 영화가 극장에서 반드시 성공을 거두어야 한다. 일부 예외가 있기는 하나, 대부분의 영화는 극장에서의 흥행 여부가 제작비 회수에 결정적인 역할을 한다. 이 점이 바로 할리우드 메이저들이 그토록 엄청난 돈을 들여가면서 블록버스터용 영화제작에 집착하는 이유이다. 그만큼 극장에서 인정받았다고 하면, 나머지 사업은 힘들이지 않고 순항하게 되는 것이다.

모든 산업들이 연구개발에 많이 의존한다면, 메이저 영화사들도 예외가 아니다. 메이저 기업들은 연구개발비로 시나리오 개발과 라이브러리 권리구입에 쓰는 돈이 연간 3억~5억 달러에 이른다. 특히, 기획부서는 많은 시나리오 개발자들을 보유하고 제작에 만족할 수준에 이르기까지 수정에 수정을 거듭한다. 한 메이저 스튜디오 기획간부는 "대본이 적어도 15~20회 정도 수정되지 않으면, 절대로 제작단계에 진입할 수 없다"고 말할 정도로 대본개발에 굉장한 힘을 기울인다.

제작이나 기획개발이 영화의 예술적 요소를 강조한다면, 영화의 마케팅과 배급은 자동차나 음료수 등 여타 일반 소비재와 마찬가지로 산업적 특성을 지니고 있다. 다시 말해, 메이저 배급사들은 자신들이 출시한 영화가 가장 효과적으로 관객에 전달되도록 갖가지 경영적인 노력을 기울인다. 한 가지 특이한 점은 영화에 대한 관객 평가부분이다. 메이저들은 만일 자신들이 취급하는 대중오락영화가 비평가에게 먼저 간다면 이들 작품이 극장에서 상영되자마자 사라질 것이라는 것을 잘 알고 있다. 따라서 메이저들은 수백만 달러의 돈을 홍보 및 마케팅에 사용하고 단지 일부 예술적으로도 칭찬받을 만한 작품에 한에서 비평가들에게 미리 선을 보인다.

마케팅전략도 과거와는 사뭇 다르게 전개되고 있다. 텔레비전이 등장하기 전에는 영화가 여러 도시를 옮겨 가면서 서서히 홍보되었다. 그러나 텔레비전, 라디오, 인터넷 등 각종 대중매체가 발달하면서 이들 매체를 이용하여 출시될 영화를 일시에 마케팅할 수 있게 되었다. 즉, 과거 장기에 걸쳐 홍보하여 거두어들일 수 있었던 수익을 이제는 대중매체 덕분에 초단기에도 건질 수 있게 되었다. 그러나 이러한 방법을 동원하려면 엄청난 마케팅비용을 지불할 수 있는 자본능력이 뒷받침되어야 하기 때문에 이 부분 또한 메이저 영화사가 여타 중소업체에 비해 경쟁력을 가질 수밖에 없는 영역이다.

영화사업의 가장 고약한 점은 블록버스터 영화라 하더라도 극장수입에서 떨어지는 이윤은 다른 산업에 비해 그다지 많지 않다는 데 있다. 이래서 취한 전략이 가격차별화이다. 메이저사들은 과거 1930년대와 1940년대를 거치면서 지금까지도 제작, 배급, 상영 등의 사업부문을 자기 소유로 함으로써 영화에 대한 판매가격을 자유자재로 책정하였다. 가격차별의 가장 쉬운 예가 서적판매다. 미국에서는 책이 처음 판매될 때 하드커버로 높은 가격을 붙이다가, 시간이 어느 정도 지나면 낮은 가격의 소프트백이 판매된다. 즉, 내용은 같지만 포장방법에 따라 다른 가격으로 책을 판매함으로써 수익을 최대화하자는 것이다. 이에 비해 영화는 서적판매보다 월등히 많은 수십 가지의 포장방법을 사용할 수 있다. 가령 국내와 해외, 해외지역 간 판매되는 영화의 가격이 다르다. 또한 매체 간, 상영시차별, 방영횟수별, 심지어 라이브러리에 이르기까지 다양한 가격책정방법으로 상품가치를 최대한 올리게 된다.

최근 디지털시대가 전개되면서 지금까지 군림해 왔던 메이저 기업들의 영역이 허물어질 수 있다는 가능성을 점치는 견해도 나오고 있다. 그러나 이러한 상황은 과거 컬러기술과 TV, 비디오 등이 등장하였을 때도 비슷한 처지였다. 결국 메이저 기업들은 오히려 이를 새로운 도약의 발판으로 삼고 더욱 견고한 왕국을 세우는 데 성공해 왔다. 물론 미래도 과거와 똑같으리라는 보장은 없지만, 오는 도전을 배워 이를 언제나 새로운 도약의 계기로 만드는 이들의 힘을 보면, 과연 그러한 견해가 들어맞을지는 의문이다.

5) 독립제작사들의 어려움

앞에서 잠깐 언급한 것처럼 독립제작사들의 사업에 가장 큰 영향력을 행사하는 부분이 메이저 기업들이 갖고 있는 배급망이다. 이 때문에 독립제작사들의 영화제작 투자에 배급사를 관여시키지 않고는 사업을 이끌기 어렵고, 다른 사업자들의 자금을 유치하는 데에도 한계를 갖는다. 이러한 점이 독립제작사가 영화제작의 투자자금을 구할 때 겪는 가장 큰 어려움이다.

또한 대부분 중소업체인 독립제작사들은 자본축적이 부족하고 배급망에 결정적인 결함을 갖고 있기 때문에 흥행의 위험을 분산할 방법을 찾기가 매우 어렵다. 대부분은 1년에 한 편 이상을 제작하기도 힘든 상황으로 여러 편을 제작해서 위험을 분산하는 메이저 기업들과는 근본적으로 틀린 사업구조를 갖고 있다. 배급망이 결여되어 있다는 점 외에도 상영관에 대한 협상력도 거의 없기 때문에 잠재적인 영화투자자들이 이들로부터 투자에 대한 확신을 갖기가 매우 어렵다.

그래서 일반적으로 금융분석가들이 독립제작사를 보는 투자의 위험과 보상비율은 다소 비관적이다. 위험은 너무 높고, 비록 제작할 영화가 잠재적으로 메이저 영화에 비해 보상이 높게 책정되어 있더라도, 그것의 보장은 매우 불확실하다. 영화제작을 일정하고 꾸준하게 하는 것도 아니기 때문에 독립제작사는 충분한 실적을 금융투자자들에게 보이기도 어렵다. 보통 독립제작사와 금융권 간에 충분한 정보교환이나 거래가 이루어지지 않기 때문에도 금융계로부터 지원받는 기회가 적은 이유가 된다.

메이저 배급사나 제3의 금융업자 또는 투자자 외에도 텔레비전 방송부문은 독립제작사가 구할 수 있는 돈줄이다. 영화는 많은 방송사의 방영계획에서 중요한 위치를 차지한다. 유럽의 영국이나 프랑스 텔레비전 방송사들은 정례적으로 저예산 자국영화에 투자한다. 그러나 이들 저예산영화는 방송사가 방영계획을 세울 때에도 근본적으로 흥행경쟁력이 미국 메이저 영화에 비해 떨어진다는 것을 알기 때문에 적극적인 성의를 보이기가 어렵다. 즉, 방송사들은 자신들의 방영계획에 영화를 넣는 것이 중요하다는 것은 알지만, 흥행성이 약한 신작의 제작에 투자하기보다는 시장에서 흥행이 입증된 할리우드 영화를 구입하는 것이 덜 위험하고 비용도 적게 든다는 것을 알고 있다.

만일 독립제작사가 만든 영화에 배급사가 전혀 관여하지 않는다면, 과연 그 영화가 배급이 원활하게 될 수 있을지에 대한 궁금증은 높아진다. 이는 대부분의 배급사들이 예술영화를 선호하는 독립제작사의 영화보다는 흥행 위주의 영화배급을 원하고, 이러한 취향은 대부분의 관객도 동일하기 때문이다. 상영업자들 역시 독립영화는 충분히 홍보될 만한 재정적인 여건이 없기 때문에 상영을 회피하는 경향이 높다.

독립영화사들이 재정적인 어려움을 극복하기 위해서는 많은 사람들이 시장지향적인 방법을 택하라는 권유를 받는다. 즉, 대중의 관객이 원하는 장르를 포함해서 상업적인 매력을 갖게 하는 작품을 만드는 것이라고 할 수 있다. 하지만, 그렇다 하더라도 메이저 기업들이 갖고 있는 엄청난 재정규모와 사업의 구조적인 조직, 그리고 결정적인 요인으로 배급망을 생각한다면, 독립제작사들이 사업적으로 성공할 가능성이 매우 희박하다고 볼 수 있다. 독립제작사가 상업적으로 흥행에 성공하더라도 정작 재정적인 혜택을 보는 것은 메이저 영화사의 배급부분이기 때문이다.

6) 신기술의 등장

영화산업의 공급사슬이 디지털이라는 새로운 기술로 인해 혁명적으로 변화하고 있다. 그런 가운데 신기술의 도입으로 희망의 빛을 보게 된 주체가 독립제작사들일 것이라는 의견이 많다. 디지털 기술은 영화의 제작과 배급에 모두 영향을 미치고 있다. 제작에서 디지털 버전의 카메라, 편집과 각종 기기의 사용은 자본과 인력에 들어가는 비용을 현저히 감소시킬 전망이다. 1990년대 말부터 새로운 기술이 부가된 저비용, 디지털 제작기술을 활용하여 상업적인 생존이 얼마나 가능한지 실험되고 있다. 현재 영화제작의 대부분은 셀룰로이드를 계속 사용하고 있으나, 디지털기술을 활용하여 보다 저렴하게 영화를 제작할 기회가 늘어남에 따라 영화제작에서 잠재기업의 시장진입을 낮추고 있고, 기존의 독립제작사들도 이를 통해 경영개선의 여지를 갖게 되었다.

제작비에 미치고 있는 디지털기술의 영향은 저평가될 수 없다. 예를 들면, 디지털가공과 컴퓨터그래픽 등은 스펙터클한 특수효과를 묘사해서 제작하는 데 더 없는 효과적인 수단이자 비용절감이라는 또 다른 혜택을 준다. 그러나 다른 한편으로 2000년에 들어와 디지털기술을 활용하여 흥행기록을 남긴 3부작 「스타워즈」는 엄청난 제작비가 투입되었다. 다만, 이 영화를 제작할 때 많은 소규모 독립 영화제작사가 디지털작업에 기여한 것으로 알려져 있다. 반면에 1999년도에 초예산을 들여 만들어진 「블레어 위치(Blair Witch)」라는 영화는 디지털기술이 제작과 홍보에 얼마나 잘 활용될 수 있는지를 보여 주고, 디지털영화의 성공가능성을 예기한 작품이다. 특히, 이 영화의 제작자는 비용이 많이 들어가는 배급사의 힘을 빌리지 않고, 인터넷의 채팅 사이트와 입소문으로 많은 대중으로부터 주목을 받으며 흥행기록을 남겼다.

디지털기술은 영화의 배급방법에도 영향을 준다. 1980년대 초까지 영화관의 흥행매출은 영화제작자에게 가장 많고 중요한 매출원이었다. 미국의 경우 1999년까지 메이저 영화사들이 갖는 극장의 매출수입은 국내외를 통틀어서 26%를 차지하였다. 그러나 앞으로는 디지털기술로 말미암아 텔레비전과 기타 새로운 미디어들이 영화의 주 소득원으로 될 날도 멀지 않을 것을 시사하고 있다.

그 동안 선진국들에서 영화의 매출이 꾸준히 증가한 것은 1990년대에 걸쳐 인기를 끌어 온 영화전문 케이블방송의 성장이 중심적인 역할을 한 것으로 파악된다. 지난 1990년대 말 이래로 디지털 압축기술은 텔레비전 방송채널의 확대를 가져왔고, 그로 인해 영화를 전문으로 다루는 서비스가 많이 늘어나게 되었다. 앞으로는 시청자들이 자신의 원하는 타이틀을 여러 채널로부터 고를 수 있는 서비스의 등장도 바라보고 있다. 예를 들면, 본격적인 PPV[1]와 Near

[1] 시청자들이 정해진 방송시간에 최근에 만들어진 몇 개의 영화들을 볼 수 있게 하는 서비스.

VOD[2] 등의 개인서비스가 활성화될 경우 시청자들이 더 많은 비용을 영화에 지출할 것이다.

PPV와 Near VOD 서비스의 후속으로 등장할 본격적인 개인서비스는 VOD라고 할 수 있다. 2000년에 영국과 독일에서 시작된 VOD 시범사업은 소비자들이 언제 어느 때나 비용을 내기만 하면, 수많은 타이틀이 적혀 있는 카탈로그에서 원하는 영화를 선택해서 다운로드할 수 있게 한다. VOD는 현재 늦은 시간에 비디오테이프를 빌릴 때 그리고 혹시 발생할 수 있는 비디오 훼손문제 등을 일시에 해결해 주는 서비스이다. 따라서 앞으로 이 사업이 본궤도에 오른다면, 현재 거리에 많이 분포되어 있는 비디오대여점들은 자취를 감출지도 모를 일이다.

다만, 현재 VOD 서비스에 들어가는 기술적 비용들이 여전히 높은 상태이고, 다른 양방향 텔레비전 서비스와 마찬가지로 많은 네트워크 용량을 필요로 하고 있다. 따라서 VOD 서비스사업에 대한 성공 여부는 케이블 네트워크와 원거리 통신관련 인프라가 얼마나 빠르게 향상될 것이며, 또 그것이 경제적인 타당성을 가질 것이냐에 달려 있다.

인터넷이 영화의 배급방법을 혁명화할 것이라는 생각은 독립제작들이 진정 원하는 부분일 것이다. 이런 점에서 「블래어 위치」는 영화제작자가 잠재적인 영화관객을 목표로 할 때 인터넷이 얼마나 유용한지를 보여 준 영화라고 평가된다. 문제는 독립제작사가 이 도구를 효과적으로 활용하는 방법을 터득해서 현재의 배급사가 하고 있는 관행인 출시될 영화에 대한 소비자정보를 확보하고, 이를 홍보에 활용하는 활동들을 대신할 것이냐 하는 것이다. 인터넷은

---

[2] 약간씩 시차를 두고 같은 영화를 몇 개의 채널에 방영하는 서비스.

케이블TV 방송과 범위의 경제성

유료 TV방송산업에서 범위의 경제성은 패키징사업부문과 전송사업부문에서 효과적으로 나타날 수 있다. 미디어산업에서 벌어지고 있는 기업 간 전략적 제휴와 합병 등의 움직임은 기업규모의 확대를 통한 규모의 경제성 제고뿐 아니라, 전반적인 범위의 경제성을 확보하려는 기업의 경쟁력 확보전략으로 볼 수 있다. 콘텐츠의 패키징부문에서 기업들은 동일한 콘텐츠를 다양한 형태로 재가공하고, 이를 다양한 플랫폼을 통해 최대한 유통시키려는 것이 오늘날의 매체기업들의 공통적인 경영전략이다. 예를 들면, 각 사업부문에 패키징영역이 있는 지상파 TV, 케이블TV, 위성TV 방송사업 간 경제적 통합이 전형적인 모습이다. 또한 전송 또는 유통사업부문에서도 방송영상사업과 네트워크사업 간 경제적 통합을 통한 범위의 경제성을 달성할 수 있는데, 케이블전송사업자가 전화서비스를 겸영하는 형태가 바로 그런 사례에 해당한다. 마지막으로 하나의 MSO 기업이 지리적으로 분리된 다수 지역에 케이블TV 서비스를 하는 경우도 범위의 경제성을 달성할 수 있다.

자료: 방송위원회(2002), p. 375.

독립제작사와 관람객을 직접 연결하는 통로로 사용될 수 있기 때문에 전통적인 배급사와 상영업자를 거치지 않을 수 있다. 인터넷을 통해 개별 제작사와 소비자 간 수백만 건의 협상이 이루어지는 배급시스템은 적어도 이론적으로 가능한 것으로 보인다. 그러나 현실은 아직 영화소비자가 PC를 통해 영화의 전 장면을 보기를 원하는지 확인이 안 된 상태이다. 더구나 거래비용을 줄이고 많은 영화제작에 재정지원을 하고 다양한 창구들을 개발함으로써 소비자가 영화에 많은 지출을 하도록 유도하는 배급사의 전통적인 역할이 영화산업에 끼치는 긍정적인 면도 무시할 수 없다.

또한 디지털기술이 배급부문에 비용을 줄이는 곳으로서 영화를 영화관에 전달하는 영역이 있다. 현재 메이저 배급사들은 영화의 셀룰로이드 프린트를 여러 개 복제해서 이들을 영화관에 전달하며,

그러한 과정은 높은 제작과 유통비용을 초래한다. 그런데 만일 영화복제 프린트를 전자전송으로 가능해진다면, 비용절감효과는 대단해질 것이다. 다만, 현재는 이러한 시도가 실험적으로 이루어지고 있으며, 상용화를 위한 많은 투자가 커다란 숙제로 남아 있다.

(2) 텔레비전방송 서비스

텔레비전부문은 대부분 나라에서 미디어산업의 중심에 서 있다. 미디어산업의 주 소득원이 방송광고라는 사실은 잘 알려져 있다. 특히, 텔레비전방송은 광고수입에 크게 의존한다. 본 절은 우선 방송서비스의 비즈니스 특성에 대한 지식을 축적한다. 그 다음 텔레비전방송의 자금조달구조와 메커니즘을 살펴보고 방송의 시장실패영역으로 어떤 것이 있는지 검토한다. 또한 경쟁력의 원천으로 규모와 범위의 경제성이 방송에 어떻게 적용되는지 그리고 방송사들의 생존전략에 대해서도 알아본다.

1) 비즈니스 특성

미디어마다 비즈니스 특성이 있는 것과 같이 방송서비스 역시 독특한 비즈니스 특성을 보유한다. 1920년대에 처음 라디오 전파를 타고 방송서비스가 시작될 때 서비스공급자가 고민한 것은 투입한 비용을 어떻게 회수할 수 있느냐 하는 방법을 찾아야 한다는 것이었다. 방송서비스를 받는 사람들을 일일이 확인해서 이들에게 요금을 직접 부과할 수단이 없기 때문이었다. 일반적인 시장에서는 공급자와 수요자가 만나서 거래되는 양과 거래가격이 결정된다. 하지만, 방송 초기에는 특히 시청자나 청취자가 무엇을 원하는지, 그 패턴은 어떤지에 대한 정보가 축적되어 있지 않았기 때문에 서비스 공급자로서는 매우 난감하였다. 이렇게 소비자에게 요금을 부과해서 이윤을 거두어들이는 메커니즘이 불확실하다는 점을 방송의 시장실패라고 표현한다.

방송의 시장실패를 해소하는 데에는 대체로 두 가지 방법을 거론한다. 하나는 국가가 공공기금을 마련하고 공영방송사를 설립해서 운영하는 것이다. 예를 들면, 우리 나라의 KBS와 마찬가지로 영국의 BBC는 방송수신기를 보유하는 모든 영국 국민들에게 세금을 부과하여 기금을 조성하였다. 반면에 상업주의가 발달한 미국은 방송서비스를 스폰서십에 의존하였다. 그리고 프로그램 제작은 자신들의 상품을 홍보하기 원하는 민간기업들의 재정으로 이루어졌다.

최근에는 이러한 상업주의 방식이 미국을 포함한 많은 나라들에서 자연스럽게 이루어지고 있으며, 광고액과 유료시청자가 지불하는 금액만 해도 엄청난 자금이 조성되고 있다. 그러나 방송서비스에서 시장실패의 잠재적인 원인은 여전히 남아 있다. 그것은 방송서비스가 제공하는 일종의 산출물 특성에 기인한다. 방송서비스는 두 가지 형태로 나타난다. 다른 매체와 마찬가지로 방송서비스는 이중적인 상품구조를 가진다. 그 첫 번째가 프로그램 서비스이다. 즉, 방송프로그램은 방송일정에 따라 시청자에 제공되자마자 소비된다. 다른 유체물과는 달리 생산과 동시에 소비가 되는 서비스가 갖고 있는 대표적인 특성을 가지고 있다.

방송사의 또 다른 산출물은 그것을 소비하는 시청자들이다. 방송사의 각 채널은 프로그램을 받는 대상인 시청자들을 끌어 모으는 역할을 하는데, 이는 달리 말하면 방송사가 자신이 끌어들인 시청자들을 광고주에게 판매하는 것과 같다. 방송사 입장에서는 시청자들을 모으기 위해 방송프로그램 제작으로 발생하는 비용을 투입해야 하고, 이 제작비용을 광고주로부터 받는다. 방송사가 책정하는 방송시간의 가격은 보통 채널을 보는 시청자의 수에 따라 결정되나, 각 방송사가 처한 환경에 맞게 일률적으로 고정된 가격으로 판매되기도 한다. 방송사가 실질적으로 달성한 시청률은 방송사의 매출크기를 결정하는 데 중요한 기준이 된다. 그래서 시청률이 떨어지면 방송사는 다음에 광고매출이 줄고, 반대로 시청률이 올라가면 당초 맺은 광고계약 이상의 광고매출을 높일 광고시간대를 판매할 여유가 생긴다.

방송사의 산출물이며 시청자가 소비하는 프로그램 서비스는 일종의 공공재라고 할 수 있다. 공공재의 가장 중요한 특성은 사회구성원 모두가 소비할 수 있다는 점이다. 텔레비전 프로그램은 어떤 개인이 시청한다고 하더라도 여전히 다른 사람들도 똑같은 프로그램 내용을 시청할 수 있기 때문에 공공재라고 할 수 있다. 방송사가 전달하는 것은 유체물이 아닌 전달하려는 의미 또는 메시지라는 무체물이기 때문에 시청자의 소비행위로 소모되는 것이 아니다.

텔레비전방송을 일정한 사람이 시청할 때 추가적으로 다른 사람이 시청한다고 해도 방송사가 지출해야 하는 비용[3]은 거의 없다고 보아도 된다. 다만, 케이블방송은 추가적인 가입자들을 위해서는 연결비용이 추가되고, 유료방송의 경우 추가적인 가입자들을 관리하기 위해 운영비가 상승할 것이나, 역시 그 한계비용은 초기 제

❸ 특히, 지상파 텔레비전방송의 경우 이러한 비용상승분을 한계비용이라고 하며, 이는 사실상 0이라고 보아도 무방하다. 그러나 기존의 전송용량 한계를 넘어서 많은 수의 시청자에게 서비스를 해야 될 경우에는 추가적으로 전송시설을 늘려야 하므로, 이 때에는 한계비용이 0보다 클 것이다.

작비에 비해 매우 적을 것이다. 즉, 평균적으로 볼 때 텔레비전방송사가 추가적인 시청자들로 인해 지출하는 비용은 실질적으로 거의 없다고 보아도 되며, 따라서 관객수가 증가할수록 규모의 경제효과가 더욱 크게 된다. 반대로 관객수가 추가적으로 늘지 않은 방송사는 앞의 예에 비해 경쟁에서 훨씬 불리하게 될 것이다.

방송서비스의 이러한 비즈니스 특성은 방송사가 새로운 채널을 구축하기 위해 재원을 조달할 때 중요한 의미를 지닌다. 새로운 채널로 서비스를 시작하면, 시청자들을 모으는 일이 가장 시급하고, 이 때 좋은 프로그램을 제공하는 것이 좋은 방안이 된다. 그러나 프로그램 제작은 많은 비용을 필요로 한다. 동시에 서비스를 처음 시작할 때는 아무래도 다른 방송채널에 비해 시청자수가 적기 때문에 방송수입 역시 좋을 리가 없을 것이다. 이 경우 방송재정의 균형을 위해 방송사들은 낮은 예산으로 프로그램을 제작 · 공급하려는 움직임을 보일 가능성이 높다. 대부분의 경우 저예산 프로그램은 대중적인 시청자들을 불러모으기 힘들며, 따라서 수입도 개선될 여지가 적다. 결국 새로운 채널을 운영하는 방송사가 이러한 악순환을 피하기 위해서는 초기에 매출액이 적어 제작비를 환수하기 어렵더라도 프로그램의 질적 향상에 많은 투자를 할 수 있는 재정능력을 보유하고 있어야 한다.

대부분의 산업에서 생산자들은 재정형편을 고려해야 되기 때문에 시장수요에 대응하여 산출량과 비용을 조절한다. 만일 시장수요가 줄어들면 그에 따라 기업들은 생산량을 줄이고, 반대로 수요가 늘면 공급량을 늘릴 비용계획을 세운다. 그러나 방송서비스의 경우 이러한 경영관리가 통하지 않는다. 방송사는 시청자의 수와는 별 상관없이 일정한 프로그램에 고정적인 비용을 지출해서 서비스를 제공할 수 있다. 즉, 고정비 회수가 상대적으로 매우 중요하기 때문에 방송사들은 일정한 수의 시청자를 확보하는 데 주력한다. 고정비를 회수할 정도의 프로그램 제작 및 운영비를 어떻게 결정하고 조절하느냐가 가장 중요한 경영상의 쟁점이라고 할 수 있다.

초기에 일정한 수의 시청자 확보를 위해서는 지속적으로 다양한 예산수준의 프로그램들을 제작해서 방영함으로써 시청자수를 늘리고 그에 수반하여 다시 예산액을 늘려 나가는 전략이 필요하다. 새로운 채널이 손익분기점을 넘어 매출순익을 남기는 시간은 대략 4~5년이 걸린다고 한다. 그러나 시청자수가 어느 정도를 넘어서 안정성을 확보하면, 고정비의 회수가 용이해지고, 그 이후부터는 많은 이윤이 방송사에 건네진다. 이 시기에는 추가적으로 늘어나는 시청자들에 대해 방송사가 지출하는 비용은 거의 없으므로, 늘어나는 매출액은 고스란히 방송사 이윤으로 남는다. 따라서 방송사는 이렇게 들어오는 이윤을 축적해서 더 수준 높고 우수한 프로그램 제작을 위한 예산을 편성하고 보다 확고하게 시장에서 영향력을 형성한다.

이러한 예로 영국 방송시장에서 지배적인 위치에 있는 BSkyB를 들 수 있다. 이 회사는 1990년대 초 많은 프로그램에 투자하였으나, 시청자수는 만족할 정도로 늘어나지 않아 경영상의 어려움에 직면하였다. 빈약한 시청자 수치는 곧바로 다음 프로그램 제작예산을 책정하는 데 영향을 미치기 때문에 악순환의 고리를 끊는 경영관리를 해야만 하였다. 이 회사는 프로그램 제작에 돈을 붓는 전략을 통해 선순환을 만드는 것이 사업을 성공으로 이끄는 열쇠가 될 것임을 알고 있었다. 이러한 고정적인 유료가입자의 수를 늘리고, 여기서 얻은 수익을 프로그램에 다시 투자하는 노력을 대략 10여

년 간 지속하였다.

텔레비전 방송프로그램을 제공할 때 소요되는 시청자 한 사람당 비용은 시청자수가 증가하면서 빠르게 감소한다. 이러한 규모의 경제성 외에도 방송서비스는 범위의 경제성도 존재한다. 앞에서도 설명되었듯이, 범위의 경제성은 일부 공유할 수 있는 경상비가 존재하든지, 또는 두 개 이상의 관련상품들을 각기 두 개의 기업이 생산하는 것보다 하나의 기업이 생산하여 공급할 때 발생하는 비용의 효율성을 말한다. 텔레비전방송의 경우 범위의 경제는 동일한 콘텐츠나 지적 재산을 하나 이상의 산출물로 활용할 때 비용의 절감효과가 발생함으로써 일어난다.

범위의 경제성은 하나의 프로그램을 교차로 지원할 때도 발생한다. 이런 방식으로 프로그램이 활용되면 방송사는 프로그램 제작의 위험을 분산할 수 있다. 예를 들면, 프로그램을 제작한 방송사는 프로그램 내용 중 일부는 특정 부류의 시청자들에게 제공하고, 어느 부분은 편집해서 다른 특별한 부류의 시청자들에게 제공할 수 있다. 만일 이 중 어느 한 쪽의 시청자 부류에서 히트가 될 경우 이로부터 얻는 매출 또는 시청자의 가치는 방송사에게 재정적인 안전망을 제공하고, 전체적인 기획을 탄력적으로 운영할 수 있는 여유를 만들어 준다.

2) 방송서비스의 시장실패

방송서비스는 수많은 시장실패가 벌어지는 영역이고, 이들 중 많은 것들은 앞에서 논의된 방송서비스의 공공재적 특성에서 비롯된다. 일반적으로 자유시장은 사적재를 효율적으로 배분하지만, 공공재에는 항상 잘 적용되는 것은 아니다. 여기서 시장실패란 두 가지 의미를 함유한다. 하나는 자원을 효율적으로 배분하는 공급과 수요기능인 시장시스템의 실패를 의미한다. 또 다른 하나는 효율성 측면 이외에 다른 사회적으로 바람직한 목표인, 민주주의의 실현이나 사회적 결속의 달성 등의 실패를 의미한다.

우선 효율성 문제를 보면, 과거로부터 라디오나 텔레비전방송에 순수하게 이윤을 추구하는 민간기업이 참여한 경험이 별로 없다는 데에서 짐작이 간다. 방송서비스는 본질적으로 시장이 그것을 제공한 측에 비용을 적절히 회수시키기 어려운 구조로 되어 있다. 왜냐하면, 방송서비스에 대한 비용지불을 거절하고 있는 사람들을 일일이 확인해서 어떤 형태로든 그 서비스를 받지 못하도록 강제할 수 없기 때문이다.

공공재는 "타인을 배제할 수 없다"라는 특성을 가지고 있다. 가령 대표적인 국방서비스는 국민들이 이에 대해 가격을 지불하든 아니든 상관없이 모든 사람들에게 제공된다. 지상파 방송은 개별 시청자가 이에 대해 가격을 지불할 의사가 있든 없든 간에 모든 사람들에게 서비스를 제공한다. 이러한 서비스들은 이를 제공받는 소비자가 소유권이라는 일종의 독점권을 갖고 있지 않으면, 자연적으로 무임승차자가 발생하게 되며, 이는 결국 소비자에게 비용을 지불하기 어렵다는 것을 의미한다. 다시 말해, 자유시장은 이러한 공공재적인 상품이나 서비스를 효율적으로 생산하기 어렵다는 말이다.

공공재는 "소모되지 않는다"라는 특성도 지닌다. 이 말은 한 사람의 시청자가 더 늘어나는 데 지출하는 서비스 공급비용, 즉 한계비용이 0이라는 것을 내포하는 말이다. 일정한 수의 시청자가 동일한 텔레비전을 시청할 때 다른 시청자가 더 추가된다 하더라도 프로그램 서비스가 줄어들지 않는다. 그 프로그램을 보기 위해 시청자들이 추가된다 하더라도 원래의 시청자들이 그것을 보는 데 방해가 되지 않는다는 의미이다. 이는 결국은 추가적으로 보려는 시청자들을 제한하지 않고서는 방송서비스에 대한 가격을 제대로 회수하지 못한다는 것을 의미하며, 따라서 방송서비스 공급자들의 금전적 동기를 꺾는 역할을 한다.

방송시장에서 또 다른 시장실패의 요인은 정보의 비대칭문제이다. 방송사가 소비자에게 전달하는 것은 새로운 지식이나 새로운 엔터테인먼트라는 경험이다. 그러나 시청자들은 이 경험을 사전에 가치를 평가할 수 없고, 또한 얼마만한 가치가 있는지 알지 못한다. 다만, 제공되는 것을 소비하고 난 후에야 그 가치를 알 수 있다. 그러나 일단 텔레비전 프로그램을 보고 나면, 더 이상 그에 대해 가격을 지불할 동기를 갖지 않는다. 한 마디로 말하면, 사람들은 그 상품이나 서비스를 다 경험하기 전까지는 이들이 무엇을 구입하고 있는지 알 수 없다는 것이며, 그러나 일단 그것을 경험하고 나면 더 이상 그것을 구입할 의사를 보이지 않는다는 것이다.

시장실패의 중요한 요인은 외부성이나 외부효과에서도 비롯된다. 외부성은 내가 내 자신의 이익만을 위해 한 행위가 제3자에게도 직접적인 이익이 될 때 발생하는 현상을 의미한다. 한편, 외부효과에는 앞의 예처럼 긍정적인 것과 제3자에게 직접적인 피해를 끼치는 부정적인 외부효과가 있다. 후자의 경우 만일 어떤 공해를 배출하는 기업이 이웃의 환경에 미치는 피해를 고려하지 않는다면, 그 기업은 사회가 원하는 수준 이상을 생산하는 결과를 낳게 될 것이다. 또한 어떤 방송사가 폭력물이나 선정적인 내용을 아무런 제약 없이 방영한다면, 그로 인해 시청자들이 받는 피해, 즉 사회적

비용이 과다하게 지출되는 결과를 가져올 것이다. 즉, 이런 프로그램의 방영이 사회로부터 아무런 제약이 없다면, 방송사는 이러한 비용을 부담하지 않게 되고, 결국 사회적으로 필요한 최적의 산출물 이상으로 방송프로그램을 제작하는 것과 동일한 효과를 갖게 되는 것이다.

그래서 방송의 경우 적절한 규제가 갖추어져 있지 않은 자유로운 시장에서는 자원이 효율적으로 배분되지 못하는 결과를 가져온다. 역으로 사회적으로 바람직한 프로그램의 경우는 사회가 원하는 수준 이하로 제작될 가능성이 존재한다. 따라서 이러한 프로그램은 가치재(merit goods)로 간주하여 정부의 재정지원이 정당화되기도 한다. 많은 경우 방송은 사회적으로 긍정적인 외부성을 갖고 있는 것으로 인식된다. 가령 기록물이나 교육 및 문화 프로그램 등은 모든 사람들의 편익을 받고 사회적으로 바람직한 것으로 받아들여지기 때문에 사회적으로 최적의 물량을 제작하기 위해 공공의 역할을 기대한다. 만일 이러한 프로그램들의 제작을 순수하게 민간기업에게 맡긴다면, 기업들은 좀더 상업주의적이고 투자에 대한 편익의 최대화에 집중할 것이고, 따라서 사회적으로 과소산출될 가능성이 높아진다.

3) 공영방송 서비스

방송에서 시장실패를 개선하는 정책도구로 가장 많이 활용하는 것은 규제와 소유권 제한이다. 민영방송에 대한 허가와 규제는 영국은 독립텔레비전위원회(ITC)가, 그리고 미국은 연방커뮤니케이션위원회(FCC)가 수행한다. 규제는 텔레비전 방송시장에 있는 일반적인 제도이다. 보통 이는 사회의 바람직한 목적에 부응하도록 방송물의 질적 수준에 제약을 가하는 것으로 표출된다. 일반적으로 민영방송이란 이윤극대화를 추구하기 때문에 이에 대해 적절한 제약이 가해짐으로써 공공의 이익도 반영할 것을 요청받는다. 방송은 언제나 시장에서 가장 무거운 규제를 받는 영역으로 존재해 왔으며, 따라서 규제의 강약에 따라 민영방송사들이 재정실적도 크게 차이가 날 수 있다.

규제에 이어 두 번째로 시장실패를 개선하는 보다 효과적인 방법은 정부가 민영방송의 소유권을 조절하는 것이다. 아무리 이윤극대화를 추구하는 민영방송사라도 방송의 기본적인 특성이 공공재적인 면을 지니고 있기 때문에 이 부분은 정부의 재정지원이 필요하다는 판단이다. 공영방송은 당연하게 정부의 재정지원이 정당화되기 때문에 대부분의 나라에서 공공방송 서비스는 국가소유의 방송사가 제공한다.

그렇다고 해도 방송을 공공재원으로 지원하는 것이 완전하게 정당화되는 것은 아니다. 쟁점은 공공재원에 의한 지원은 소비자주권을 무시할 여지가 많다는 것이다. 그래서 일부 학자들은 방송을 포함해서 어떤 서비스이건 시장, 즉 민간기업들이 제공해야 한다는 극단적인 논리를 펴기도 한다. 그러나 이는 앞서 언급한 대로 방송의 특이성, 즉 공공재적 특성으로 인해 시장이 사회가 원하는 방송 서비스를 제공하는 데 실패할 수 있다는 논리와 배치되는 것이다.

아직까지도 방송이 시장으로부터 자금을 조달하는 주 원천은 광고이다. 그러나 광고는 광고주가 자신이 특별히 접촉하기를 원하는 시청자들을 창출하는 것이 주 목적인만큼 사회 전체 시청자들의 후생을 최대화하려는 데 있지 않다. 따라서 방송이 광고에 지나치게 의존할 경우에 방송의 고유 특성이 공공의 기능을 크게 훼손할 수 있다.

최근 들어 광고 이외에도 방송사의 주요한 자금조달원이 생성될 가능성이 높아졌다. 해독기술의 발달로 인해 시청자로부터 직접 요금을 부과하는 방법이 많이 개발됨에 따라, 특히 민영방송사의 중요한 매출원으로 자리잡아 가고 있다. 시청자가 개인적으로 제공받는 방송서비스에 대해 직접 지불하는 방식이 많이 등장하게 되면 방송서비스의 수요와 공급이 일치하게 되고, 따라서 공적자금 지원의 필요성이 점차 제거될 것으로 보인다.

우리 나라의 KBS 방송서비스는 영국의 BBC와 마찬가지로 텔레비전 수상기를 소유한 모든 가정으로부터 강제징수하는 형태로 재원을 조성한다. 이에 대해 아직까지 찬성과 반대의 두 논리가 팽팽히 맞서 있다. 요금의 강제징수를 반대하는 논리의 근거는 더 이상 스펙트럼의 희소성이 없다는 점과 앞에서 언급한 것처럼 기술발달로 인해 개인들이 제공받은 방송서비스에 대해 직접 요금을 지불할 수 있다는 점을 들고 있다. 자신이 원하지 않은 프로그램 서비스에 대해서도 지불해야 하는 과금체계는 불공평하다는 것이다. 텔레비전방송에서 자유시장논리가 이제 전적으로 가능해졌고, 시청자들이 자신이 원하는 물건을 선택하여 지불하듯이, 정확하게 요금을 낼 수 있기 때문에 옛날의 '온정주의적' 시스템은 낡은 것이라는 것이다.

그 반대 입장의 학자들은 비록 일부 방송물들은 민간시장이 가장 효율적인 역할을 할 수 있지만, 일반적으로 자유시장은 사회구성원 대부분이 바라는 수준 있는 방송물을 공급하는 데에는 실패한다는 주장이다. 가령 사회적으로 바람직하고 편익을 주는 교육방송

(EBS)의 콘텐츠는 개별 시청자들이 이를 선택해서 직접 지불하려는 의사를 표명하기 어려운 구조를 갖고 있으므로 시장이 이를 충분히 공급하지 못한다는 것이다. 그렇기 때문에 이런 부분은 시청자가 직접 지불할 수 있는 체제에서도 작동하지 않는다는 주장이다.

4) 수직공급사슬

텔레비전 방송산업은 몇 가지 주요 단계로 구분되어 있다. 첫째, 텔레비전 제작이다. 이는 보통 프로그램 제작자가 수행한다. 텔레비전 제작회사들은 방송원고, 탤런트 등의 원재료에 해당하는 요소들을 함께 모아서 최종 상품으로 전환한다. 최종 상품인 방송프로그램 또는 보다 구체적으로는 프로그램에 대한 전송권은 그 다음 텔레비전 방송일정을 기획하는 서비스 제공업자에게 판매된다. 이를 포장 · 가공한 다음 방송사는 시청자들에게 방송을 통해 배급한다. 일부 서비스 제공업자는 방송사 자체이나, 어떤 경우에는 분리되어 운영된다.

텔레비전방송의 전달과정은 하나 이상의 단계로 구분되기도 한다(〈그림 7-4〉 참고). 예를 들면, 유료방송은 배급부분과 소비자 관리부분의 사업이 분리되는 경우도 많다. 소비자 관리부분이란 유료가입자에 대한 관리 또는 선택적 접속시스템 관리 등으로 이 기능을 채널운영자가 아닌 다른 기관이 수행하기도 한다.

일부 텔레비전 방송사들은 수직공급사슬의 일부 또는 전부를 관리한다. 가령 영국에서 인기 있는 ITV 네트워크는 민영방송 채널로서, 이에 참여하는 기업들의 대부분은 방송물 제작과 방송서비스를 동시해 수행하고 있다는 점에서 수직적으로 통합되어 있다고 할

그림 7-4 유료 텔레비전방송 서비스의 가치사슬구조

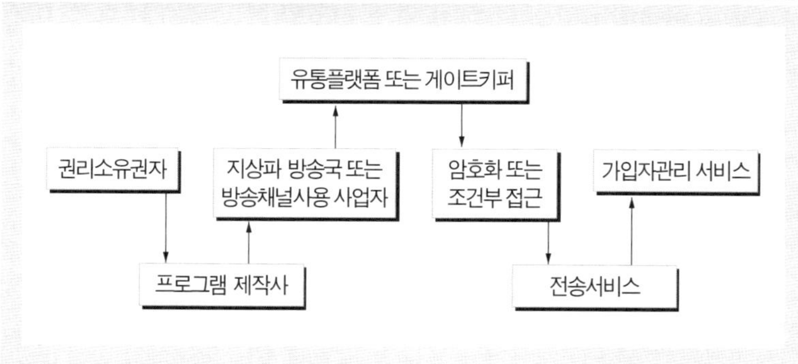

자료: D. Brown(1999).

수 있다. 채널4는 또 다른 방송사로서 다양하고 유익한 프로그램들을 제공하고 있지만, 프로그램 제작 자체는 참여하지 않고 있다.

과거 미국에서는 방송의 수직공급사슬에 대해 정부가 개입할 수 있다는 규정으로 Finnsyn(Financial Interest and Syndication)이란 규정이 있었다. 이는 1970년에 시작해서 1995년에 소멸된 제도로서 3개의 메이저 방송사(ABC, CBS, NBC)와 할리우드에 기반을 둔 콘텐츠제작사 간에 이루어질 수 있는 수직통합의 범위를 제한하는데 목적을 둔 규제이다. 구체적으로는 이들 대기업 방송사가 제작과 방송을 통합해서 방송을 제작하기도 하고 방송전송권도 소유해서 방송프로그램의 2차 판매시장으로부터 나오는 이윤을 독점하려는 의도를 방지하기 위해 방송사의 제작업무를 제한한 규제였다. 이와 유사한 규제가 영국에서도 있었는데, 1990년 영국의 방송법은 ITV와 BBC가 독립제작사에게 25% 쿼터를 부여하도록 강제하였다. 이에 따라 이들 방송사는 이들로부터 이들이 방영하는 프로그램 중 25%를 필수적으로 구입하게 되었다.

이상과 같은 방송사 사업에 대한 정부개입은 방송사들이 강력한 수직통합으로 텔레비전 방송산업의 전체 가치사슬을 지배하지 못하도록 하려는 의도로 해석된다.

5) 네트워크

네트워킹전략이 갖고 있는 비즈니스 논리는 매우 명확하다. 네트워크는 일종의 합의를 통해 수많은 지역 또는 지방 텔레비전방송사 또는 라디오방송사들이 사회 · 경제적인 편익을 만들고 확대하기 위한 수단으로 이용된다. 네트워크가 보여 준 현재까지의 가장 중요한 편익은 프로그램부문에서의 규모의 경제성이다. 네트워크를 구성한 방송사들은 동일한 프로그램을 동시에 활용할 수 있어 각 방송사는 서비스제공에 대해 시청자 일인당 비용이 절감되는 효과를 가질 수 있다. 네트워크를 통해 하나의 프로그램에 대한 시청자를 많이 확보할 수 있다.

영국의 ITV 네트워크는 피크 타임에 전체 시청자수의 37%를 차지하는 인기 있는 상업방송 채널이다. 여기에서 방영되는 프로그램을 전국 14개의 지방방송사들이 공유한다. 이 네트워크는 하나의 시스템을 구성하여 프로그램들을 공유하는데, 전국 14개의 방송사들은 공동의 자금과 예산을 마련하고 이를 ITV 프로그램 기획에 들어가는 비용으로 제공한다. 그러면 각 지역방송사들은 ITV의 프로그램에 대해 방영권을 소유하고, 지역에서 나름대로 광고수주를 통해 수입원을 만들고 있다. 각 지역방송사가 조성하는 하나의 커다란 자금 풀은 방송사마다 매출액에 근거해서 각자의 몫이 정해지는데, 이들은 고가로 만든 ITV 프로그램을 제공받는 대신 자신의 몫으로 일정한 자금만을 공급하기 때문에 비용면에서 엄청난 혜택을 받는 결과가 된다.

미국의 ABC, NBC, CBS, Fox 등 주요 텔레비전 네트워크들은 두 가지 주요 기능을 수행하고 있다. 이들은 ITV 네트워크와 동일한 방법으로 프로그램비용을 분담할 뿐 아니라 광고판매도 분담한다. 이들 네트워크는 미국 전 지역을 포괄하는 광고주들로부터 광고를 수주하기 때문에 광고주들에게 거래비용을 주는 역할을 한다.

미국의 네트워크는 지역 텔레비전방송사 또는 200여 개의 지사와 같은 사슬구조로 되어 있으며, 이를 통해 전국의 시청자에게 서비스를 제공한다. 각각의 네트워크는 자신의 지역방송사들로 구성되어 있으나, 각 지역방송사들은 소유권 분리를 기초로 독립적으로 운영된다. 네트워크 본부로부터 각 지역방송사가 받는 것은 프로그램 패키지이며, 이를 방영하는 서비스비용을 본부로부터 받는다. 또한 프로그램 패키지에는 본부가 유치한 광고를 포함하고 있어, 이 역시 각 지역방송사의 수입원으로 제공받는다. 최근에는 본부 역할을 하는 네트워크로 폭스가 참여함으로써 주요 텔레비전 네트워크들은 이윤폭이 줄어들고 있는 추세에 있다. 이를 회피하는 방안으로 네트워크들은 지방방송국에 대한 매수로서 수직확대를 하려는 동기가 커지고 있는데, 이에 대해 국가가 허용하는 범위는 전국 텔레비전 시청자수의 35%까지이다.[4] 미국의 네트워크는 지난 1999년에 하나의 전국 네트워크가 동일한 지역시장에서 두 개의 방송사를 소유할 수 있다는 선까지 허용하는 규제완화를 이끌어 냈다. 동일한 지리적 시장에서 두 개의 방송사를 소유함으로써 방송사는 동일한 방송물을 보다 많은 시청자들에게 전달할 수 있게 되었다. 이로써 방송사들은 인력과 스튜디오시설 활용면에서 비용을 절약할 수 있

---

❹ 1996년 미국 통신법.

게 되었다. 예를 들면, 폭스는 미국에서 가장 넓은 시장인 뉴욕과 LA지역에 방송사를 둘 정도로 발빠르게 대처하고 있다.

메이저 네트워크가 갖고 있는 장점 중의 하나는 엄청난 자본규모가 다른 잠재적 경쟁자들에게 진입장벽으로 인식된다는 점이다. 메이저 네트워크들은 대규모 시청자집단을 거느리고 있기 때문에 신규 방송사가 이를 뚫고 들어오기는 너무나 버겁다. 다시 말해, 신규 방송가 기존 네트워크와 경쟁해서 확보된 시청자들로부터 프로그램 서비스에 대한 비용을 회수하기까지는 오랜 시간이 걸린다. 메이저 네트워크가 각 지역시장을 상대로 수직통합을 하게 되면 진입장벽은 더욱 높아진다. 수직통합은 방송네트워크가 프로그램 구입비용이 너무 상승하는 것을 막기 위해 사용되는 전략으로 볼 수 있다. 예를 들면, ABC방송사는 1995년에 디즈니와 통합을 하였고, 폭스는 1990년대 말 LA 다저스 프로야구팀을 매수하였다. 후자의 움직임은 방송사 네트워크 간에 프로그램 구입경쟁이 보다 치열해짐에 따라 점차 중요해지고 있는 스포츠 프로그램을 서로 구입하려는 것이다.

6) 새로운 유통기술

기술은 텔레비전 방송산업에 막대한 영향을 주는 중요한 힘이다. 최근에 텔레비전 전파를 전송하는 부분에서 두 가지 중요한 기술혁신이 발생하였다. 첫째, 케이블방송, 위성방송 그리고 디지털 압축기술의 잇따른 등장으로 텔레비전을 통해 시청자들이 정보와 프로그램을 전달받는 수단이 확대되는 결과를 가져왔다. 이러한 확대는 방송사들의 경쟁구조에도 많은 영향을 주고 있다. 독점과 복점(duopoly)이라는 창구의 희소성을 근간으로 형성된 경쟁구조가 진입장벽이 낮아지면서 점차 허물어지는 경향을 보이고 있다. 장기적으로 예상할 때 인터넷 또는 웹캐스팅과 같은 글로벌 네트워크로 인해 텔레비전 방송시장의 경쟁구조가 획기적으로 변화될 가능성도 배제할 수 없다.

텔레비전 전송수단의 확대는 희소성의 중점이 점차 배급수단, 즉 방송채널을 보유하는 것에서부터 이러한 채널을 채우는 데 필요한 좋은 프로그램을 확보하는 일로 옮겨 갈 것임으로 예고하는 것이다. 급속히 늘어나는 채널환경 속에서 방송사가 살아남는 방법은 확실하고 매력적인 프로그램들에 대한 방영권을 얼마나 확보하느냐에 달려 있다고 볼 수 있다. 이는 결과적으로 방영권을 소유한 측의 협상력을 증가시킬 것이기 때문에 방송네트워크들은 이전보다 더욱 수직통합의 동기를 갖게 될 것으로 보인다.

텔레비전 창구가 증가하고 방송사 간의 경쟁이 치열해짐에 따라 지금까지 주요 채널에 몰려 있던 시청자들이 다른 곳으로 이동할 가능성이 매우 높아졌다. 이러한 여파를 반영하듯, 미국에서는 3개의 주요 방송네트워크가 제공하는 프라임 타임의 시청률이 1980년에 90%에서 1990년에 60%, 다시 2000년에는 40%로 떨어졌다. 멀티채널의 환경은 유럽이 조금 나중에 시작되었는데, 영국의 경우 BBC와 ITV의 시청자점유율이 1980년에 100%에서 2000년 70%로 하락하였다.

멀티채널의 환경은 광고시장에도 영향을 줄 전망이다. 방송사 간 경쟁의 고조와 시청자집단의 세분화로 적어도 이론적으로는 광고주들은 보다 저렴한 광고가격으로 다양한 마케팅전략을 취할 수 있게 되었다. 하지만, 부정적인 면으로는 주요 채널에 주는 광고가격은 낮아질지 모르지만, 광고주들이 점차 대규모 시청자집단에게 접근하기가 어려워질 수 있고, 이를 극복하기 위해서는 결과적으로 더 많은 비용을 지불할지 모른다는 우려가 있다.

둘째, 해독(encryption) 및 복호(decoding)기술에서 이루어졌는데, 시청자로부터 직접 요금을 부과할 수 있게 됨으로써 텔레비전 방송산업의 새로운 소득원이 되고 있다. 유료 텔레비전방송은 1970년에 처음 미국에서 소개되었으나, 그 인기는 영국과 다른 유럽 국가들에서 더 나타났고, 1990년대에 많이 보급되었다. 가령 영국의 텔레비전방송 광고수입 중 25%가 유료방송에서 나오고 있다. 시청자의 직접납부체제가 자리를 잡아 가면서 텔레비전 프로그램 제작과 방영권 구입에 필요한 재원으로 유용하게 쓰이고 있다.

시청자의 직접지불방식이 도입되기 전에는 텔레비전방송에는 이론적으로 소비자잉여(surplus)라는 것이 종종 존재하였다. 소비자잉여란 소비자가 상품이나 서비스에 대해 기꺼이 지불할 용의가 있는 금액과 실제 지불한 시장가격의 차이를 말하는 것으로, 그 차이만큼 소비자가 혜택을 본다는 의미가 내포되어 있다. 방송에서 소비자잉여가 존재한다는 의미는 일부 또는 대부분의 시청자들은 특정한 프로그램에 대해서 실제보다 더 많은 가격을 지불할 용의가 있다는 것을 말한다. 가령 스포츠광들은 축구경기를 전문으로 하는 방송에 대해 높은 가격을 지불할 준비가 되어 있으나, 이전의 방송기술로는 이러한 거래가 가능하지 못하였다. 그러나 직접지불방식을 방송사들은 소비자잉여를 활용하여 특정한 형태의 프로그램에 대해서는 높은 가격을 받고 서비스를 제공하게 된 것이다. 이런 점을 활용해서 특정한 시청자층에 대해서는 그 수요에 맞는 프로그램을 공급할 수 있게 되었고, 따라서 텔레비전 프로그램의 다양성도

표 7-3 유료 TV방송시장의 성장동력원

동력원	고려사항	비고
거시지표	- 대규모 시장의 활용 - 일인당 국민소득수준 감안 - 경제성장 전망 - 방송매체 간 경쟁관계 - 유료 TV시장의 성숙도	- 시장성장의 기본 여건
미시지표		
콘텐츠	- 영화, 스포츠 등 킬러콘텐츠의 수요증가 • 단, 콘텐츠 권리가격의 폭등 고려 - 다양한 주제 채널의 개발 - 저가 채널의 개발 - 지역기반의 특수채널 개발 - PPV 방송채널의 개발 • 스포츠, 영화 장르에 편중	- 콘텐츠의 통제력 제고
신규 서비스	- 전화서비스사업 추진 - 양방향 서비스사업 추진 - 홈쇼핑사업 추진 • 특히 여성층 수요 고려 - 전자프로그램 안내사업 추진	- 홈쇼핑사업의 경우 여타 매체와 경쟁에 유의 - 신규 서비스 제공에 필요한 막대한 투자비에 유의
마케팅	- 마케팅은 제품홍보, 제품개발, 패키징, 가격책정, 고객관리 등 다양한 업무와 병행 추진	
기술	- 양방향 서비스의 경우 프로그램 선택의 편리성과 요금지불의 단순성 등의 개선 필요 - 네트워크 간 서비스 가격경쟁 고려	
규제	- 기술 및 하드웨어 제품개발의 표준화에 개입 - 방송과 통신사업 간 경계규제 완화	- 콘텐츠분류 규제, 쿼터제, 광고규제 등도 중요

자료: Screen Digest 및 EMS.

확대되었다.

틈새나 전문프로그램 그리고 프리미엄 프로그램 등에 대해서는 직접과금체제가 방송사의 수입을 크게 향상시키는 수단이 된다. 예를 들면, 요즘 들어 유료방송사들은 직접과금을 적용하기에 적합한 프로그램들로서 어린이용, 음악, 특별이벤트, 영화 등 다양한 주제 채널들을 개발하거나, 이들에 대한 독점방영권을 구입하는 경쟁을 벌이고 있다. 직접지불방식의 발달은 앞으로 방송(broadcasting)의 개념이 협송(narrowcasting) 개념으로 바뀔 것을 예고한다. 협송이 현실화된 유료방송의 경영관리자가 취해야 하는 전략은 마치 잡지를 발행하는 것과 같이 시청자들의 취향과 관심을 좇아 프로그램 제공을 차별화하고 전문화하는 것이다.

유료 텔레비전 방송시장의 성장은 매력 있는 프로그램을 서로 구입하려는 방송사 간의 경쟁을 부추겼고, 또한 이는 프로그램 구입가격의 상승이란 결과를 가져왔다. 예를 들면, 영화나 스포츠 프로그램은 어떤 채널에 배급되던 간에 많은 시청자들을 모을 수 있는 유용한 수단이다. 영국에서는 BSkyB가 영화와 스포츠 프로그램을 시청자들에게 제공함으로써 지상파 텔레비전방송의 매출을 추월하는 실적을 보이고 있다. 앞으로 보다 우수한 프로그램들을 갖고 경쟁할 경우 방송시장에 커다란 파급효과를 보일 전망이다. 또한 유료방송의 성장은 방송의 전통적인 수입원이었던 광고매출에서 가입비와 시청요금으로 이전하는 전기를 마련하였다.

(3) 텔레비전 프로그램 제작

1) 프로그램 공급의 비즈니스원리

방송시장에서 어떤 프로그램이 얼마나 제작되느냐에 대한 결정은 일반적으로 제작자와 소비자의 의사결정으로 이루어진다. 방송산업의 이러한 두 경제주체는 수직공급사슬의 중간단계 사업자들에 의해 연결된다. 이들 중 대표적인 사업자가 방송사이나, 이를 통칭해서 패키저(packager)라고 한다. 이들은 공급사슬에서 프로그램을 납품하는 제작자와 이를 보는 데 관심을 가진 시청자집단을 연결하는 중계역할을 한다.

텔레비전 시청패턴이 전자프로그램 가이드(EPG)나 개인비디오 녹화기(PVR) 등으로 개인화됨에 따라 궁극적으로 채널의 필요성이 점차 사라질 것이다. 시청패턴이 이렇게 세분화되면 소비자들이 물건을 고르듯이 프로그램의 상표가 더욱 중요시될 것이고, 제작자와 시청자 간 양 방향의 커뮤니케이션이 활성화될 전망이다. 물론 현재는 개별 시청자보다는 채널 패키저와 방송사가 텔레비전 프로그램의 주 고객이다.

미디어콘텐츠 제작은 비용이 많이 드는 작업이다. 텔레비전 프로그램이나 영화, 신문, 잡지 등은 소비자들에게 신선하고 독특한 정보와 이미지 또는 이야기들을 제공하는 것을 주된 목적으로 한다. 콘텐츠가 참신성과 혁신 그리고 창의적으로 포장되기 위해서는 많은 땀과 노력이 들어가기 때문에 보통 제작에 관여하는 일은 노동집약적인 특성을 갖는다. 광의의 문화산업을 볼 때 산출물의 생산은 생산성의 문제[5]를 일으킨다. 왜냐하면, 콘텐츠상품에서 창의성 제고는 기본적으로 노동의 집중투입을 요하므로 다른 제조업 상품생산보다는 생산비용이 더 많이 들어간다. 특히, 영상물 창작과정은 많은 돈의 투입을 요하는데, 이는 카메라, 스튜디오, 녹음, 편집 등과 같은 특수한 자본과 자원을 많이 필요로 하기 때문이다.

전반적으로 어떤 종류의 텔레비전 프로그램이든 첫 출시품에 대한 비용투입은 상당하다. 제작비용은 장르별, 종류별로 다르게 나타나고, 질적인 면에서 따지면 천차만별이다. 〈표 7-4〉는 영국에서 가장 인기가 높은 채널인 ITV의 평균 프로그램 제작비를 열거한 것이다. 이는 주간시간 프로그램의 시간당 제작비, 예를 들면 탤런

[5] 보몰(Baumol)의 비용질병(cost disease)으로 대변된다.

표 7-4 ITV 방송의 프로그램 1시간당 평균제작비(1999)

장르	시간당 제작비(천 파운드)
드라마	398
오락	236
다큐멘트(기록물)	163
예술 및 교육	135
어린이	79
심야	51
종교	37
주간	18

자료: 영국 Competition Commission(2000).

트 캐스팅, 시나리오 작가에 지불하는 비용, 특별한 세트시설 설치, 촬영지 물색 등 원작드라마 한 시간 분량에 들어가는 비용을 말한다. 드라마가 가장 많은 제작비를 요하지만, 드라마 가운데서도 연속극보다 시대극은 더 많은 비용이 투입된다. 그러나 일단 프로그램의 첫 출시품이 완성되면, 관객이 아무리 늘어나더라도 추가적으로 들어가는 비용은 거의 없다고 보아도 무방하다. 앞서 논의한 대로 프로그램의 진정한 가치는 그것이 담고 있는 메시지나 정보 등 무체물이고, 이는 소비하는 것에 따라 소멸되지 않기 때문이다. 따라서 동일한 프로그램을 보는 사람이 많을수록 그로부터 얻어지는 혜택은 체증하는 효과를 갖는다. 즉, 일정한 투입비용에 시청자수가 늘수록 제작자에게 돌아가는 수입은 더욱 불어날 것이다.

어떤 콘텐츠제작사이건 중요한 관심사항은 그 산출물에 대한 소비가 늘어날 때 이로부터 누가 편익을 가질 것인가 하는 것이다. 방송산업에서 방송사는 매우 중요한 전략적 위치에 있기 때문에 방송물을 만든 제작사와 그 편익을 공유하기 어려운 상황이 펼쳐진다. 가령 방송사가 제작사로부터 방송물의 재전송권을 소유할 경우 추가적인 시청자들에게 판매될 때 얻는 모든 경제적 이익은 방송사에게 돌아가게 될 것이다. 즉, 콘텐츠산업에서 권리에 대한 소유문제는 매우 중요한 이해관계를 낳는다. 콘텐츠산업에서 금전적으로 성공하려면 지적재산권을 소유해서 그것을 최대한 다방면에 활용하는 전략이 필요하다. 제작자가 지적재산권을 효과적으로 활용할 수 있는 능력범위는 방송산업의 수직적 공급사슬에서 누가 얼마나 많은 시장지배력을 갖고 있느냐에 달려 있다. 이론적으로는 공급사슬에 있는 모든 사업자들이 상호의존적이다. 예로써 아무리 유통업자가 막강한 유통인프라를 갖추고 있더라도, 담을 콘텐츠가 없다면 그 시설은 무용지물이 되고, 그 반대의 경우도 마찬가지이다. 현실적으로 볼 때 시장지배력은 공급사슬의 병목에 집중되어 있다. 따라서 이러한 부분을 장악한 사업자는 공급사슬의 전단계로부터 이윤을 빼낼 수 있게 된다.

텔레비전 프로그램의 제작에는 대체로 다음 두 가지의 자금조달방법이 사용되고 있는데, 이는 권리소유권을 누가 보유하였느냐와 직접적인 관계를 갖고 있다. 이 중 하나가 미국에서 보편적으로 시행되는 적자 자금조달 시스템이다. 이는 프로그램 제작자가 그 프로그램의 2차 및 3차 시장의 활용권을 갖는 대신, 제작과 관련된 재정적인 위험을 분담하는 형태이다. 이 경우 제작사는 자신의 인기 있는 프로그램에 대해 충분한 수익을 환수할 수 있게 된다. 이와는 대조적으로 영국의 방송사는 모든 영상물의 제작비를 전적으로 부담하는 대신 2차 및 3차 시장의 활용권을 소유하게 된다.

적자 자금조달 시스템은 다음과 같은 과정으로 작동된다. 독립제작사가 만든 프로그램에 대해 방송사가 전송권을 소유하고, 프로그램 제작예산 중 약 30% 정도를 지원하면, 나머지는 제작사가 부담하는 체제이다. 결국 프로그램 제작사들은 새로운 것을 기획할 때 적자예산으로 시작하는 셈이 된다. 만일 이렇게 만들어진 프로그램이 흥행에 실패하면 제작사는 자신이 투여한 예산만큼 손실을 볼 수밖에 없다. 하지만, 성공하면 다른 방송사 또는 비디오배급사, 해외방송사 등 재활용시장에 내다 팔 가능성이 높아지고, 이를 통해 많은 이득을 볼 수 있게 된다. 예를 들면, 미국은 케이블방송과 위성방송이 발달되어 있기 때문에 일단 프로그램이 지상파 방송에서 성공하면, 그리고 그것이 시리즈물로 되어 있을 경우에 제작사는 많은 돈을 벌 수 있다.

미국의 시스템은 영국이 보편적으로 활용하는 시스템과는 대조를 이룬다. 영국 시스템에서는 제작사가 만든 프로그램을 중계하는 역할을 하는 방송사가 제작예산을 완전히 회수할 환경이 조성되어 있다. 방송사는 제작사로부터 프로그램 전송에 관한 우선권을 취득하고, 또한 일반적으로 추가적인 활용권, 비디오배급권, 해외판매권 등 모든 2차 권한을 차지한다. 방송사와 프로그램 제작사 간의 위험과 이윤분담 패턴은 양쪽의 재정적 실적에 중요한 영향을 미친다. 최근 영국에서는 제작사의 권리를 높이기 위해 기존 방식을 변경할 것을 요구하는 소리가 높다. 이는 방송사들이 복제권, 배급권, 상표권, 2차 사용권 등 모든 권리를 소유하는 방식에 대한 불만의 소리이다.

영국의 시스템을 고려할 때 콘텐츠 창작자들이 2차 사용권을 소유하지 못할 경우 자신의 프로그램을 브랜드화하고 확장시킬 경제적 동기가 거의 없게 된다. 실제로 영국의 방송사들은 독립제작사들이 납품한 프로그램을 다시 활용하는 데 그다지 큰 관심을 두고 있지 않는 것으로 알려져 있다. 독립제작사들의 요구는 이들이 소유권을 갖게 되면 시장개척에 보다 적극적으로 뛰어들 수 있고, 심지어 수출도 가능해진다는 것이다. 성공할 때 얻어지는 과실을 획득하지 못하는 독립제작사들은 이 밖에도 많은 불평을 내놓고 있다. 그러나 위에서 지적하였듯이 반드시 단점만 있는 것은 아니다. 영국의 시스템은 제작사들로 하여금 제작비용을 회수하기 위해 발생하는 많은 재정적 위험부담을 덜 수 있게 한다. 반면 미국의 독립제작사들은 이러한 모든 재정위험을 지녀야 한다. 영국의 경우 프로그램 제작사들의 대부분은 자본이 영세하기 때문에 미국 시스템이 보다 유리하다고는 보기 어려울 것이다. 사실상 미국 시스템은 신규 제작사가 시장에 진입할 때 커다란 장벽으로 작용한다. 비용을 제대로 회수하지 못할 경우 독립제작사가 져야 할 재정적 부담이 영국 시스템보다 더 많아진다.

2) 윈도잉(Windowing)

텔레비전 제작부문의 역사와 구조는 나라마다 다르게 나타난다. 특히, 미국의 제작사들은 다른 나라에 비해 독특한 장점을 갖고 있기 때문에 경쟁력을 확보하고 상업적으로 발달한 상태이다. 독립제작사들이 프로그램에 대한 권리를 소유해서 수익을 최대화하는 방법을 종종 윈도잉이라고 부른다. 텔레비전 프로그램을 공급하는 일은 자신의 방송물을 가능한 한 많은 창구 또는 경로를 통해 다양한 방법으로 최대의 수익을 얻는 데 초점이 맞추어져 있다.

프로그램 공급자들은 자신들이 만든 작품들을 여러 배급경로에 시간과 순서를 잘 정해 놓고 반복적으로 방영하도록 함으로써 이윤을 최대로 확보하고자 한다. 〈그림 7-5〉는 텔레비전 프로그램 공급자가 반영하는 창구(window)의 한 형태인데, 창구의 순서는 각 창구가 가진 시청자수와 시청자당 창출되는 이윤의 크기에 의해 정해진다. 흔히 국내의 지상파 텔레비전방송은 가장 중요한 창구이며,

그림 7-5 텔레비전 프로그램의 유통채널

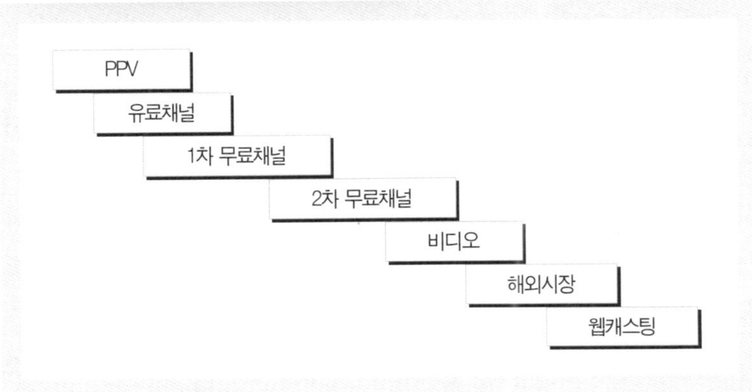

케이블채널, 위성채널 등의 순서로 중요하다. 미국에서 가장 중요한 채널은 메이저 방송사의 지상파 채널이고, 케이블 및 위성방송 그리고 독립방송 등의 순이다.

윈도잉은 상품공급자가 일종의 가격차별화 전략으로, 동일한 상품에 대해 각기 다른 수요자나 수요집단에게 다른 가격을 부과하여 판매수입을 최대화하려는 행위라고 할 수 있다. 이것이 방송산업에 나타날 경우 특정한 텔레비전 프로그램에 지불하는 가격이 개별 창구마다 다르고 시간마다 차이가 나도록 하는 것이다. 이에 비해 만일 개별 창구에 동일하게 시청료를 부과한다면, 공급자로서는 자신의 이득을 최대화할 수 없다. 만일 너무 낮은 시청료를 부과하면, 시청자가 취할 수 있는 소비자잉여의 매우 작은 부분만 공급자가 취하는 것이 된다. 그러나 반대로 너무 높게 책정하면, 소비자가 받는 잉여보다 높은 가격을 지불하는 것이 되어 시청자들이 외면할 가능성이 높아진다. 개별 시청자에게 서로 다른 프로그램 가격을 지불하도록 하는 형태를 1차 가격차별행위라고 하는데, 이를 현실에서 관철시키기는 어렵다. 하지만, 소비자집단이나 각기 다른 창구에게 서로 다른 시청료를 부과하는 형태(3차 가격차별)는 실용적일 뿐만 아니라 프로그램 공급자에게 매우 유리하다.

일반적으로 동일한 지역에서 특정한 프로그램을 방영하면, 다음 단계 또는 다음 창구에서 얻어지는 매출은 줄어들게 된다. 즉, 그 프로그램이 방송을 계속해서 탈 때마다 가격은 떨어진다. 이 때문에 방송일정을 잡을 때 우선적으로 PPV를 앞에 놓고 가장 이윤을 적게 내는 창구를 맨 나중에 놓는다.

하나의 채널에 접근하는 시청자수도 고려해야 할 중요한 요소이다. 만일 시청자당 이윤액이 모든 창구에서 동일하다면, 방송사가 취할 수 있는 최선의 선택은 가장 시청자가 많은 창구를 우선순위에 두는 것이다. 이는 돈의 실질가치가 시간이 가면서 점차 하락한다는 가정을 깔고 취하는 행위이다. 제작자의 목표는 항상 자신의 프로그램을 방영하는 것으로부터 모든 잠재적인 매출흐름의 현재가치를 극대화하는 것이다. 이 때문에 제작자에게 각 창구와 관련된 방영기간과 출시시기는 매우 중요한 재정적 요인이다.

3차 가격차별화는 시장을 효과적으로 구분지을 수 있을 때 유용하며, 낮은 가격을 지불하는 곳에서 높은 가격을 지불할 수 있는 시장으로 상품이 재판매되지 않도록 되는 경우에만 가능하다. 만일 낮은 가격으로 구입한 영상물이 쉽게 높은 가격을 지불하는 시청자들에게 다시 판매될 수 있다면, 동일한 영상 프로그램을 서로 다른 시청자들에게 다른 가격을 책정하기는 어렵다. 대체로 텔레비전 방송시장은 시장분리가 가능하기 때문에 재판매가 이루어지지 않는다. 다만, 텔레비전 프로그램이나 비디오카세트, 디지털 비디오디스크(DVD) 등은 불법복제에 취약한 단점을 지니고 있어, 2차 및 3

차 재활용시장에서 얻을 수 있는 잠재적인 매출에서 손실을 초래할 가능성이 높다. 그렇기 때문에 이윤을 최대화하고자 하는 제작자들로서는 윈도잉전략을 구사하는 데 있어서 각 배급창구 또는 경로에서 얼마만큼 불법복제가 가능한지를 사전에 유심히 검토해야 한다.

윈도잉은 프로그램 제작의 예산편성에 많은 영향을 미친다. 왜냐하면, 수많은 윈도우에서 나올 수 있는 잠재적인 추가매출을 고려한 예산규모는 하나의 윈도우만을 고려해서 책정한 제작예산액보다 크고, 이는 예산편성의 규모를 늘릴 수 있는 여건이 되기 때문이다. 따라서 종종 제작을 결정할 때는 제작사가 목표로 하는 다양한 배급창구들이 고려된다. 때때로 특정한 배우나 이야기거리가 그 프로그램을 살리는 경우가 있다. 예를 들면, 미국의 유통창구는 다른 나라보다 다양하기 때문에 재활용 가능성이 높다는 점을 고려해서 유럽의 방송사들은 미국의 유명 탤런트나 인사들을 출연시키는 것을 좋아한다.

이와 같은 경우는 해외창구를 텔레비전 프로그램의 재활용시장으로 사용한다는 것을 염두에 둔 것이다. 따라서 프로그램 공급자들에게는 자신의 영상물 가치를 최대화하기 위해 가능하면 전 세계를 통해 활용할 수 있도록 모든 전송권과 기타 권리들에 대한 철저한 관리능력이 요구된다. 우리 나라에서 「미스터 빈」으로 잘 알려진 영국의 코미디언 로완 앳킨슨은 그 인기가 영국뿐 아니라 해외에서도 확인되었다. 동일한 코미디를 가지고 지리적으로 다른 시장마다 방송사들이 지불하는 가격은 다르게 나타난다. 예를 들면, 미국의 한 시간짜리 프로그램에 대해 유럽과 아시아 방송사가 지불하려는 가격은 그 차이가 적지 않다. 이 경우를 고려하더라도 프로그램 공급자들은 해외매출을 극대화하기 위해서 해외 지역 간 그리고 각 지역의 1차와 2차 시장 간 가격차별을 시도할 필요가 있다.

다양한 출시창구에 텔레비전 전송권을 판매해서 이득을 챙기는 것과 더불어 강력한 브랜드를 지닌 프로그램 공급사들은 이를 이용해서 관련제조업 상품을 개발하여 부수시장으로부터 매출을 유인한다. 예를 들면, 미국의 「스쿠비 두」와 「심슨가족」처럼 국제적으로 널리 알려진 프로그램들은 이미지가 강력한 캐릭터 브랜드를 가지고 있다. 영국의 BBC방송이 내놓은 「텔레토비」 시리즈 역시 프로그램의 성공을 배경으로 캐릭터 브랜드를 가진 갖가지 상품과 장난감, 비디오, 잡지, 서적 등 매우 다양한 분야에 라이선스를 판매해서 엄청난 매출을 기록한 바 있다.

3) 영상물무역

뉴미디어에 속하는 케이블과 위성방송 그리고 더욱 최근에는 디지털 압축기술을 이용한 텔레비전방송은 보다 많은 시청자들에게 프로그램을 전달하는 수단을 계속 확장시키는 역할을 하고 있다. 이와 함께 늘어난 채널들 역시 기존에 통용되던 방송시스템에 커다란 변화를 유도하고 있다. 예를 들면, 새로운 기술과 뉴미디어 덕분에 더 많은 배급능력과 더 낮은 배급가격이 형성됨으로써 방송시장의 진입장벽이 낮아지고 경쟁을 높여 주고 있다. 이와 같은 추세는 비교적 입지가 적었던 제작자들에게는 더 없이 좋은 기회가 만들어지는 것으로 볼 수 있다.

영국에서는 1998년에 4개의 아날로그 지상파 방송채널이 하루에 약 70시간을 방영하였는데, 그로부터 10년 후에는 주간방영시간의 확대와 야간시간대의 확보, 1개의 채널증가 등에 힘입어 100시

그림 7-6 유럽의 케이블 및 위성채널 성장추세(1981~1998)

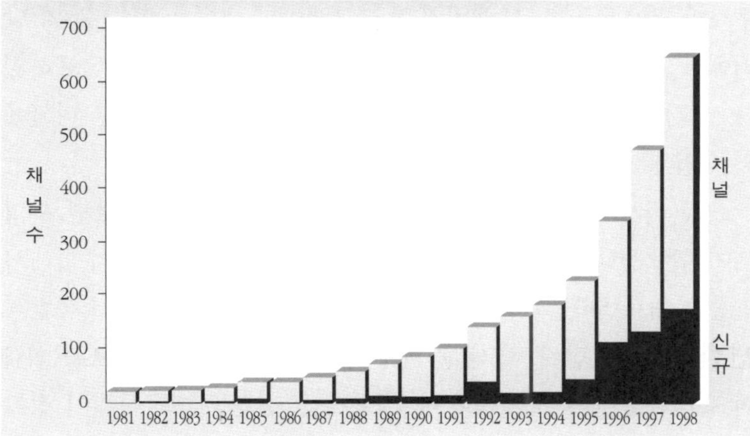

간을 넘고 있는 것으로 알려져 있다. 이보다 더 중요한 요인은 1990년에 들어 케이블과 위성방송 채널이 획기적으로 증가하였다는 점이다. 케이블과 위성 그리고 디지털 지상파 방송으로 인해 영국의 전송시간은 점점 늘어나 현재는 1,000시간을 넘고 있다고 한다.

텔레비전방송 채널의 증가는 국제적인 유행이다. 유럽에서 운영되고 있는 케이블과 위성방송 채널수를 합하면, 1990년에 100개에서 1998년에는 600개를 넘었으며, 그 증가세는 더욱 가속화될 전망이다. 최근에 돌풍을 일으키고 있는 디지털방송기술은 1990년대 말부터 전 유럽 국가에서 사용되기 시작하였다. 핵심 요소인 디지털 압축기술은 이전에 단 하나의 아날로그 채널로 사용하였던 대역폭에 100개의 채널이 들어간다는 것을 의미한다. 이를 다른 말로 표현하면, 텔레비전방송 서비스의 수가 그만큼 빠르게 늘어난다는 것이고, 텔레비전 방영시간수가 폭발적으로 늘고 있다는 것이다.

이러한 추세로 인해 앞으로 프로그램 공급자들은 많은 잠재적인 이득을 취할 가능성이 높아졌다. 실제로 『스크린 다이제스트』는 무료와 유료를 합한 텔레비전 프로그램 매출액이 1995년 20억 달러에서 1999년 35억 달러로 4년 동안 75%나 증가했다고 발표하였다. 그러나 늘어난 텔레비전 채널을 채우는 것들은 대부분 미국에서 수입된 프로그램인 것으로 분석되었다.

일반적으로 생존에 성공한 케이블과 위성채널들을 보면 사업 초기에는 상대적으로 저렴한 프로그램들을 구입하거나 수입해서 방송을 내보낸다. 그 중에서도 과거에 많은 시청자들로부터 폭발적인 인기를 모았던 프로그램과 충분한 분량의 드라마를 확보하는 일이 유리하였던 것으로 파악된다. 하지만, 민영방송은 사업이 정착되면서 프로그램 수입을 줄이는 경향이 높으며, 특히 피크타임에는 가급적 외국 프로그램을 배제하는 것으로 나타난다.

외국산 프로그램은 보통 문화할인이 적용되는데, 이는 동일한 장르의 프로그램이라고 해도 자국산보다는 외국산이 덜 판매된다는 것을 함의하는 말이다. 이는 일반적으로 시청자들은 자기가 태어난 나라의 배경과 자신이 쓰는 언어와 어조가 담긴 콘텐츠를 선호하기 때문에 일어나는 현상이다. 그럼에도 불구하고 유럽의 경우는 좀 특별하다. 유럽의 방송사는 여전히 수입 프로그램으로 훌륭한 매출실적을 올리고 있기 때문에, 많은 경우 케이블과 위성방송에서 외국산 프로그램에 많은 시간대를 잡아 놓고 있다. 독일은 특히 유료 텔레비전 방송시장이 유난히 빠르게 성장하는 것으로 나타나는데, 현재 유럽 국가 중 외국산 프로그램을 가장 많이 수입하는 나라로 알려져 있다. 이 밖에도 영국, 프랑스, 이탈리아 등도 외국산 프로그램의 주 수입국가로 파악된다.[6]

---

[6] Screen Digest(2000).

영상물이 국제적으로 많이 거래가 되고 있다는 사실은 영상물이 공공재적인 특성을 가졌다는 것에 기인한다. 한 나라에서 제작된 텔레비전 콘텐츠를 다른 나라의 시청자들이 본다고 해도 이미 들어간 제작비에 추가될 비용은 거의 없다. 이는 다시 말해 지적재산권을 소유한 방송사로서 해외방송사에 수출하는 비용이 거의 추가적으로 발생하지 않는다는 것을 의미하는 것이다. 따라서 외국의 수입업자 입장에서 보면 제작을 해서 방영하는 것보다 외국산 프로그램의 전송권을 구입해서 방영하는 편이 비용면에서 훨씬 유리하게 된다. 가령 캐나다 방송사들은 자체로 제작하는 비용의 10%만의 비용으로도 미국의 우수한 프로그램을 수입할 수 있다고 한다. 마찬가지로 드라마를 수입하는 영국의 방송사들도 드라마를 제작하는 편보다 미국의 드라마를 수입하는 편이 낫다는 의견을 내놓고 있다.

텔레비전 프로그램의 국제시장 활성화는 방송사가 자신의 방영일정을 외국 방송사의 2차 창구로 많이 고려할 수 있음을 반영하는 것이다. 예를 들면, 영국의 한 채널은 연간 프로그램 예산 중 10%를 외국산 프로그램 구입비로 책정하고 있는데, 이는 매출의 30~40%에 해당하는 몫이라고 한다. 이 때문에 영국의 많은 케이블과 위성채널들은 방영일정을 짤 때 외국산 프로그램에 많이 의존하는 것으로 나타나 있으며, 이는 부분적으로 볼 때 외국산 프로그램을 제공할 경우 제작에 참여할 때 들어가는 비용보다 훨씬 저렴하기 때문으로 해석된다.

프로그램을 수입하는 것과 원작을 제작한 것과는 비용차이가 많이 난다. 프로그램을 수입한 방송사는 일정한 지역에 대한 전송권만을 구입하는 것에 해당하지만, 원작에 대한 전송권을 취득한 방송사는 그 방송프로그램을 활용해서 얻을 수 있는 모든 권리에 대해 비용을 지불한 것에 해당한다. 수입 프로그램과 원작의 지적재산권을 구입하는 것의 가격차이는 택시를 이용하는 것과 차를 새로 구입하는 것과 같다는 비유도 짐작이 가는 이야기다.

4) 미국 텔레비전 제작사의 시장지배

영화나 텔레비전 프로그램 등 영상물의 국제거래에서 미국 제작사가 발휘하는 힘은 이미 잘 알려져 있다. 영화보다는 텔레비전 프로그램이 문화적 장벽이 더 많기 때문에 방송산업은 국내 제작자에 많이 의존하게 된다. 그럼에도 불구하고, 미국의 텔레비전 제작사들은 세계수출시장을 주도하는 위치를 확고히 고수하고 있다. 통계에 의하면, 미국산 프로그램은 1990년대 말까지 유럽의 텔레비전 방송사들이 구입한 프로그램 중 대부분을 점유하고 있다.[7]

이에는 몇 가지 원인이 있는 것으로 분석된다. 미국에서 할리우드를 기반으로 성장한 프로그램 제작업의 역사는 매우 독특하다. 미국의 프로그램 제작사들은 시장에서 지배적인 입장에 있는 방송사의 힘에 대항함으로써 정부로부터 분명한 이득을 챙겼다. 1970년부터 1995년까지 존재하였던 Finsys 규정은 ABC, CBS, NBC 등 세 개의 주요 방송사로 하여금 방영물의 많은 양을 독립제작사로부터 조달하도록 강제하였다. 이로 인해 미국의 영상물제작업은 자금이 잘 조달되는 환경이 조성되었고, 제작업이 발달하는 계기가 되었다.

또한 미국 내수시장의 크기는 프로그램 제작사들에게 원천적으로 다른 나라 제작사에 비해 경쟁우위를 제공하는 요인이 되었다. 예를 들면, 2000년 기준으로 미국에는 9,900만 가구(텔레비전을 소

---

[7] Screen Digest(2000).

유하고 있는)가 있는 반면, 영국은 2,400만 가구수가 있어 숫자상으로 상당한 차이를 보인다. 미국은 대규모 인구가 공통언어를 사용하고 일인당 국민소득 수준으로 보아도 부유한 국가이기 때문에 세계 최대의 텔레비전 프로그램, 영화, 비디오시장을 갖게 되었다. 현재 규모의 경제면에서 미국을 추월할 수 있는 나라는 없는 것으로 평가된다.

이러한 점에서 미국은 텔레비전 방송물의 제작에 대해 보다 많은 자원을 투입할 수 있는 여건이 되어 있다. 미국의 일인당 GDP는 1996~1997년에 3만 달러로 나타나는데, 이는 독일과 프랑스보다 많은 수준이고 영국보다는 33%나 높은 것에 해당한다. 미국의 텔레비전 프로그램 제작사가 지출하는 평균제작비는 세계에서 가장 많은 것으로 분석되는데, 1996~1997년에 일인당 63달러로 집계된 바 있다.

미국의 시장규모는 텔레비전 프로그램 제작사업이 융성하게 발전하는 데 매우 유리한 요소로 작용한다. 프로그램의 2차 및 3차 활용시장이 잘 발달되어 있고 해서, 미국의 공급자들은 다른 나라 공급자들보다 좋은 수익구조를 만들어 낼 수 있다. 넓은 시장을 상대로 하기 때문에 프로그램 제작에 투여되는 자원도 상대적으로 많고, 이는 방송사가 제작사에 대해 제작비의 일부를 지원하는 체제가 자연스럽게 형성되는 계기로 작용하였다. 특히, 대기업 제작사들은 자신이 만든 모든 영상물에 대해 다양한 판로와 넓은 시장을 기반으로 위험을 분산시킬 수 있다. 다른 나라의 제작사보다 많은 자원(가령 우수한 배우, 특수효과 등)을 사용해서 강력한 브랜드의 바탕 위에 많은 시청자들을 유인한다.

미국 제작자들이 사용하는 영어가 국제어라는 측면도 이들에게 장점으로 작용한다. 가령 소국인 핀랜드나 불가리아의 제작사들은 국제시장에서 미국의 제작사들과 경쟁에 상대가 되지 않는다. 이는 전체 세계인구 중 극소수 언어사용국인 이들로는 자국시장이 제작사들에게 충분한 재원을 제공할 여건이 될 수 없기 때문이다. 영어를 사용하는 국가로는 영국 외에도 호주, 캐나다, 아일랜드 등이 있다. 그러나 영국을 제외하면, 그 어느 나라도 프로그램을 수출하는 국가로 분류되지 못하고 있다. 다시 말해, 언어 하나만으로는 국제시장에서 경쟁력을 가질 수 없다는 것을 의미하는 것이다.

시청자의 수, 시청자의 소득수준, 언어 등이 텔레비전 제작사의 경쟁력을 좌우하는 중요한 요소이기도 하지만, 미국의 제작사들은 인력, 특수서비스 등 관련인력과 산업이 잘 분포되어 있다는 점에서 그 경쟁력을 더욱 강화하는 역할을 한다. 예를 들면, 미국의 LA에는 많은 제작인프라, 탤런트 풀 등이 포진해 있어, 같은 조건이라도 이 부분에서 미국의 제작사들은 강력한 경쟁력을 갖고 있다고 볼 수 있다.

미국의 제작사들은 제작에 들어간 비용을 내수시장에서 보통 회수가 가능하기 때문에 제작원가보다 훨씬 낮은 가격으로 해외에 수출할 수 있다. 특히, 같은 서양문화권인 유럽 국가의 방송사들이 미국의 프로그램을 수입해서 방영하는 편이 자체 제작하는 것보다 어떤 때에는 훨씬 매력적이라고 생각하는 것은 아주 일리 있는 이야기이다. 미국의 텔레비전 제작사들이 많은 돈을 들여 대량으로 작품을 만들어서 다른 나라의 방송사와 시청자들에게 공급하는 일은 어떤 면에서는 다른 나라에게 긍정적인 혜택을 주고 있다고 볼 수 있다.

하지만 이 문제는 때때로 미국 프로그램 공급자들이 덤핑행위를 한다는 논란을 부른다. 덤핑이란 하나의 상품이 실제원가보다 낮은 가격으로 해외시장에 판매될 때를 말한다. 덤핑은 일반적으로 다른 나라 제작자들에 피해를 끼친다는 이유로 국제적인 분쟁사항이 되기도 한다. 텔레비전 수출의 경우 상품은 거의 모두가 초기 제작비용보다 낮은 가격으로 외국시장에 판매된다. 해외판매가격은 그 프로그램을 공급할 때 들어가는 비용, 즉 프로그램을 외국에 판매할 때 소요되는 복제비용보다는 높다. 프로그램 수출이 덤핑인가 아닌가 하는 것은 비용에 대한 정의를 어떻게 하느냐에 달려 있다고 본다. 왜냐하면, 실제로 판매되는 것은 프로그램 그 자체가 아니라, 단순히 특정한 장소나 지역에 전송권을 판매하는 것이기 때문이다.

미국의 제작사들이 해외시장에서 덤핑으로 판매하고 있다는 인식은 종종 미국의 제작사들은 제작비를 회수할 때 단지 국내의 1차와 2차 시장만이 아니라, 추가적으로 다른 지역에서의 매출을 염두하고 있다는 것을 간과하는 데에서 비롯된다. 물론 미국의 내수시장은 제작비 회수를 위해 아주 유용한 시장이지만, 그렇다고 해서 제작비 회수를 완전하게 보장하는 것은 아니다. 따라서 매출을 계획할 때 해외시장을 목표로 한다는 점은 때때로 앞에서 언급한 윈도잉전략에도 부합하는 것이다. 제작자가 다양한 윈도우와 가능한 많은 지역에 걸쳐서 제작비용을 분산하려는 의도는 콘텐츠시장에서 살아남기 위한 생존전략의 일환으로 볼 수 있다.

유럽의 제작자들이 항상 고민하는 것은 왜 미국의 제작사들처럼 자기들도 높은 소득수준과 많은 수의 시청자들을 확보하고 있음에도 불구하고 역내시장을 충분히 활용할 수 없는가 하는 것이다. 인구수를 볼 때 미국이 인구 9,900만명이면 서유럽은 1억 3,000만명이다. 유럽의 방송사들은 많은 양의 프로그램을 제작한다. 그러나 문제는 어느 한 나라의 방송물들이 역내 다른 나라 시청자들에게 그다지 흥미를 끌지 못하고 있다는 점이다.

유럽의 텔레비전 방송물들이 역내교역에서 갖는 분명한 한계는 언어장벽이다. 유럽의 주요 텔레비전 방송시장인 독일, 프랑스, 스페인, 이탈리아 및 영국의 각 시청자는 자신이 쓰는 언어로 제작된 방송물만을 선호한다. 미국보다 유럽은 문화적으로 매우 다양하기 때문에 역내에서 보편적으로 선호되는 영상물이 되기 어렵다는 단점을 지니고 있다. 유럽은 자신의 시장을 단일시장으로 여기고 있지만, 문화상품이나 콘텐츠의 경우에는 다양한 상품들을 한 자리에 모은 것에 지나지 않는다.

유럽의 방송산업이 미국과 다른 것은 미국의 제작부문이 주로 민영방송에 의해 발전되어 왔다는 점이다. 유럽은 초기부터 공영방송 서비스가 발달되어 왔기 때문에 국제시장에서 많은 시청자들이 볼 수 있는 프로그램을 제작하고자 하는 동기가 미국에 비해 부족하다. 따라서 유럽의 방송제작사들은 국제시장에 진출하기 위해 프로그램을 제작하기보다는 공영방송의 취지에 맞게 자연스럽게 자국 시청자들의 욕구와 관심에 노력을 집중하였다. 1990년대 초 이래로 고조되어 온 방송시장의 경쟁구도는 유럽의 방송사와 프로그램 제작사들로 하여금 보다 해외시장에 관심을 기울이도록 부추기고 있다. 하지만, 여전히 미국의 제작사들은 국제시장에서 지배력을 행사하고 있으며, 이를 반영하듯 유럽의 영상물교역은 미국에 대해 2000년을 기준으로 약 50억 달러의 적자를 내고 있다.

5) 프로그램 쿼터

영국은 텔레비전 프로그램 교역에서 흑자를 유지하고 있지만,

일반적으로 유럽의 다른 나라들은 미국으로부터 일방적으로 콘텐츠를 수입하고 있다. 이는 경제와 문화 양쪽에서 국가 간 쟁점을 유발한다. 경제적인 관점에서 유럽의 이해관계는 제작부문에서 무역적자와 일자리 부족, 소득창출 미흡 등에서 비롯된다. 문화면으로는 외국산 영상물의 일방적인 흐름이 자국의 언어와 가치에 부정적인 영향을 미칠 수 있다는 우려에서 발생한다.

유럽의 각국은 미국에 대응하기 위해 유럽산 텔레비전 프로그램의 제작에 정책적 지원을 해 오고 있다. 가령 유럽위원회는 1980년대부터 공공정책으로 제작보조금, 공동제작 권장, 유럽산 프로그램의 배급강화 등의 노력을 기울여 왔다. 이 위원회가 2001년부터 시작한 미디어 플러스정책은 우선 세 개 분야를 대상으로 직접적인 보조금을 제공하고 있다. 영상전문가 교육훈련, 유럽산 프로그램의 공동제작, 유럽산 영상물의 배급 등이 그것들이다. 이 정책의 기조는 유럽의 시청자들이 역내국가가 제작한 프로그램 시청을 원하는 것으로 가정하고, 이를 유럽이 집단적으로 지원해서 긍정적 외부효과를 만들자는 것이다.

그러나 구체적으로 미국산 영상물수입으로부터 유럽의 텔레비전 제작부문을 보호하기 위해 제정된 정책이 '국경 없는 텔레비전(Television without Frontiers)'이라는 유럽산 프로그램 쿼터제이다. 이 제도의 기본 목표는 현재 유럽 국가들이 다른 서비스산업에서 국경 간 사업운영을 법적으로 지원하는 것과 동일하게 방송서비스업에도 유럽 단일시장의 장점을 보장하자는 것이다. 이 제도의 기본 원칙은 자동차 운전자가 각국에서 받은 운전면허증으로 전 유럽을 자유롭게 운전할 수 있는 것과 마찬가지로 방송서비스를 허용하자는 것이다. 각 방송서비스업자는 국내법을 준수하지만, 소수인종의 보호, 시청자권리, 광고 및 쿼터규정 등 공통적인 규율과 표준을 지키면, 역내 모든 시청자들에게 서비스를 제공할 수 있다.

프로그램 쿼터는 모든 유럽의 방송사들은 자신이 방영할 전송물 중 최소 50%를 유럽산으로 해야 한다는 것으로, 유럽산 프로그램 제작부문을 보호하기 위해 만들어졌다. 당연히 미국의 텔레비전 방송물 수출업자로서는 이 제도를 환영할 리 없지만, 유럽의 방송사들 역시 불만을 갖고 있다. 가격과 상품성 면에서 역내 제작물보다 우수한 수입물을 소비할 기회를 박탈하고 있고, 너무 자의적이고 비효율적으로 외부적 편익을 만드는 제도라는 의견이 역내 방송사들로부터 나오고 있다.

유럽의 방송사들이 쿼터제를 반대하는 이유 중 가장 큰 것은 방송사 운영에 이 제도가 악영향을 미친다는 것이다. 이 제도를 따르면 유럽의 방송사들은 역내 제작사들이 만든 영상물 중 50%를 의무적으로 구입해야 하는데, 역내 영상물가격은 당연히 수입물에 비해 높으므로 운영에 있어서 비용상승을 초래한다. 간단히 요약하면, 프로그램 쿼터제가 유럽의 방송산업에 미치는 효과는 방송사들의 재정부담으로 전반적인 방송물수요가 감소하고, 역내 제작자들에게 강제적으로 수요를 배분함으로써 시장의 왜곡을 가져온다는 것이다. 특히, 후자의 경우 역내 프로그램 제작자들에게 안정적인 수요를 제공하면, 적어도 단기적으로는 역내 제작부문에 유리하다. 그러나 장기적으로 볼 때 이러한 수요의 강제배분은 방송사들의 경영수지를 악화시키고, 프로그램에 대한 수요를 약화시킬 수 있다는 점을 지적한다. 이를 약간 다르게 표현하면, 쿼터제는 방송사들의 경영수지에 부담을 주어 보다 축소된 시간으로 프로그램을 제공하려는 동기를 유발하고, 결국에는 텔레비전방송 서비스가 위축되는 결과를 가져올 수 있다는 말이다.

반대론자의 주장은 쿼터가 없을 경우 새로운 채널운영자들은 재정부담을 줄이기 위해 가격이 저렴한 미국산 수입물에 의존할 가능성이 높으나, 장기적으로 매출이 늘어나면 역내 영상물로 자연스럽게 대체된다는 점을 강조한다. 방송사들이 역내 제작물을 의무적으로 구입함으로써 발생하는 비용은 새로운 방송서비스가 출현하는 것을 방해하고, 결국 역내 방송시장이 발전하는 데 장애요소로 작용할 것이라는 주장이다. 따라서 쿼터제를 역내 제작자들에게 부여하기보다는 역내 제작사들로 하여금 프로그램을 판매할 수 있는 2차 및 3차 역내 시장과 다양한 창구를 개발하게 하는 것이 보다 생산적이라는 논지이다.

6) 영상물의 무역자유화

영상물을 포함한 문화상품에 관한 국제무역은 사회정치적 · 문화적 및 경제적 이해관계가 교차하는 지점에 서 있다. 앞에서 많이 언급한 것처럼, 미디어콘텐츠는 공공재적인 특성, 여러 번 사용해도 고갈되지 않는다는 점, 재생산비용은 무시될 정도로 매우 적다는 점 등이 국제적인 거래에 적합한 상품으로 인식된다. 제작자 입장에서 볼 때 가능한 한 많은 지리적인 시장에 제작비를 분산하는 것은 매우 상식적이지만, 또한 이상적인 전략이다.

그러나 미국을 제외한 많은 나라들은 문화상품의 교역에서 위협을 느끼고 있기 때문에 보호적인 장치를 세워 두고자 하는 욕구를 갖고 있다. 언어장벽이 있어서도 그렇지만, 유럽의 제작자들은 종종 저렴한 비용으로 쉽게 구입가능하며, 높은 예산을 들여 제작된 미국산 영상물과 경쟁하기 어렵다는 점을 깨닫는다. 이윤을 추구하는 방송사들은 비용부담을 덜기 위해 가급적 저렴한 프로그램을 공급하기를 원하기 때문에 역내 제작사들과 이해관계가 엇갈린다. 유럽의 영상정책에서 외국으로부터 프로그램을 수입할 때 문제로 삼는 것은 외국 프로그램의 무분별한 수입이 역내 고유문화, 언어, 가치관 등을 잠재적으로 훼손할 수 있다는 점에 있다.

그러나 일부에서는 이러한 문화적 우려로 문제를 제기하는 것이 옛날 방식의 보호주의를 고집하는 것으로 비난하기도 한다. 텔레비전 영상물 제작사업은 국제거래가 가능한 사업이고, 전 세계를 통해 많은 인력과 자본이 동원되며, 각국이 서로 경쟁하는 다른 사업과 동일한 비즈니스라는 점을 주장한다. 따라서 텔레비전 프로그램부문에서 특별히 보조금이나 쿼터 등으로 지역의 제작자들을 지원하는 특별조치는 불필요하며, 또한 낭비적이라고 비판한다.

제작자들을 보호할 수 있다는 논거를 이해하기 위해서는 국제무역론의 기본 사항을 살펴볼 필요가 있다. 무역은 항상 이득을 준다는 기본 아이디어는 1817년 리카도에 의해 제안되었다. 이 아이디어는 노동을 전 세계적으로 특화하면 이득이 된다고 주장한 영국의 경제학자 스미스의 이론을 확장한 것이다. 즉, 개인이 가장 잘하는 것을 기준으로 각각의 일자리들을 각기 다른 사람들에게 할당하는 편이 모든 사람이 상품과 서비스를 얻기 위해 자급자족하는 편보다 더욱 효율적이라는 것이다. 즉, 현대경제학은 이와 같은 특화 또는 노동의 분화라는 개념으로부터 출발한다. 리카도는 각국이 가장 효율적으로 생산할 수 있는 것으로 특화해야 한다고 주장하여 스미스의 비즈니스관을 국제적 거래의 관점에서 확대하였다.

자유무역에 의해 각국 또는 각 지역은 자신이 가장 효율적으로 생산할 수 있는 것 또는 가장 잘 만들 수 있는 것에 집중할 수 있다는 것이다. 만일 각 지역이 자연적으로 형성된 또는 인위적인 노력으로 만든 장점을 지닌 상품이나 서비스 생산에 특화하고 그렇지 않은 것을 다른 나라로부터 구입한다면, 세계에 널려 있는 제한된 자원들은 가장 효율적으로 사용될 것이고, 이론적으로 볼 때 이는 결국 모든 사람들이 더 높은 생활수준을 하도록 이끌 수 있다는 것이다. 그러나 만일 어느 한 나라가 모든 상품과 서비스를 생산하는데 다른 나라보다 효율적이라면 어떻게 하는가? 이 점에 있어서 리카도는 각국이 상대적으로 유리한 것을 특화하든지 또는 비교우위가 있는 것을 특화해서 자유롭게 거래한다면 여전히 이득이 존재한다는 주장을 펼쳤다.

국제무역에서 비교우위의 전통적인 개념은 어떤 국가나 지역은 원래부터 일부 상품의 생산에서 항상 다른 나라나 지역보다 상대적인 우위를 갖고 있다는 가정에 의존한다. 가령 부존자원의 보유 또는 지역의 기후조건 때문에도 그러한 상대적 우위가 존재한다. 이보다 좀더 진화된 이론으로는 이러한 상대적 우위도 반드시 원래부터 주어진 것도 아니며, 고정적으로 변화하지 않는 것은 아니라는 것이다. 간단히 말해, 시간이 지나면서 후천적으로 변할 수 있는 것이라는 주장이다. 그러나 어쨌든 현재는 미국이 분명 세계에서 가장 성공적인 영상물 수출국으로 존재한다. 하지만, 텔레비전 프로그램 제작과 관련된 주요 투입요소들을 보면 대부분 고정된 것이 아니라 유동적인 것을 볼 수 있다. 이 점은 앞으로 다른 나라들도 미국의 유력한 경쟁상대가 될 수 있다는 것을 시사하는 논거이다.

만일 미국이 영상물에서 규모의 경제성을 갖고 있기 때문에, 텔레비전 제작자들은 성공이 보장되어 있다면 모든 문화나 영상분야에서 시장을 지배하고 있어야 한다. 하지만, 현실은 그렇지 않다. 예를 들면, 대중음악의 경우 영국 제작자들은 중요한 국제적인 영향력을 행사하고 있다. 분명히 미국의 영상물제작자들은 다른 나라 제작자들에 비해 여러 면에서 비교우위를 보유하고 있다. 가령 탤런트, 기술도구, 영상제작과 관련한 특수한 지원서비스 등의 집중적으로 분포된 자원으로부터 혜택을 받고 있다. 하지만, 이런 요소들은 원래부터 갖고 있었던 것이 아니라, 인위적으로 나중에 형성된 것이다. 현재는 물론 국제시장에서 미국을 능가할 정도로 비교우위를 지닌 나라는 거의 찾아볼 수 없으며, 이를 다른 나라가 추월하는 것도 매우 어려워 보인다. 그러나 미국의 경험으로 볼 때도 비교우위는 적어도 이론적으로는 시간이 가면서 극복될 수 있는 요인이다.

자국의 영상물이 국내외 시장에서 경쟁력을 갖도록 하기 위한 욕구는 결과적으로 많은 나라에서 여러 보호수단을 만들어 놓는 계기가 되었다. 한 가지 공통적으로 사용된 수단으로는 국내 제작자들에게 보조금을 제공하는 것이다. 또한 관세도 자국제작사의 경쟁력을 높이는 수단으로 사용된다. 이는 수입된 텔레비전 프로그램이나 영화필름에 부과하는 세금으로서 수입품가격을 상승시켜 자국제작자를 보호하며, 정부에는 예산수입을 가져온다. 쿼터는 수입을 제한하는 또 다른 조치이며, 자국제작자가 만든 영상물수요를 증가시키는 역할을 한다.

국제무역론에 따르면, 일부 상품에 대해 자국의 생산능력을 부추기는 어떠한 인위적인 조치도 자원의 효율적 배분과 활용에 있어서 최적의 상태에 이르지 못하게 한다. 보호주의 조치들은 국내 생산자들의 경제적 이해를 돕는 일이기는 하나, 한 나라의 생산비 부담을 높이는 행위이고, 따라서 그 나라의 자원배분과 활용에 비효율성을 가져와 결국 그 나라 국민들의 경제적 후생이 손실되는 효과를 나타낸다. 이러한 조치가 가져오는 국제적인 반응으로는 다른 나라로부터 보복적인 조치를 야기할 수 있다는 점이다. 예를 들면, 국제거래에서 덤핑이 발견되면 이에 대응하기 위해 관세가 부과되기도 한다.

어떤 경우에는 보호주의 조치가 정당화된다. 예를 들면, 어떤 신산업들은 산업의 초기에 안정적으로 자리잡기 위해서는 일정한 보호장치가 필요할 수 있기 때문이다. 이는 GATT 제18조에 명시되어 있다. 만일 어떠한 자국산업이 학습하는 과정을 필요로 하고 이를 통해 어느 정도까지 경쟁력을 확보하기 위해 일정한 정도의 시간여유가 필요하다면 유예조치가 가능하다는 논리이다.

이러한 논리가 유럽의 영상물 제작부문에 적용가능한지는 논의의 여지가 있다. 유럽이 미국에 비해 갖고 있는 가장 큰 단점은 미국의 프로그램 제작자보다 시장이 세분화되어 있기 때문에 규모의 경제성에 도달하기 어렵다는 데 있다. 일부 학자들은 유럽이 쿼터제를 실시하는 데 있어서 유치산업론을 주장하는 것은 비논리적이라고 비난한다. 왜냐하면, 유럽의 텔레비전 프로그램 제작부문은 결코 신산업이 아니며, 일정한 기간이 필요할 만큼 유치하지도 않다는 것이다.

영상물교역에서 보호주의 조치를 정당성을 말하는 또 다른 논리는 영상물은 본질적으로 문화상품이라는 점에 집중한다. 영상물이 국내에서 제작되어 보급되면, 사회에 문화적으로 긍정적인 외부효과를 만들어 낸다는 것이다. 극단적인 예로 미국이 영어로 된 영상물 제작에 있어서 영국이나 캐나다보다 비교우위를 갖고 있다고 해도 이들이 자국산 영상물제작을 포기하고 전적으로 미국산 프로그램을 구입해야 한다는 것은 이들 국민들로서는 상상하기 어렵다는 것이다.

(4) 대중음악

1) 대중음악산업의 발달과정

축음기가 등장하기 전까지 음악은 인쇄된 악보를 통해 보급되었다. 악보는 지금의 서적과 같이 출판되었는데, 출판사는 작곡자와 작사자의 작품을 구입하여 이를 인쇄물로 만들고 소매점과 허가된 에이전트를 통해서 판매하였다. 작곡자와 작사자들은 종종 술집이나 공공장소에서 피아노연주를 통해 출판사를 거치지 않고 음악을 직접 소비자에게 전달하기도 하였으며, 만일 재정적인 여력이 있을 경우에는 전문가수를 채용하여 노래를 관객들에게 전달하였다. 출판사들이 소매유통업자와 긴밀한 거래관계를 강화하고 우편주문판매도 운영하면서 작곡자나 작사자들은 점차 출판사에 의존하게 되었다.

녹음 음악기기로서 축음기는 1877년에 미국의 에디슨과 프랑스의 크로스에 의해 발명되었다. 에디슨의 실린더방식은 1998년에 처음으로 일반에게 판매되었는데, 곧이어 동전을 투입해서 작동시키는 기기로 인해 경쟁에 직면하게 되었다. 그러다가 베를리너의 디스크 녹음방식이 등장하자, 소비자들과 대중가수들은 나중에 나온 방식에 의존하였다.

초기의 음반산업은 에디슨, 콜롬비아, 빅터라는 세 기업에 의해 유지되었다. 이들 세 기업은 소규모 회사들과 제휴를 통해 협력관계를 갖고 사업을 주로 하였으나, 점차 세계시장으로 사업영역을 뻗어 나갔다. 가령 해외기업으로서 그래모폰은 빅터가 대표하는 유럽 자회사로 설립되었다. 이들의 초기 사업은 소비자들에게 축음기를 판매하기 위한 방편으로 레코드를 생산 · 유통하였다. 그러나 1920년대에 들어서야 비로소 기업들은 자신들의 주요 판매품목으로 축음기가 아닌 레코드에 집중하기 시작하였다. 따라서 악보사업은 음악출판 매출액의 약 15%로 위축되고, 나머지는 레코드 판매를 통해 이루어졌는데, 이것이 주요 매출흐름을 좌우하게 되었다. 음악출판사들은 작곡자와 작사자의 복제권을 관리하는 사업을 계속하였지만, 레코드회사들은 녹음음악을 제작하기 위해 능력 있는 가수들을 물색하는 일과 음반제조, 마케팅 및 유통업무 등을 주로 맡게 되었다.

미국의 음악산업은 1923년까지 획기적인 성장가도를 달려 왔으나, 라디오방송과 새로운 기술이 등장하면서 심각한 위협에 직면하였다. 소비자들이 라디오를 구입하자 레코드판매는 수 년 동안 현저히 줄게 되었다. 라디오방송의 등장과 함께 개발된 전자마이크, 확성기 등 음악을 녹음하는 기술로 인해 녹음방식은 훨씬 유연해졌지만, 초기에 음반사들은 자신들의 창고에 과거 방식으로 녹음한 디스크로 가득 차 있었기 때문에 신기술을 도입하려 하지 않았다. 그러나 1920년대 말에 경기가 회복되면서 이러한 기술들은 폭 넓게 수용되어 산업이 크게 성장하는 계기가 되었다.

경제공항이 절정기에 있었던 1929년에는 음반업계에 통합의 바람이 일어났는데, 이 과정에서 에디슨이 파산하였으며, 라디오방송으로 성공한 RCA(Radio Corporation of America)는 빅터를 매입하였다. 1931년에는 경쟁사들인 콜롬비아, 팔로폰, 그래모폰이 영국에 본사를 둔 EMI(Electric and Musical Industries)에 합병되었다. EMI의 미국 사업은 또 다른 라디오 네트워크인 CBS의 손에 넘어갔다. 따라서 통합으로 살아남은 RCA/빅터, EMI, CBS 레코드 등이 다음 세기의 음악산업을 이끌었다.

1930년대와 1940년대에 소수의 새로운 음반회사들이 등장하였으나, 대부분 RCA/빅터, EMI, CBS체제에 편입되었다. 결국 새로운 경쟁자들이 음반업계에 진입하였으나, 시간이 감에 따라 메이저 기업들에 편입되면서 제작 · 마케팅 · 유통부문은 여전히 이들 소수 기업이 지배하였다. 1946~1952년간 6개 대기업은 163개의 새로운 레코드 중 158개를 제작하였고, 이 중 소수 대기업이 내놓은 곡들이 빌보드 톱 차트에서 67%를 석권하였다.

1950년대에는 로큰롤이라는 새로운 음악장르가 유행하면서 젊은층 시장을 휩쓸었다. 수백 개의 새로운 레코드회사들이 2~3년 사이에 세워졌고 새로운 젊은 음악인들이 끊임없이 등장하였다. 메이저 기업이 로큰롤시장에 진입한 계기는 1955년 RCA가 엘비스 프레슬리를 영입한 때이다. 하지만 1955~1959년간 미국 톱 차트에 오른 147곡 중 101곡이 메이저가 아닌 독립음반사로부터 나왔으며, 1962년에도 메이저 기업들은 절반 이하를 차지하였다. 로큰롤과 FM방송의 등장으로 라디오 디스크자키가 음반회사의 제품을 홍보하는 최고의 수단이 되었고, 음반회사들은 DJ가 자신들이 출시한 음악을 틀어 주도록 설득하였다.

1950년대와 1960년대에는 소비자와 음반회사를 연결하는 유통시스템이 더욱 정교해졌는데, 이전에는 음반회사들이 유통업자와 독점계약을 하여 음반이 소매상에 전달되도록 하였으나, 로큰롤의

탄생 이후에는 쥬크박스, 소매점, 음반전문 유통사 등 유통경로가 다양하게 형성되었다. 또한 1955년에는 CBS레코드가 레코드클럽을 설립하여 소비자들이 직접 음반회사로부터 음반을 구입하도록 하는 창구를 만들었다.

유통망과 홍보채널이 발달하면서 소규모 음반사들은 점차 메이저 기업들에게 매수되거나, 또는 음반유통을 메이저 기업에게 의존하게 되었다. 또한 메이저 기업들은 음반제작에 있어서 복수의 레이블을 운영하였는데, 이는 총경비, 제조기능과 유통사업부문은 공유하지만, 창작과 이미지관리는 각자 운영하는 체제를 택하였다. 이로써 5대 레이블은 차트에서 31.4%를 차지하고, 유통부문은 전체 생산량 중 59.2%를 점유하였다. 이후 1970년에 새로운 장르들인 디스코, 글램록, 펑크록, 뉴웨이브, 래게, 펑크 등 독특한 음악스타일들이 속속 등장하였으나, 메이저 기업들은 이를 재빠르게 수용하면서 음반업계에 대한 주도적 역할을 유지하여 왔다.

1970년대 말과 1980년대 초에는 비교적 음반매출이 줄어들다 1980년대 중반 이후 회복기를 맞이하였는데, 이 때 등장한 것이 텔

표 7-5 5대 메이저 음반회사들

음반회사 이름	모기업	기원
BMG 엔터테인먼트	베텔스만, 독일의 미디어 복합기업	베텔스만이 1986년에 RCA를 구입하면서 설립
EMI	없음.	불황기에 콜롬비아, 팔로폰, 그래모폰을 합병하여 설립
소니뮤직 엔터테인먼트	소니, 일본의 엔터테인먼트 복합기업	1988년 소니가 CBS레코드를 매입하면서 설립
유니버설뮤직그룹	시그램, 캐나다 주류업자	시그램이 1995년에 마쓰시타로부터 유니버설 스튜디오를 매입하고, 필립스로부터 폴리그램을 매입하면서 설립, 유니버설은 MCA, 데카 등에서 기원
워너뮤직그룹	타임워너, 미국의 미디어 복합기업	1960년대와 1970년대 독립레이블들을 매입하면서 설립

레비전 뮤직채널과 CD라는 새로운 매체이다. 이후 CD는 막대한 매출을 유도하여 현재는 전통적인 포맷인 LP와 테이프 등을 급속하게 교체하여 가고 있다. 대공황 이래 음악산업에 일어났던 기업의 인수와 합병 움직임은 1980년대와 1990년대에도 지속되어 1999년 현재 레코드시장의 85%가 5개 기업, 즉 BMG 인터내셔널, EMI, 소니뮤직 엔터테인먼트, 워너뮤직그룹, 유니버설그룹의 손에 들어가 있다.

2) 대중음악산업의 조직구성

음악산업에서 메이저 레코드회사들은 중앙에 위치해 있다고 할 수 있다. 작곡자와 작사자, 가수들은 음악산업에 예술적인 원재료를 공급하는 역할을 하며, 출판사들은 작곡자와 작사자들을 한 손에, 그리고 레코드회사들은 다른 한 손에 잡고 중계하는 역할을 한다. 소매상을 포함한 유통업자들은 상품을 레코드회사에서 소비자에게 전달하며, 유통부문에 속한 라디오와 텔레비전 방송국은 레코드회사의 홍보채널로 활용된다. 마지막으로 음악출판권의 관리대행기관은 로열티가 적절하게 배분되고 있는지를 감시하는 역할을 한다. 이하에서는 순서대로 간단히 설명하고자 한다.

첫째, 작곡자와 작사자들은 음악산업 가치사슬에 가장 처음으로 위치한다. 이들은 곡을 만들어 내고 복제권을 상호 공유한다. 곡이 인쇄물로 유통되던 시기에는 이들이 출판사에 고용되어 곡이 창작되었으나, 점차 음악출판사로부터 선급금이나 일시불로 로열티를 받고 곡을 만들어 제공하는 독립적인 주체로서 음악산업에 참여하게 되었다.

둘째, 이른바 '아티스트'라고 하는 가수들은 자신이 곡을 작곡하기도 하지만, 대개는 음반회사와 계약을 희망하면서 공연을 하고 데모 레코딩을 한다. 미국의 가수들은 전형적으로 5개 이상의 앨범에 대해 계약을 하기 때문에 일정한 기간 동안 한 음반사에 머물러 있게 된다. 일단 계약이 이루어지면, 가수들은 창작과 경제적인 면에서 자유로울 수 있게 되며, 계약이 종료되면 인기 있는 가수들은 종종 더 나은 음반사로 옮겨 좀더 나은 계약조건을 기대한다. 가수들은 음반판매 후 음반사로부터 로열티를 제공받는데, 콘서트와 머천다이즈 등에서도 추가적인 소득원을 개발하기도 한다.

셋째, 음악출판사는 작곡자와 작사자로부터 곡의 일부 또는 전 권리를 구입하여, 다양한 채널을 이용하여 구입한 곡을 홍보하는 역할을 한다. 출판사의 성공 여부는 동일한 곡을 다수 채널을 통해 얼마나 판매활동을 잘할 수 있느냐와 곡의 가치가 하락하지 않도록 판매촉진활동의 수위를 균형 있게 조절하는 능력에 달려 있다. 때로는 이 부분을 놓고 창작자인 가수들과 기업가인 출판사와 갈등을 빚기도 하는데, 이 사업의 중요성을 인식하여 메이저회사들은 사업운영의 일부로 출판사를 매입하거나 따로 설립하여 운영한다.

넷째, 레코드회사는 음악산업의 중심적인 플레이어로서 널리 인식되어 있다. 세계적으로 5개의 주요 메이저와 더불어 수많은 인디 또는 독립음반사들로 구성되어 있다. 각 레코드회사는 출판사로부터 곡에 대한 권리를 구입하고 가수의 음악녹음을 실행에 옮긴다. 녹음과정을 관리하는 일, 녹음음악을 매체에 담아 제조하는 일, 소매상과 기타 채널에 유통하여 공격적으로 곡을 홍보하는 일등을 맡아서 한다. 이러한 일련의 과정을 통해서 레코드회사는 신곡을 발표하고 판매하는데, 그에 관한 모든 비용을 투입하는 대가로, 음반매출액에서 가수와 출판사에 지불하는 비용을 제한 나머지를 회수한다. 가수들의 음악을 널리 홍보해서 상업적으로 성공시키는 일과 가수들의 라이프사이클을 효율적으로 관리하는 일은 레코드회사의 이윤확보와 직결되기 때문에 레코드회사들은 유망한 가수들을 확보하려는 노력에 힘을 쏟는다. 그러나 때로는 최고의 가수를 보유하는 일은 많은 비용이 수반되므로 적절한 조화를 갖출 필요가 있다.

메이저 레코드회사들의 조직구도는 〈그림 7-7〉을 기본으로 하고 있다. 레코드회사는 곡을 담는 매체를 만들고 패키지하는 중심적인 제조부문과 각 유통창구와 독립유통사들에게 곡이나 매체를 전달하는 유통부문, 복제권과 레이블들을 관리하는 출판부문의 사업을 둔다. 일부 메이저회사들은 소매부문에도 관심을 갖고 레코드클럽을 운영한다. 역사적인 경험으로 볼 때 레코드회사들은 운송비를 절감하고 교역에서 발생하는 세금을 줄이기 위해 세계 각 지역에 제조부문의 사업을 둔다. 예를 들면, 소니뮤직은 네덜란드에 제조공장을 두고 유럽 시장에 공급하는 제품을 생산하고 있고, 워너뮤직은 독일에, BMG는 세계의 10개 지역에 생산공장을 설립해 운영하고 있다.

레코드회사의 각 레이블은 대개 분리된 사업으로 자율적으로 운영되고 있는데, 장르와 가수들을 중심으로 독립된 상표를 보유하고 있다. 보통 각 레이블에는 네 가지 사업부서가 있다. 가수와 레퍼토리(Artists and Repertoire: A&R), 마케팅, 비즈니스업무, 회계 등이다. A&R은 새로운 가수들을 물색하고 새로운 곡을 개발하는 일을 맡고 있고, 레이블의 최대 업무인 마케팅은 판매, 홍보, 광고, 공연, 가수와의 관계 등을 대상으로 한다. 비즈니스업무는 가수와의

그림 7-7 메이저 음반회사의 사업조직도

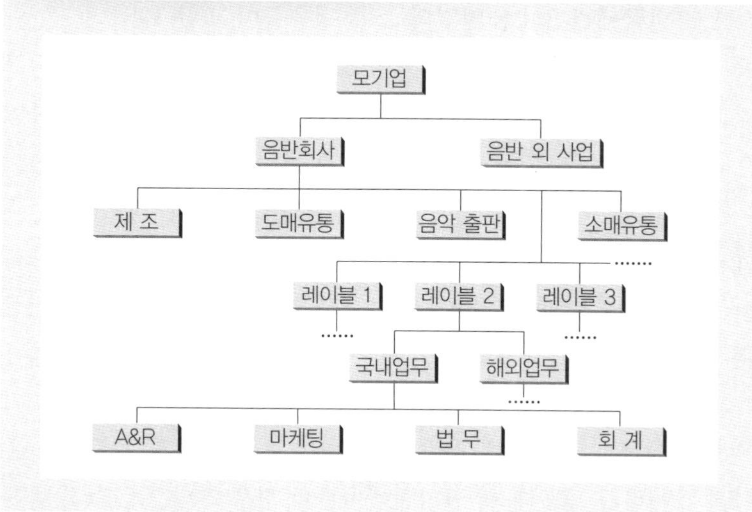

표 7-6 미국 음반 소대판매의 창구별 비중

단위: %

	1990	1991	1992	1993	1994	1995	1996	1997	1998
레코드점	69.8	62.1	60.0	56.2	53.3	52.0	49.9	51.8	50.8
기타 소매점	18.5	23.4	24.9	26.1	26.7	28.2	31.5	31.9	34.4
전체	88.3	85.5	84.9	82.3	80.0	80.2	81.4	83.7	85.2
테이프/레코드 클럽	8.9	11.1	11.4	12.9	15.1	14.3	14.3	11.6	9.0
우편주문	2.5	3.0	3.2	3.8	3.4	4.0	2.9	2.7	2.9
인터넷	-	-	-	-	-	-	-	0.3	1.1

자료: NARM.

협상, 프로듀서계약, 라이선싱계약 등과 같은 법률적인 업무를 주로 취급하는데, 해외 라이선스와 배급계약도 수행한다.

다섯째, 소매유통부문으로 현재는 소매점, 레코드클럽, 우편주문, 온라인 소매 등의 형태로 소비자에게 전달된다. 〈표 7-6〉은 미국의 음반소매점 형태를 구분한 것으로, 이 중 타워레코드, HMV, 블록버스터는 국제적인 체인점이다. 1980년대와 1990년대의 특징적인 사실은 소매에 대한 투자와 유통기술이 발달함에 따라 소규모의 독립적인 소매상의 수가 급격히 줄고 있다는 점이다. 이와 대조적으로 미국에서 8대 체인점의 소매 점유율이 지난 1982년 17.5%에서 1992년에 57.8%로 증가하여 소매부문의 대형화가 진행되고 있음을 알 수 있다. 같은 기간에 전체 소매매출은 55%가 증가하였으나, 지역상점수는 15%가 감소한 것으로 나타났다.

마지막으로 권리대행기관은 수많은 작곡자와 작사자, 가수, 출판사들에게 로열티를 배분하는 역할을 한다. 작곡가나 음악출판사의 주된 소득은 음악의 사용허가로부터 얻어진다. 음악산업의 현장은 매우 다양하고 광범위하기 때문에 작곡가들이나 음악출판업자들은 로열티를 대리수납해 주는 권리대행기관인 저작권단체에 의존하지 않을 수 없다. 대행기관들은 세계적으로 활용되고 있는 음악을 감시한다. 공연관련 권리대행기관의 경우 라디오방송국, 텔레비전방송국, 라이브콘서트, 기타 공연장소를 조사하며, 복제권이 있는 음악의 이용을 추적한다. 또한 다른 권리대행기관은 CD, 카세트, 기타 하드웨어 포맷에서 사용되는 음악의 이용을 관리한다.

3) 대중음악산업 구조의 특성

여기에서는 음반산업의 비즈니스 특성을 과점이라는 시장구조적 특성과 기업 간 수직결합이 일반적이지만, 최근에는 복합화 현상이 일어나고 있다는 점, 그리고 다른 문화산업 또는 미디어분야처럼 규모의 경제성이라는 기본적인 원리가 자리잡고 있으며, 마지막으로 시장의 진입장벽에 대해 설명한다.

첫째, 음반산업은 역사적으로 볼 때, 시기마다 조금씩 차이는 있으나 극소수의 대기업에 의해 주도되어 왔다. 물론 어떤 시기에는 메이저 기업들이 시장을 주도하지 못한 적도 있었다. 그러한 예로 유명한 것이 1955년 로큰롤이 폭발적으로 유행하던 시기다. 이 때 메이저 기업들은 히트곡을 만들어 내지 못하였고, 이 분야에 믿을 수 없을 정도로 많은 새로운 레이블이 탄생하고 신인가수가 등장하는 것을 지켜볼 수밖에 없었다. 그러나 결국 이 새로운 장르도 대기업에 의해 통합되고 지배되는 경로를 밟게 되었다.

1950년대에는 8개의 레코드회사가 주간 히트 10곡 중 95% 이상을 석권하였고, 다만 R&B와 같은 새로운 장르에서 새로운 음반회사와 새로운 가수들이 활동하였다. 1980년대와 1990년대에는 6개의 대기업 레코드사가 시장에서 성공한 대부분의 대중가요 유통을 장악하였다. 단, 이 때가 그 전과 다른 점은 초기 과점 때와는 달리 모기업과 자회사, 유통사, 소규모 레이블 등과 다층적인 소유구조를 이루고 있었다는 점이다.

음반산업에서 거의 모든 수익은 대중음악 차트에 있는 인기음악들에 의해 만들어진다. 돈을 버는 데 있어서 가장 크고 중요한 부분이 전국적인 배급망을 갖추는 일과 홍보능력이다. 톱 차트에 오른 곡들을 홍보하고 배급하는 기업들의 움직임을 자세히 들여다보면 기업들이 시장을 어떻게 통제하고 있는지 이해할 수 있다. 〈그림 7-8〉을 보면 미국의 음반산업이 1956년부터 1970년까지 14년 동안 어느 정도의 소수기업들에 의해 통제되어 왔는지 짐작할 수 있을 것이다. 음반산업을 연구하는 학자들의 공통적인 의견은 차트에 올라 있는 곡들의 다양성과 기업의 집중과는 명백한 상관관계가 있음을 주장한다. 예를 들어, 산업의 집중도가 높았던 시기에는 흥행에 성공한 노래의 수, 가수의 수, 인기 있는 스타들의 수가 적었던 것으로 분석한다. 반면에 음악산업에서 기업들의 수가 늘어날

그림 7-8 미국 메이저 음반사들의 매출비중 추이 단위: %

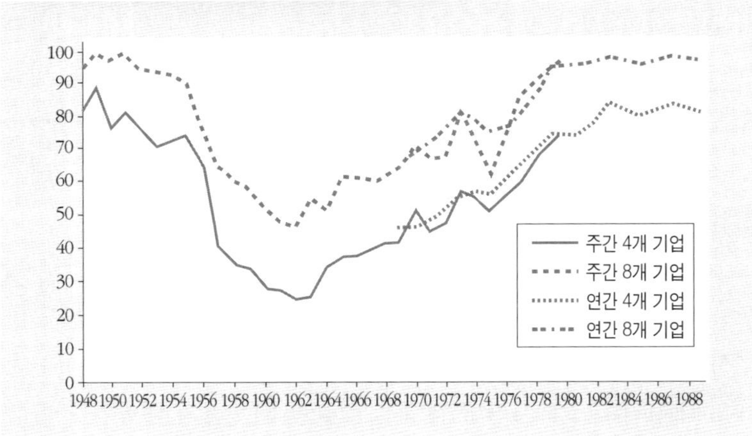

자료: Alexander, Owers, and Carveth(1998).

때에는 대중음악 차트에 다양한 장르의 곡이 소개될 뿐 아니라, 신속하게 신곡들로 교체되는 경향이 높다는 것을 발견하였다. 이런 경향이 모든 시기에 동일하게 일어나는 것은 아니나, 보편적으로 곡이 다양하게 만들어지고 소개될수록 시장에서 음반매출은 늘어나는 경향을 보인다는 주장이다.

1970년대와 1980년대의 음반산업 역시 소수 대기업들에 의해 지배되었으나, 이 시기에는 음악의 다양성이 미흡하였다는 비평은 별로 나타나지 않았다.[8] 여러 이유 중에 한 가지 흥미로운 논리는 비록 이 때도 산업집중도는 그전과 별 차이가 없었으나, 음악을 제작하는 주체들 사이에는 이전보다 훨씬 느슨한 구조로 되었기 때문에 다양성이 떨어지지 않았다는 주장이다. 메이저 대기업들은 자사와 계약관계에 있는 레이블들에게 제작을 결정할 때 비교적 자유로운 권리를 부여함으로써 창작의 여유를 제한하지 않았다는 것이다.

---

[8] P.D. Lopes(1992).

이러한 지배체제를 간단하게 표현하면, 재정적인 통제는 강화하되, 제작에 있어서는 자율권을 부유함으로써 다양성을 유지하는 시스템이었다는 것이다. 1980년대와 1990년대에는 음반업계를 넘어서 다른 영역으로 사업환경이 확대된 시기였다. 예를 들면, 대중음악의 창구로 텔레비전과 라디오가 각광을 받게 되었으며, 각 매체도 다양한 포맷으로 늘어났다. CD가 등장하면서 과거에 인기 있던 음악들이 CD형태로 다시 판매되면서 음반사들은 자본을 축적하게 되었다.

두 번째 대중음악산업 구조의 특징은 수직통합이다. 수직통합은 하나의 회사가 서로 다른 사업들을 모두 소유해서 통제하는 형태를 말하는데, 특히 원자재부터 상품의 제조·유통·판매에 이르는 사업부문을 묶어서 통제할 때를 의미한다.

메이저 음반회사들은 정도의 차이는 있으나, 대개 사업조직이 수직적으로 결합되어 있다. 예를 들면, 출판, 녹음, 제조, 유통 및 홍보 등의 사업들이 수직결합의 대상이다. 더 나아가 최근에는 우편판매를 하는 레코드클럽을 소유해 운영하고 있고, 일부 기업들은 소매점 체인에 관여한다. 때때로 이들은 악기제조나 녹음기기 등 하드웨어사업에도 투자하거나 소유하기도 한다.[9] 또 일부 기업들은 영화사에 속하기도 하여 영화제작과 연계하여 음반을 제작함으로써 그 기업이 소유한 모든 매체를 동원하여 교차홍보하는 전략을 일상화하고 있다. 특정한 사업부문을 소유하지는 않더라도 음반회사가 수직적 사업영역의 다른 엔터테인먼트 회사와 계약을 맺고 소속된 가수가 다양한 영역에서 활동하여 수익을 창출하는 일은 흔히 있는 일이다.

---

[9] 가령 CBS레코드는 수 년 동안 Fender를 소유하였으며, 최근에는 소니가 CBS레코드를 소유하였다.

사업의 수직결합은 메이저 레코드회사들이 자신의 과점적 지위를 고수하게 하는 힘의 원천이 된다. 기업들이 음악에 관련된 창작자나 고용인 그리고 관객들을 잇는 고리를 통제할 경우 대강 네 가지 점에서 유리한 입장에 설 수 있게 된다. 첫째, 수직결합은 잠재적으로 매출가능한 모든 영역을 확장할 수 있게 한다. 음반출판사를 소유한 레코드 레이블은 음악 녹음과 더불어 출판권을 획득하여 이 권리를 다양한 매출원으로 활용할 수 있다. 둘째, 수직결합된 기업은 그렇지 못한 기업들에 비해 회사가 가진 여러 자원을 내부적으로 거래함으로써 비용을 절약할 수 있고, 또한 경영이나 회계 등과 같은 지원행정기능의 중복투자를 방지할 수 있기 때문에 역시 비용절감을 기대할 수 있다. 셋째, 수직결합된 기업은 사업의 전체적인 차원에서 자원의 활용, 계획조정 등을 총괄관리하여 그 기업이 수행하는 도든 업무실적을 최대화하는 데 유리하다. 마지막으로 수직결합된 기업은 생산과정의 전 사슬을 관리할 수 있으므로 다른 기업들의 경쟁을 억제할 수 있다. 예를 들면, 미국의 최대 음반유통사였던 WEA(Warner-Electra-Atlantic)는 자회사 레이블뿐 아니라 유통계약을 맺은 다른 레이블로부터 이윤을 획득하는데, 계약을 맺지 않은 레이블의 WEA 유통인프라 접근을 억제하는 역할을 한다.

음반산업의 세 번째 산업구조의 특징은 기업의 복합화라고 할 수 있다. 복합적으로 조직된 기업들은 수직결합된 기업들보다 수평적인 결합형태(가령 영화사업이 음반사업과 결합된 형태)를 띤다. 기업의 복합화는 수직결합과 마찬가지로 회계, 법률 등 기본적인 행정자원을 공통적으로 사용하는 데 보다 효율적이다. 복합화된 기업은 그 기업이 소유한 어떤 사업이건 이로부터 이윤을 획득하는 데 노력하며, 전사업부문을 통해 시너지를 내어 최대의 이윤을 끄집어내려고 한다.

기업의 복합화를 역사적으로 보면 사운드영화가 처음 나온 시기부터 영화와 음반업계가 연계하여 사업을 시작하였다. 최근에는 레코드 레이블이 다국적기업과 결합하여 미디어사업뿐 아니라, 그 밖에 다른 사업에도 참여하는 추세를 보이고 있다. 가령 워너레코드는 녹음음악사업을 주로 하지만, 모기업인 타임워너와 같이 케이블 텔레비전, 영화산업, 서적 및 잡지출판과 기타 미디어관련 사업에 진출하고 있다. 모기업인 소니, 필립스, 마쓰시타 등도 레코드 레이블과 기타 미디어사업 그리고 전자제품시장에 이르기까지 다양한 사업들을 운영한다.

복합화는 메이저 레코드 레이블이 음반산업의 모든 사업을 수직결합되도록 하는 것이 기본이지만, 더 나아가 모든 사업매출이 모기업의 매출흐름에 포함되도록 하는 것을 목적으로 한다. 영화산업의 예를 들어 보면, 영화의 매출은 주로 영화의 수직사슬에 있는 사업을 중심으로 논의되지만, 이 밖에도 외국의 극장, 유료 텔레비전, 지상파 텔레비전, 신디케이션 등의 연관사업들을 모기업 매출에 귀속하도록 한다. 음반산업을 중심사업으로 본다면, 영화음악의 사운드트랙은 음악출판권의 중요한 수입원인데, 경우에 따라서는 영화제작시 제작자의 요구에 따라 영화음악을 만드는 것이 아니라, 영화제작이 음악의 주제에 맞추어서 이루어지기도 한다.

이보다 좀 확장된 개념으로는 교차미디어를 공격적으로 이용해서 회사가 가진 자산과 계약관계를 잠재적인 이윤을 획득하는 데 동원되기도 한다. 이미 스타가 된 아티스트와 신인가수를 엮어서 영화의 사운드트랙에 넣는다든지, 또는 영화의 스타를 사운드트랙의 뮤직비디오에 담는다든지, 복합기업에 소속된 영화배우와 유명가수들이 함께 텔레비전 토크쇼나 집지인터뷰에 출연하도록 한다든지, 라이선스가 있는 티셔츠와 선물을 극장과 콘서트장에 판매하도록 한다든지 하는 것들은 모기업이 자신이 보유한 아티스트와 노래와 같은 자산을 최소비용을 들여 최대로 노출시킴으로써 가능성을 가진 모든 부분들로부터 이윤을 짜내는 방법이라고 할 수 있다.

마지막으로 한 가지 복합화가 기업에게 주는 장점은 위험과 손실이 여러 사업으로 분산될 수 있다는 점이다. 레이블이 단독사업을 운영할 경우에는 사업이 경기에 따라 민감하게 움직이지만, 다른 사업과 복합적으로 연계된 레이블은 보다 안정적으로 음반사업을 이끌 수 있게 된다.

네 번째로 들 수 있는 음반산업의 구조적 특징은 규모의 경제라는 측면이다. 기업조직이 복합적으로 되어 장점이 발생하려면 관련된 사업을 소유하고 있어야 한다는 전제가 있어야 한다. 만일 그렇지 못할 경우에 메이저 음반회사들이 취하는 전략이 바로 규모의 경제성을 활용하는 일이다. 규모의 경제는 음반산업에 유일하게 존재하는 것은 아니나, 음악녹음과 음반제조, 판매 및 홍보에서 대규모 사업을 펼치게 되면 당연히 규모의 경제성을 누릴 수 있는 여건에 서게 된다.

음반산업의 비용구조를 대강 살펴보면, 가수나 작곡 및 작사자들에게 지급되는 로열티와 녹음과 홍보에 지출하는 비용은 대략 완성된 CD가 판매되기 전에 고정적으로 지출되는 것으로 고정비의 성격을 지닌다. 고정비는 특정한 앨범이 한 개 또는 백만 개가 판매되더라도 거의 변하지 않은 비용으로서 첫 복제비용이라고도 할 수 있다. 고정비는 매체가 판매될수록 모든 개별 CD에 분산된다. 결국 더 많은 복제판이 판매될수록 CD에 전가되는 고정비 비중은 낮아지는 반면, 각 매체에 돌아가는 이윤은 더욱 커지는 효과를 보인다.

고정비가 들어 있는 사업이면 어떤 것이나 규모의 경제성이 존재하지만, 녹음음악의 제조처럼 고정비가 사업비의 대부분을 차지하는 경우에는 규모의 경제성이 전략적으로 매우 중요하다. 가령 음악과 운동화를 제작하는 일을 상정해 보자. 두 경우에는 각자 첫 복제비용이 존재한다. 녹음음악에서는 위에서 지적한 로열티비용, 녹음비와 홍보비 등이 있고, 운동화 제조에는 연구개발, 디자인, 제조공장 설립 등이 있다. 첫 복제비용 위에 추가적으로 발생하는 비용으로는 녹음음악에는 빈 매체(테이프나 CD 등)와 포장이 있고, 운동화에는 가죽, 고무, 실 등이 물건이 판매될수록 계속 투입된다. 여기서 보면 녹음음악과 운동화에 들어가는 비용으로 고정비와 추가적인 비용이 모두 존재한다. 하지만, 그 비용의 비율을 각각에 대비해 보면 커다란 차이가 나는 것을 알 수 있다. 다시 말해, 녹음음악의 경우 첫 복제비용에 대해 추가적으로 한 개를 더 복제하여 판매할 때 소요되는 비용이 차지하는 비율은 운동화의 경우에 비해 현저히 낮다는 것을 짐작할 수 있다.

보겔의 추정에 따르면, 첫 복제비용 이후 하나의 녹음음악 CD를 더 제조하는 데 들어가는 비용은 대강 한 CD당 60센트라고 한다.[10] 평균적인 도매가격을 8달러로 가정하면, 하나의 CD 판매에서 나오는 레코드 레이블의 매출액 중 93%가 고정비용을 회수하는 데로 돌아간다. 여기에서 우리는 두 가지 시사점을 도출할 수 있다. 첫째는 추가적으로 소요되는 비용이 매우 낮기 때문에 다른 산업보다 빠른 속도로 고정비를 회수할 수 있다. 둘째, 일단 판매를 통해 고정비가 회수되면, 그 다음 판매로부터 얻어지는 매출액 중 93%는 고스란히 순이윤으로 떨어지게 된다.

---

⑩ H. L. Vogel(1999).

표 7-7 음반(CD)의 소매가격구조

비용구조	금액(달러)	비중(%)
소매가격	16.98	100.0
도매가격	10.75	63.3
광고비	0.86	5.0
CD제조비	0.6	3.5
홍보물제작비	0.15	0.9
배급 및 판매비	1.4	0.8
마케팅 및 홍보	2.15	12.6
A&R	1.08	6.3
실연자 로열티	1.29	7.6
저작자 로열티	0.7	4.1
기타 경상비	1.94	11.4
운영이윤	0.59	3.5

자료: Billboard(2000. 1. 8).

종종 음반산업의 구조적 특징으로 진입장벽이 거론된다. 진입장벽은 새로운 기업이 하나의 시장이나 산업에 진입할 때 존재하는 환경적 제한을 의미한다. 원칙적으로 녹음음악에서는 진입장벽이 별 의미가 없다고 볼 수 있다. 가수와 작곡·작사자들의 노동시장은 과잉공급으로 알려져 있다. 녹음기술도 산업 초기와는 달리 편리하고 저렴하게 보급되어 누구나 쉽게 이용가능할 정도로 발달해 있다. CD를 제조하는 가격은 과거 레코드를 제조하는 비용에 비해 현저하게 떨어졌다. 이렇게 전반적으로 녹음음악부문은 여타 산업에 비해 작은 규모의 재정으로 운영이 가능하다. 유통에 있어서도 특화된 레이블들은 잡지나 우편주문판매로 시장을 넓혀 가고 있다.

일반적으로 음악사업에서 세계시장을 대상으로 할 때를 제외하고 국별 또는 국지적인 지역 차원에서는 대규모 자본이 반드시 필요한 것은 아니다. 그러나 세계시장을 상대로 사업을 추진할 경우에는 엄청난 양의 앨범을 발행하고, 이를 여러 나라에 판매하기 위해서는 복잡한 배급망과 홍보시스템을 동원할 수 있는 자본력이 수반되어야 한다. 이 때 이 시장에 들어가려는 새로운 기업에게는 커다란 진입장벽이 되는 것이다. 특별히 음반의 배급관리는 메이저 회사와 독립회사를 구분하는 기준이 된다. 메이저 기업들은 대부분 자신의 배급망을 갖추고 있는 반면, 독립회사들은 유통부문의 사업을 메이저 기업과 계약을 기초로 운영하고 있다.

유통과 관련한 진입장벽은 지난 1950년대부터 점차 악화되어 왔다고 볼 수 있다. 1950년대와 1960년대에는 음악유통기능으로서 라디오방송과 레코드판매가 지역마다 다양하게 만들어져 왔다. 따라서 하나의 노래가 전국적인 히트곡으로 인기를 얻기 위해서는 특정한 도시나 지역에서 이러한 매체나 유통경로를 통해 인기를 얻은 후에 전국적으로 유명해지는 절차를 밟아 왔다. 하지만 이러한 시스템은 당시만 해도 메이저 기업들이 유통망을 장악하지 않았던 때이었기 때문에 가능하였다. 현재는 지역마다 라디오방송 포맷이나 유통망이 표준화되고 동일한 모습을 갖추어 있고, 전문케이블방송과 심지어 전국에 분포되어 있는 음반판매점들도 메이저 기업들의 유통망에 속한 형편이 되었다. 결국은 앞에서 언급한 규모의 경제성, 수직결합, 복합화 등이 갖고 있는 특징과 유통부문의 선점은 모두 잠재적으로 진입하려는 기업들에게는 진입장벽으로 작용한다.

4) 대중음악의 국제거래

1950년에 레코드가 출현하면서 음악과 관련된 상품과 서비스는 사실상 국제거래의 대상이 되었다. 그 후 40년이란 세월이 지나면서 기술의 발달로 뮤직카세트, FM 라디오, CD, 디지털 오디오, 온라인 전송 등이란 새로운 매체가 속속 등장하고, 이제는 세계 어느 곳에

표 7-8 세계 음악출판 매출(2002)

단위: %

		금액(10억 달러)	변화율	비중
공연	공공 및 민간	1.25	8	19
	텔레비전	1.00	4	15
	라디오	0.60	12	10
	합계	2.85	8	44
재제작	기계적 로열티	1.90	6	29
	싱크로나이징	0.75	8	12
	기타	0.10	23	1
	합계	2.75	7	42
배급	악곡	0.60	6	9
	CD 대여(주로 일본)	0.05	-2	1
	합계	0.70	5	10
기타		0.25	-	4
총계		6.55	6	100

주: 기계적 로열티란 레코드와 테이프, CD의 제작 · 배포에 따른 저작권에 대한 비용지불을 말하며, 싱크로나이징이란 영상물에서 영상과 발성 또는 음악을 일치시키는 것을 말한다.
자료: NMPA.

서도 음악을 청취하기가 매우 용이해졌다. 동시에 음악을 만들고 유통하는 회사들은 비교적 소수에 국한되어 시장을 지배하게 되었다.

세계적으로 볼 때 음악산업을 구성하는 사업자들은 저작권 출판, 녹음, 저작권 집중관리단체나 협회 등으로 되어 있다. 음악의 출판산업은 작곡가나 작사자 등 창작자에게 지적재산권을 구입하는 대가로 비용을 지불한다. 미국음악출판협회(NMPA)에 따르면 1994년 현재 전 세계 58개국의 총음악매출은 58억 달러였으며, 그 가운데 방송 등 실연분야 44%, 기계적 로열티 31%, 영화와 비디오의 음악사용료 11%, 인쇄물 9%로 이루어진 것으로 나타났다.

음악출판시장은 유럽과 일본, 미국으로 삼분되며 그 중 미국이 가장 커서 전체 매출의 21%를 차지하며, 일본이 16%, 독일 15%, 프랑스 11%, 영국 9% 등을 차지하고 있다. 세계 음악출판분야의 상세한 매출실적은 〈표 7-8〉에 잘 나타나 있다.

음악출판업은 전 세계를 통 털어 5개의 다국적기업이 지배하고

표 7-9 세계 녹음음악시장 추이

연도	판매량(백만 개)						금액 (억 달러)
	싱글	레코드 판	카세트	CD	미니디스크	합계	
1991	333.9	291.6	1,492.8	997.5	-	2,893.3	274.7
1992	352.2	174.5	1,476.4	1,185.2	-	2,953.6	294.6
1993	410.3	108.5	1,381.7	1,418.6	-	3,045.5	311.5
1994	390.2	49.3	1,354.4	1,784.0	-	3,317.8	361.2
1995	431.8	33.0	1,200.0	1,983.4	-	3,360.3	397.1
1996	466.0	21.0	1,188.2	2,162.4	-	3,526.9	398.1
1997	517.2	18.4	1,054.1	2,243.3	-	3,488.2	385.3
1998	458.9	22.9	914.5	2,372.7	-	3,463.1	382.6
1999	438.8	15.6	894.5	2,450.8	1.1	3,508.2	386.7
2000	381.0	13.5	800.9	2,511.2	0.7	3,453.4	369.6

자료: IFPI.

있다고 보면 적절하며, 이 중 두 회사(Warner-Chappell 뮤직과 EMI 뮤직)는 각각 20%가 넘는 세계시장을 점유하고 있다. 이 밖에도 20개가 넘는 주요 음악출판사가 있으며, 일부는 레코드회사와 합병되어 있다. 최근 음악시장에서 판권료수입의 중요성이 부각됨에 따라 레코드회사들이 출판업에 진출하는 사례가 늘어나고 있다.

음악녹음산업의 규모는 레코드가 소비자에게 판매되는 수량과 금액으로 측정된다. 국제음반산업연맹(IFPI)에 따르면 1996년 기준으로 소매액이 약 400억 달러에 이르는 것으로 되어 있다. 그 중 80% 이상은 다국적기업인 이른바 '빅 식스', 일본의 소니와 MCA, 네덜란드의 폴리그램, 미국의 워너, 독일의 BMG, 영국의 Thorn-EMI 등이 차지하고 있다. 또한 수많은 독립음반사들이 있는데, 이들은 대부분 특정 국가에서 영업을 하고 그 규모는 상대적으로 작지만, 종종 대규모 시장을 목표로 특별한 타입의 음악을 내놓고 있다. 세계음반시장은 〈표 7-9〉에 나타나 있는데, 출판시장과 마찬가지로 유럽, 미국, 일본이 석권하고 있다.

저작권집중관리단체는 음악사용자로부터 저작권 사용료를 받

표 7-10 지역별 음악시장 비중(1991~2000)

지역	1991(%)	1996(%)	2000(%)
유럽	38.2	33.7	30.2
북미	34.3	33.2	40.2
남미	2.4	6.3	5.0
아시아(일본 제외)	3.2	5.7	11.6(일본 포함)
일본	18.8	17.0	
호주	2.1	2.4	1.8
아프리카 및 중동	0.5	1.7	1.4
기타	0.5	0.1	0.5
합계	100.0	100.0	100.0

자료: IFPI.

아 권리보유자들에게 분배하는 역할을 한다. 저작권은 작곡가나 연주자가 보유하거나 또는 출판사에게 대여해 주기도 하고 저작권관리단체에게 직접 제공하기도 한다. 음반회사는 일반적으로 이들이 제작한 녹음음악에 대해 저작권을 보유한다. 저작권집중관리단체는 저작권이 있는 음악이 여러 통로로 사용될 때 그 이용료를 거두어들여 창작자, 제작자, 음반회사 등에 배분한다.

음반판매는 수십 년 동안 꾸준히 신장되어 왔는데, 지난 1986년과 1996년 동안 실질가치로 평균 7% 성장을 거듭한 것으로 나타났다. 매체별 판매액을 보면 비닐레코드는 현저한 감소추세를 보이고 있는 반면, CD는 크게 늘어났다. 지역별 음반판매실적을 보면 최근 몇 년 간 약간의 변화가 감지되고 있는데, 전통적으로 성장을 주도해 온 미국과 유럽이 상대적으로 부진한 반면, 동유럽과 남미 등 기타 지역의 판매실적이 증가하는 것으로 나타난다.

여러 나라를 대상으로 음반매출에 미치는 요인을 분석해 보면 가장 큰 요소는 소비자의 일인당 소득이고, 다음은 저작권의 침해수준인 것으로 나타난다. 저작권제도가 느슨하거나 존재하지 않을 경우 불법복제된 음반이 시장에 유통되기 매우 쉽다. 저작권이 엄격하게 시행되는 미국에서조차 불법복제판 매출이 1995년에 2,700만 장, 가격으로는 2억 8,000만 달러에 달하는 것으로 추정된다. 전체적으로 불법판매액은 210억 달러로 추정되는데, 문제가 많은 지역은 동유럽, 중동, 아프리카, 남미 등의 순으로 나타나며, 최근 한국이나 대만 등의 국가에서는 새로운 법규가 만들어지면서 환경이 개선되고 있다. 하지만, 아직도 많은 나라에서는 저작권 침해에 대한 법률체계가 없거나 부적절하기 때문에 음악창작자나 출판사, 음반회사들이 정당한 대가를 받지 못하는 것으로 파악된다.

국가 간 음악상품이나 서비스의 거래를 통계적으로 산출하는 일은 매우 어렵다. 현재 파악할 수 있는 통계는 대부분 국가 간 녹음음악의 수입과 수출로 기록되는데, 대개 지역 내 소매유통을 위해 원본(마스터판)형태로 전달된다. 하지만, 사실상 무역거래의 많은 부분은 음악의 지적재산권에 대한 권리소득의 흐름으로 구성되어 있다.

국가 간 녹음음악의 거래를 살펴보기 위해 영국과 호주의 예를 보자. 호주의 경우 수출액의 단 5%만이 물리적 매체이지만 영국은

표 7-11 음악관련 상품 및 서비스의 수출입 현황(1991~1992)

	호주 1991~1992(백만 호주달러)			영국 1993(백만 파운드)		
	수출	수입	무역수지	수출	수입	무역수지
유형재						
레코드	4.4	70.7	-66.3	260.0	158.7	101.3
악기	1.6	68.9	-62.5	86.0	112.6	-26.6
기타	-	-	-	12.8	6.8	6.0
소계	6.0	139.6	-133.6	358.8	278.1	80.7
무형재						
로열티	79.3	150.6	-71.3	614.2	252.4	361.8
공연	20.0	40.0	-20.0	100.9	46.4	54.5
기타	16.8	3.5	13.3	84.0	10.0	74.0
소계	116.1	194.1	-78.0	799.1	308.8	490.3
전체 합계	122.1	333.7	-211.6	1,157.9	586.9	571.0

자료: UNESCO, *World culture report*, p. 201에서 재인용.

약 30%를 차지한다. 또한 양국에서 수출의 절반 이상이 해외의 로열티수입에서 비롯되었다. 양국은 자국의 음악을 수출하기 위해 정책적인 노력도 기울였던 것으로 파악되는데, 호주는 연방정부 차원의 기금을 들여 수출장려 프로그램을 운영하여 아시아시장을 개척한 바 있다.

참고문헌

구문모, 『콘텐츠제작 자금조달시스템 혁신과 정책 시사점』, KIET 정책자료 제244호, 2004.

구문모 외, 『문화산업 경쟁력 강화를 위한 정책추진체계 연구』, 문화관광부, 2002.

________, 『엔터테인먼트산업의 패러다임 변화와 정책과제』, 산업연구원 연구보고서, 2004.

구문모 · 임상오 · 김재준, 『문화산업의 발전방안』, 서울: 을유문화사, 2000.

대외경제정책연구원, 『DDA 서비스협상의 주요 쟁점 및 정책 대응방향: 법무 · 시청각 · 교육서비스를 중심으로』, 2002.

데이비드 베스커빌 지음, 김주호 옮김, 『뮤직 비즈니스 핸드북』, 서울: 시유시, 1998.

맨큐 지음, 김경환 · 김종석 옮김, 『맨큐의 경제학』, 서울: 교보문고, 1999.

방송위원회, 『디지털 전환에 따른 방송재원 연구』, 정책연구 2002-2, 2002.

법무부, 『GATS 해설서: 서비스무역에 관한 일반협정』, 2000.

부산대학교 언론정보연구소 편, 『21세기 미디어산업의 전망』, 서울: 한울아카데미, 1998.

삼성경제연구소, 『국내음반산업의 주요 이슈와 대응방향』, 2002.

손창용 · 여현철, 『한국케이블TV산업론』, 서울: 커뮤니케이션북스, 2002.

오웬 · 비비 · 매닝 저, 최양수 역, 『텔레비전 경제학』, 서울: 나남, 1996.

정보통신정책연구원, 『콘텐츠의 산업화에 따른 시장변화 및 발전전략 연구』, 2002.

정보통신정책연구원, 『IT상품과 서비스의 소비실태 및 이용행태 분석』, 2003.

한국전산원, 『2002 한국인터넷백서』, 2002.

Albarran, A., *Media Economics: Understanding Markets, Industries and Concepts*, Ames, IA: Iowa State University Press, 2002.

Alexander, A., J. Owers, and R. Carveth, eds., *Media Economics: Theroy and Practice*, 2nd ed., Mahwah, NJ: Lawrence

Erlbaum Associates, 1998.

Baumol, W. J. and W. G. Bowen, *Performing Arts-The Economic Dilemma*, New York: The Twentieth Century Fund, 1966.

Benjamin, W., "The Work of Arts in the Age of Mechanical Reproduction," in James Curran, Michael Gurevith, and Janet Woodllacott, eds., *Mass Communication and Society*, London: Edward Arnold, 1977.

Billboard, *Is Biz Poised for Renewed Price Wars?*, 2000. 1. 8.

Brand, Stewart, *The Media Lab: Inventing the Future at M.I.T.*, New York: Penguin Books, 1988.

Brown, D., *European Cable and Satellite Economics*, London: screendigest and ems, 1999.

Cave, M., "An introduction to television economics," in G. Hughes and D. Vines, eds., *Deregulation and the Future of Commercial Television*, the David Hume Institute, Aberdeen University Press, 1989, pp. 9~37.

Coase, R. H., "The Nature of the Firm," *Economica*, 4, 1937, pp. 386~405.

Dale, M., *The Movie Game: The Film Business in Britain, Europe and America*, London: Cassell, 1997.

Doyle, G., *understanding media economics*, London: Sage, 2002.

Firth, Lucy, P. H. Longstaff, and Dowd Cate, "Broadband and Convergence," *Journal of Network Industries* 3, 2002, pp. 161~181.

Footer, E. Mary and Graber Christoph Beat, "Trade Liberalization and Cultural Policy," *Journal of International Economic Law*, 2000, pp. 115~144.

Garnham, N., *Capitalism and Communication*, London: Sage, 1990.

Girard, A., "Cultural Industries: A Handicap or a New Opportunity for Culture," in UNESCO, ed., *Cultural Industries: A Challenge for the Future of Culture*, Paris: UNESCO, 1982.

Griffiths, A. and S. Wall, *Applied Economics*, 8th ed., Harlow: FT Prentice-Hall, 1999.

Hoskins, C. and McFadyen, "The U.S. Competitive Advantage in the Global Television Market: Is it Sustainable in the New Broadcasting Environment?," *Canadian Journal of Communication*, 16(2), 1991, pp. 207~224.

Hoskins, C. and R. Mirus, "Reasons for the US Dominance of the International Trade in Television Programmes," *Media, Culture, and Society*, 10(4), 1988, pp. 499~515.

International Federation of the Phonographic Industry, *The recording industry in numbers*, London, 2002.

KPMG, *Public Policy Issues Arising from Telecommunications and Audiovisual Convergence*, 1996.

Lopes, P. D., "Innovation and diversity in the popular music industry, 1969 to 1990," *American Sociological Review*, 57, 1992, pp. 56~71.

Martin, S., *Industrial Economics: Economic Analysis and Public*

Policy, 2nd ed., Englewood Cliffs, NJ: Prentice-Hall, 1993.

Mattelart, A. and Jean-Marie Piemme, "Cultural Industries: The Origin of an Idea," in UNESCO, ed., *Cultural Industries: A Challenge for the Future of Culture*, Paris: UNESCO, 1982.

Picard, R., *The Economics and Financing of Media Companies*, New York: Fordham University Press, 2002.

Screen Digest, "Film production and distribution trends," *Screen Digest*, June 2000, p. 181.

Sinclair, J., "The Decentering of Cultural Imperialism: Televisa-ion and Globo-ization," in Elizabeth Jacka, ed., *the Latin World in continental Shift: Globalisation and Culture*, Syndey: Local Consumption Publications, 1992.

Straubhaar, J., C. Campbell, and S.-M. Youn, etc., "Regional TV Markets and TV Program Flows," Paper presented at International Association for Mass Communication Research Conference, 1992.

UNESCO, *World culture report: culture, creativity and markets*, UNESCO Publishing, 1998.

U.S. Department of Trade and Commerce, *Statistical Abstract of the United States*, 1999.

Vogel, Harold L., *Entertainment Industry Economics*, New York: Cambridge University Press, 1999.

Wildman, S. and S. Siwek, *International Trade in Films and Television Programs*, Cambridge, Mass.: American Enterprise Institute/Ballinger Publications, 1988.

Zerdick, A., A. Picot, and K. Schrape, *E-CONOMICS: Strategies for the Digital Marketplace*, Berlin: Springer, 2000.

찾아보기

ㄱ

ㅂ

ㅅ

ㅇ

ㅈ

미디어콘텐츠의 비즈니스원리

초판인쇄 2007년 4월 23일
초판발행 2007년 4월 27일

저　　자 구 문 모
발 행 인 노 현 철
발 행 처 도서출판 해남
서울특별시 종로구 교남동 45-1(202호)
전화 739-4822　　팩스 720-4823
e-mail haenam30@dreamwiz.com
homepage www.hpub.co.kr
등록 1995. 5. 10 제1-1885호

정　　가 13,000원

ISBN 978-89-86703-92-4 93680